20세기 공간이론

Spatial Theories in the Twentieth Century

20세기 공간이론

Spatial Theories in the Twentieth Century

인 쇄 2022년 9월 30일
발 행 2022년 10월 5일

저 자 김준우
발행인 정성택
발행처 전남대학교출판문화원

등 록 1981. 5. 21. 제53호
주 소 61186 광주광역시 북구 용봉로 77
전 화 (062) 530-0571~2 마케팅 530-0573
팩 스 (062) 530-0579
홈페이지 http://www.cnup.co.kr
이메일 cnup0571@hanmail.net

값 15,000원

ISBN 978-89-6849-915-9 (93330)

SPATIAL THEORIES IN THE TWENTIETH CENTURY

20세기

공간 이론

김준우 저

전남대학교출판문화원

이명혜 마리아 막달레나 靈前에 이 책을 바칩니다.

One Art

Elizabeth Bishop

The art of losing isn't hard to master;
so many things seem filled with the intent
to be lost that their loss is no disaster.

Lose something every day.
Accept the fluster of lost door keys,
the hour badly spent.
The art of losing isn't hard to master.

Then practice losing farther,
losing faster: places, and names,
and where it was you meant to travel.
None of these will bring disaster.

…

--Even losing you (the joking voice, a gesture I love)
I shan't have lied.
It's evident the art of losing's not too hard to master though
it may look like (Write it!) like disaster.

서론

20세기 공간이론을 이 책은 심층적으로 다룬다. 지배와 다원주의라는 이분법적 구분으로 알려진 Robert Dahl, Floyd Hunter 두 사람을 다룰 때도 그러하다. 이 책에서는 공통점을 강조한다. 개인이 가진 자원 차이에서 지역 사회 민주주의가 어떻게 가능할 것인가 하는 염려를, 두 사람은 공유한다.

John Friedmann 역시 마찬가지이다. 그냥 자본주의 작동을 그대로 두면 지역불균형은 시간이 지나면 나아질 것인가 하는 질문부터 시작해서, 왜 집중된 분산이 중요한지를 다룬다.

이론 소개를 통해, 현실과 학설을 연결시킨다. 성장동맹, 똑똑한 도시, 신도시주의, 세계도시, 거대도시권, 공항도시 논의가 사실 현실에서 나왔다는 것을 알려주기도 한다.

또 용어 자체를 새로이 한다. 빗장도시gated community 대신 성채마을gated community 표현을 제시한다.

어머니 간병해주신 이무순 이모와 기도해주신 최상준 유스티노 신부님께, 감사드린다. 부산연구원 금성근, 황영우 박사님 두 분 격려에도 감사드린다.

마지막으로 전남대학교출판문화원의 여러 선생님들이 손으로 만질 수 있게 책을 만들어 주셨다.

2022년 저자

1. 도시 정치와 도시민의 삶 ······ 11

1.1 두 질문: Floyd Hunter, Robert Dahl ······ 11

1.2 민주주의: 누가 다스리는가를 넘어서서 ······ 17

1.3 Floyd Hunter: 누가 정책결정을 하는가? ······ 25

1.4 Floyd Hunter: 누가 제일 힘센 사람인가? ······ 29

1.5 Floyd Hunter: 무기력한 시청, 무기력한 시민사회 ······ 34

1.6 Floyd Hunter: 비공식적 정치 ······ 36

1.7 Floyd Hunter: 살아가는 모습의 묘사 ······ 39

1.8 Floyd Hunter: 권력의 의미 ······ 42

1.9 Floyd Hunter: 도심 재개발, 그리고 다른 정책 ······ 43

1.10 Robert Dahl: 정치라는 인간행동의 중요성 ······ 47

1.11 Robert Dahl: 여러 힘 있는 집단들 ······ 48

1.12 두 결론: Floyd Hunter, Robert Dahl ······ 57

2. 부동산 투기: 성장동맹론 ······ 59

2.1 사용가치 대 교환가치 ······ 59

2.2 마르크스주의 비판 ······ 68

2.3 인간생태학 비판 ······ 70

2.4 성장동맹 주역 74
2.5 성장동맹 조연 82

3. 미국 교외확산, 그리고 똑똑한 성장 91
3.1 멍청한 성장 = 교외확산 91
3.2 미국에서의 교외 92
3.3 단조롭고 고립되고 또 배제시키는 교외 98
3.4 똑똑한 성장 102
3.5 교외확산, 전원도시 운동 116
3.6 신도시주의, 도시확산 121
3.7 아름다움 추구하는 신도시주의 125

4. 근대화론, '집중된 분산'이라는 개입, 종속이론 129
4.1 근대화론 130
4.2 John Friedmann 집중된 분산 133
4.3 착취와 불평등 도시화: 종속이론 140

5. 세계적 불평등? 세계도시, 세계체제 147
5.1 John Friedmann 세계도시 가설 147
5.2 Saskia Sassen의 세계도시론 149
5.3 세계체제: Immanuel Wallerstein 151
5.4 세계화와 현재의 변화: Immanuel Wallerstein 155
5.5 세계체제 논쟁: 언제부터? 157
5.6 다국적 기업와 불평등: Stephen Hymer 160
5.7 초국적 자본가 계급 166
5.8 세계도시와 국가 168

6. 거대도시권megalopolis ··· 171

6.1 대도시권 여러 개 = 거대도시권 ··· 177

6.2 거대도시권: 사람의 흐름 ··· 177

7. 공항도시 ··· 182

7.1 공항도시 반대, Logan & Molotch 성장동맹 반대 ··· 185

7.2 공항도시 논리 ··· 189

8. 도시와 문화 ··· 194

8.1 문화와 전통 ··· 194

8.2 진짜 문화? 관광과 문화 ··· 202

9. 기업에 종속된 미래 ··· 205

9.1 본사도시 ··· 211

9.2 혁신중심지 ··· 216

9.3 모듈 생산지 ··· 217

9.4 제삼세계 상업중심지 ··· 218

9.5 은퇴중심지 ··· 220

10. 성채마을gated communities ··· 221

10.1 미국에서의 성채마을 ··· 226

10.2 적대적 건축 ··· 227

10.3 L.A. 요새: Mike Davis ··· 229

11. 공동소비 ······ 231

11.1 Manuel Castells 공동소비 ······ 232

11.2 공동소비, 인간생태학 ······ 236

11.3 공동소비, 과학도시 ······ 239

11.4 공동소비, 세계도시 ······ 245

11.5 도시쾌적성 ······ 246

참고문헌 ······ 249

찾아보기 ······ 276

1

도시 정치와 도시민의 삶

1.1 두 질문: Floyd Hunter, Robert Dahl

이 장에서는 아래 두 책을 주로 다룬다.

- Hunter, Floyd. 1953. Community power structure; a study of decision makers.
- Dahl, Robert Alan. 1961. Who governs? Democracy and power in an American city. New Haven,: Yale University Press.

1953년 Hunter 책이 먼저 쓰여진다. 당시 50만 인구를 가지고 있고, 지리적 이점으로 인해 교통과 산업의 중심지이며, 24시간 분주하게 돌아가는 Regional City가 연구대상이다.

Regional City는 가짜 이름이고, 실제로는 애틀랜타Atlanta[ætlǽntə] 이다. 미국 남부 중심지이며, 조지아 주도이다.

인근 도시와 연결망을 보면 왜 전통적 중심지인지 쉽게 이해된다. 그림 왼쪽 아래에 있는 뉴올리언스 경우는 현재에도 미시시피 강으로 들어가는 물류 항구이다. 그림 오른쪽에 있는 찰스턴은 미국 최대의

〈그림 1.1〉 애틀랜타 주변 지도

노예 무역항이었다. 애틀랜타 도심을 여러 고속도로가 관통하여 주변 도시로 연결되는 모습은, 마치 피자를 잘라 둔 것 같다.

남북전쟁 참전 장교가 처음으로 코카콜라를 판매한 곳도 애틀랜타이다. 코카콜라는 사실 이 책에서 큰 비중을 차지한다.

책 초반에는 애틀랜타를 움직이는 40명의 지도자 개인 면면을 묘사하는데 상당한 공을 들인다. 이 중에 Charles Homer라는 인물이 있다.

이는 가명이다. 애틀랜타를 Regional City라고 부르는 것과 마찬가지이다.

실제 인물은 1923년에서 1954년까지 코카콜라 회사 회장을 맡은 Robert Winship Woodruff(1889~1985)이다. 1984년까지 이사회에 남아 있었고, 지분 소유로 인해 영향력을 지속적으로 행사한다. 코카콜라가 고유명사화되는 시기이다. 코카콜라와 마음 따뜻함을 연결시키는 판매전략을 하나의 예로 들 수 있다. 코카콜라가 있는 크리스마스

광고도 이러한 맥락에서 이해할 수 있다. 또 세계로 뻗어 나간 시기이다.

책 내용과 달리, 이 사람 평판은 대체로 좋다. 지역사회에 많은 돈을 내놓는다. 마틴 루터 킹 목사 1964년 노벨 평화상 수상 기념 저녁 모임에도 참석한다.

도시 남쪽에는, 애틀랜타 국제공항Hartsfield-Jackson Atlanta International Airport이 있다. 1926년부터 쓰이기 시작해서, 델타항공 근거지 공항으로 잘 알려져 있다.

이러한 항공 기반시설은 왜 1980년 뉴스 전문 채널 CNN이 애틀랜타를 기반으로 설립되었는지를 설명한다. 당시 뉴스 채널을 지배하는 3대 방송사(NBC, ABS, CBS)는 모두 뉴욕에 자리잡고 있었다. 1996년 애틀랜타 올림픽이 열린 것도, 여러 대륙을 연결하는 항공편과 연관이 있다.

Hunter 책의 첫 문장은 다음과 같다.

> 공동체 삶을 결정하는 중요한 일은 갑자기 결정되는 것 같다.
>
> It has been evident to the writer for some years that policies on vital matters affecting community life seem to appear suddenly.

1961년 Dahl이 쓴 책의 공간 배경은 다른 도시이다. 뉴헤이븐New Haven[njùː héivən]이다. 그림의 왼쪽 맨 아래에 있는 뉴욕과 오른쪽 제일 위쪽 보스턴 중간에 위치한다. 미국 동북부 항구도시이다. 예일 대학이 시내에 있다.

〈그림 1.2〉 뉴헤이븐 주변 지도

연구 대상 시기는 아주 오랜 기간이다. 첫 번째는 '명문가patrician families' 시기이다. 이들이 공직을 거의 독점한다. 1784년에서 1842년까지이다(11쪽):

> 이러한 귀족 과두지배patrician oligarchy 에서는, 정치적 자원이 누적적 불평등a cumulative inequality 하다.
>
> 하나의 개인이 다른 이보다 하나의 면에서 더 나으면, 다른 면에서도 보통 더 낫다. 예를 들어 돈이 더 많으면 다른 점도 더 우월하다. 사회적 지위, 정당성, 종교/교육 기관에 대한 통제, 지식, 공직 등이 다른 면이다.

두 번째는 '공장 사장entrepreneurs' 전성기이다. 19세기 말까지 이들이 자리를 독차지한다. 귀족이 아닌 열심히 일하는 이 새로운 지도자는 큰 의미를 가진다.

이 때부터 중요한 변화가 일어난다. 저자 방식대로 표현하자면, 모든 걸 가진 사람이 없어진다.

책에 나오는 그대로를 알아보자. '부와 정치적 영향력wealth and political influence' '사회적 지위와 교육social standing and education' 이 두 차원이 분리된다(25쪽).

세 번째 시기는 1940년대 말 까지이다. 노동자의 시기이다. The Ex-plebes라는 제목을 가진 네 번째 장은 책의 33쪽에서 51쪽까지이다. 시작하는 문장에서는, 두 번째 시기를 이끈 사업가가 도시의 정치, 경제, 사회 구조를 바꾸었다고 언급한다. 이러한 변화 결과물이 프롤레타리아proletariat 이다. 배관공, 건설노동자, 공장노동자, 사무원 등의 보통 직업을 가진 이들이 사업가를 뉴헤이븐 공직에서 몰아낸다.

이 시기는 동시에 이민자의 때이기도 하다. 1900년도에는 이 도시의 3명 중 2명이 이민자이다. Corcoran, McGill과 같은 외국 이름을 가진 이가 '구의원alderman'으로 선출된다(36쪽). 저자가 참고로 설명하자면, Corcoran은 흔한 아일랜드 이름이다. Mac, Mc 시작 성 이름은 아일랜드 혹은 스코틀랜드 이름이다. Mac, Mc 의미는 '아들'이다. 햄버거 가게 McDonald 역시 마찬가지이다.

네 번째 시기는 1950년대이다. 이때부터 중요한 선거 쟁점 자체 성격이 바뀌기 시작한다. 민족성ethnicity, 계급class 이라는 구분이 애매해지기 시작한다.

Richard C. Lee (재임 기간 1954~70) 시장이 이를 대변한다. 물론 그가 민족성이나 계급을 무시한 것은 아니다(61쪽). 이탈리아계나 흑인 문제에 신경을 쓰고, 특정 소득 집단에 대해서도 관심을 가진다(62

쪽). 하지만 그의 매력은 이러한 점을 넘어선다: "그의 매력은 분명히 집단적인 혜택을 가져오는 정책이다. 재개발과 같은 사업이다. 도심 중심가를 경제적 쇠퇴에서 구해내는 것, 주차난 해소, 학교 신설, 놀이터 신축 등이다(62쪽)."

지역 정치의 새로운 지도자는 이런 문제를 어떻게 활용할 줄 아는 관료와 전문가일지도 모른다(62쪽).

그래서인지 현재 불평등은 이전과는 성격이 다르다(85-86쪽):

> 오늘날의 정치체제에서도 정치적 자원 불평등은 남아있다. 하지만 비누적적noncumulative 이다. 뉴헤이븐 정치체제는 분산된 불평등dispersed inequalities 이다.
>
> 1840년 이전 뉴헤이븐 귀족은 수가 많지 않은 작은 집단이다. 사회적 지위, 교육, 재산이 종교계, 산업계, 정치계의 주요 자리와 결합한다.
>
> 기업가는 이러한 하나의 엘리트 집단에 균열을 만들어낸다. 사회적 지위와 교육은 귀족 집안이 가지지만, 부와 기업계나 정치계의 높은 자리는 공장 사장이 차지한다.
>
> 노동자의 등장으로 공직 자리가 더 많은 이에게 나누어진다. 도시 프롤레타리아 출신이고 또 이민자 집안 출신에 사회적 지위도 높지 않지만 이 평범한 집단은 정계에서는 치명적으로 효과적인 하나의 장점을 가진다. 투표하는 사람들이 이들을 더 좋아한다는 것이다. 인기가 공직으로 이어지고, 공직은 법적인 힘과 이런저런 시청의 자리를 활용할 수 있게 해준다. 도시 정부의 이런 저런 정책 결정에 영향력을 발휘한다 …

간단히 얘기하자면, 다원주의 체제pluralist system 이다.

이러한 역사적 설명을 다루었으니, 이제 이 책의 첫 문장으로 돌아간다.

> 거의 모든 성인이 투표하는 정치체제이긴 하다. 그러나 지식, 부, 사회적 지위, 공직자와의 접근성, 그리고 다른 자원이 불공평하게 분배되어 있을 때는 과연 누가 다스리는가?
>
> In a political system where nearly every adult may vote but where knowledge, wealth, social position, access to officials, and other resources are unequally distributed, who actually governs?

1.2 민주주의: 누가 다스리는가를 넘어서서

두 사람의 입장은, 다원주의 대 엘리트주의라는 단순 도식으로 보통 정리된다.

사실 이러한 도식에서 벗어나기 위해서, 저자는 굳이 질문과 결론이라는 형식을 사용한다.

저자가 보기에, 두 사람에게 더 중요한 주제는 민주주의 그 자체이다. 흔히 얘기하는 누가 지배하는가의 문제는 민주주의를 얘기하기 위한 하나의 세부 사항에 불과하다.

물론 누가 지배하는가는 중요하다. 하지만 민주주의라는 맥락에서 지배구조가 다루어지고 있다는 것이다.

맥락을 뺀 이해는, 잘못된 이해이다.

앞서 언급한 Hunter 책 마지막 장은, 민주주의에 관한 이야기이다. 공포, 비관, 침묵이라는 세 단어로, 민주주의가 제대로 작동하지 않는 현실 이야기를 시작한다.

비관스러움을 언급할 때, 민주주의는 반복해서 강조된다(235-236쪽):

> "행복 그리고 삶 자체가, 다른 이와 어울림에 달려있다. 어울림의 환희를 느끼지 못하면, 우리의 삶은 길을 잃는다. 우리의 삶은 내몰린다. 우리의 삶은 감옥에서의 삶이다[1]." 민주적인 사회계획의 본질은 이러한 어울림이다. 다른 이가 지배하고 있을 때는, 이런게 불가능하다. 애틀랜타 정책 결정에 관심이 있지만 실제적으로는 배제된 이에게, 어울림과 같은 소속감은 찾아볼 수 없다. 이러한 배제되는 느낌이 전문직이 가지는 비관적 감정의 원인이다 …
>
> Salter[2] 정의에 따르면, 민주주의는 공적 토론을 하는 정부이다. 이러한 토론이 있어야만, 시민은 현명하게 대처할 수 있는 사실을 얻을 수 있다 …
>
> 애틀랜타의 경우, 사소한 건은 토론이 될지 몰라도 주요 현안은 최고 지도자의 영향력 범위를 벗어나 토론되지 않는다 …
>
> 이렇게 불만족이 억압되고 대책이 나오지 않는 공동체 상황을 가장 잘 인식하는 집단이 전문 직종 종사자이다.

이 마지막 장은 민주주의를 어떻게 실현할 것인가 하는 대안으로 끝이 난다. '시민단체를 통한 하층의 광범위한 참여(259쪽)'가 답이다.

Dahl 이야기는 민주주의에 대한 논의에 더 본격적이다. 앞서 인용

1 Mary P. Follett. The New State (New York: Longmans, Green and Company, 1918), p. 194.

2 J. T. Salter, "The pattern of politics: The politician" Journal of politics, 1 (May 1939) 133.

한 다원주의 예문이 이 이어지는 부분을 보자. “간단히 얘기하자면, 다원주의 체제pluralist system 이다”라는 문장이다.

다원주의에 대해 다시 설명하고 그러고 나서는 민주주의에 관한 질문을 던진다(86쪽):

> 백년도 되지 않아 하나의 동질적 집단에서 나온 지도자가 지배하는 정치체제가 없어진다. 각기 다른 정치 기반을 가진 다양한 지도자 지배하는 체제로 바뀐 것이다. 간단히 얘기하자면, 다원주의 체제pluralist system 이다. 다원주의 과두제oligarchy 이 두 가지가 다른 만큼, 민주주의 철학자의 정치적 평등과 미국 현실에서의 평등은 차이가 있다.
>
> 엘리트가 뉴헤이븐을 더 이상 지배하지는 않는다. 하지만 엄격한 민주주의의 잣대로 보면, 엘리트가 없다고 해서 일반 사람들이 지배하는 것은 아니다. 그렇다면 다원적 민주주의에서 누가 다스리는 것인가?

사실 Dahl은 첫 장에서 민주주의 논의를 체계적으로 제시한다. 가진 것의 차이가 이렇게 나는 상황에서 누가 지배하느냐는 질문을 던진다. 1957년 기준으로, 50명이 뉴헤이븐 부동산 가치의 1/3을 소유하고 있다. 물론 이 중에는 회사가 대부분이다. 가족회사도 존재한다. 시민의 평균 교육기간은 9년이다. 하지만 10구 거주자 절반은 초등학교도 마치지 못한 상태이다(4쪽).

그리고는, 기존 논의를 흥미롭게 몇 가지로 분류한다. 첫 번째 학파의 이야기이다. 선거가 있고, 여기서의 유권자 동의를 기반으로 해서 정당이 지배한다.

지배하는 것은 정당이다(5쪽):

> 이 설명은 다른 설명보다 훨씬 낙관적이다. 예를 들어보자. 정당은 공직자 선출을 경쟁적으로 만든다. 그래서 사람들은 상당한 통제를 행사한다. 유권자에게 호소하면서, 정당은 조직되지 않은 이들을 조직으로 만든다. 힘없는 이에게 힘을 부여한다. 대안 정책과 대안 후보를 제시한다. 유세 과정을 통해 사람들은 어떠한 대안이 어떤 장점이 있는지 알 수 있다. 게다가 선거가 끝나면, 이제 이긴 정당이 투표자 다수가 원하는 것을 대신 얘기하고 이루게 해준다. 다스리는 과정을 챙기는 것이다. 그래서 유권자는 정부 일에 적극적으로 참여할 필요가 없다. 투표만 해도 충분하다. 투표만 해도 정부 정책이 어떻게 대체로 갈지에 대한 선호를 밝힌 것이다. 특정 정책까지 선택할 필요는 없다.

두 번째 입장에서는, '이해집단interest group'이 지배한다. 정당은 별로 중요하지 않다. 정당은 그저 이해집단이 모인 것에 불과하다(5쪽):

> 정치계에서 정당이 분자라면, 이익집단은 원자이다. 원자만 이해하면, 모든 건 다 설명된다. 사람이나 정당도 정치의 진정한 단위가 아니다. 오직 이익집단만이 진정한 단위이다. 개인은 정치적으로 아무런 힘이 없다. 하지만 집단은 개인이 가지고 있는 것을 모아 효과적인 힘으로 만들어낸다. 이 입장에 따르면, 이익집단이 지배한다. 각기 다른 이해관계와 각기 다른 영향력을 가진 집단들의 투쟁 결과물로서, 정부가 작동한다.

세 번째 논조는 더 비관적이다. 잘난 소수가 지배한다(6쪽):

> 민주주의적 정치라는 것은 보여지는 모습일 뿐이다. 사회적 그리고 경제적 엘리트가 실질적으로 지배한다 …

Floyd Hunter 애틀랜타의 권력구조 분석에서도 이런 식으로 설명한다. 이 책에서 제기하는 문제와 잘 맞아들어가기 때문에, 엘리트가 정부를 통제한다는 설명은 그럴 듯하다. 재산, 소득, 사회적 지위, 지식, 인지도, 직위와 같은 영향력을 끼칠 수 있는 자원의 엄청난 불평등의 결과물이 바로 엘리트 권력 집중이다.

네 번째 입장은 대중the mass, 지도자leaders 둘 다 지배한다(6-7쪽):

민주주의 질서가 무너질 수 있는 하나의 가능성으로서, 먼저 제기한 사람은 토크빌Tocqueville 이다. 다시 언급한 이는 스페인 철학자 Ortega y Gasset 이다. 영향력 있는 책 The Revolt of the Masses(1930)[3] 에서이다. '나치주의Nazism'가 '바이마르 공화국the German Republic'을 무너뜨린 다음에, 이후 유럽에서 현대 독재 원인으로서 얘기된다 …

이론의 핵심은 다음과 같다. (주로 도시화나 산업화 같은) 어떤 조건에서, 오래되고 계층화되고 계급 위주인 사회구조가 약해지거나 파괴된다. 그 자리를 개인의 집합이 차지한다. 이들에게는 사회의 안정적 자리가 없다. 뿌리가 없고, 목적이 없고, 유대감이 없고, 자신들의 입맛과 욕망에 맞추어줄 어떠한 정치인과 같이하려 한다. 무분별하고 약탈적 지도자의 지도하에, 이들은 닥치는 대로 때려 부순다. 하지만 박살낸 것을 안정적인 다른 것으로 대체해 놓을 능력은 없다. 결과적으로 이렇게 된다. 이들의 정치적 영향력이 더 강해질수록, 더 취약해진다. 더 파괴할수록, 오랜된 것을 대체할 사회적 경제적 정치적 조직을 만들기 위해 강한 지도자에게 더 의지하게 된다.

3 번역본 중 하나는 다음과 같다. 황보영조 옮김. 2005. 『대중의 반역』 역사비평사. La rebelión de las masas (The Revolt of the Masses, 1930).

저자가 보기에, Gasset 특유의 '대중' 개념을 잘 이해할 필요가 있다. 여기서는 출판사 누멘 2019년 장선영 번역본을 인용한다.

먼저 노동자를 지칭하는 것이 아니다. '평균인'을 의미한다. 또 욕망, 사상, 생활양식이 같아야 대중이다(12쪽):

> 그런데 여기서 한 가지 유의할 점은 대중을 막연히 또는 엄밀히 '노동대중' 이라는 의미로 알아들으면 안 된다는 사실이다.

> 여기서 말하는 대중이란 어디까지나 평균인을 뜻하기 때문이다. 그러니까 전에는 순전히 양적이었던 것, 즉 대중이 지금에 와서는 질적인 결정체로 변한 것이다. 이것이야말로 질의 공통성을 의미하는 것이고 따라서 사회는 소유주 불명으로 만드는 요인이 되었다. 또한, 인간들도 상호 간에 차이나 구별이 없어지고 오직 하나의 형태만 반복하게 되었다. 그러면 양으로부터 질로 변한 그 자체에서 우리 인간이 얻은 것이 무엇인지 살펴보면 그것처럼 또 간단한 게 없다. 질을 통하여 양의 기원을 이해할 수 있게 되었다는 점이다.

> 두 번 다시 말할 필요 없이 확실한 것은 하나의 군중이 정상적으로 형성되기 위해서는 그것을 이루고 있는 개인들의 욕망, 사상, 생활양식 등이 일치해야 한다는 점이다.

평균인의 역사적 맥락은 19세기 중반부터 시작한다. 풍요로운 환경의 산물이다(68, 70쪽):

> 평균인은 19세기 중엽 이래 자기 앞에 아무런 장애물도 발견하지 못하였다. 다시 말해서 태어날 때부터 공공 생활의 여러 면에서 그 어떠한 박해나 제한을 받지 않았고, 따라서 아무것도 그의 삶을 제약하려고 들지 않았던 것이다. 이 경우에 있어서도 "넓은 것은 카스티야"

라는 격언이 꼭 들어맞는다. '신분'도 '계급'도 이미 그 자태를 감추었다. 모든 사람이 다 같은 공민일 뿐이지, 그 누구도 그 이상의 특권을 누릴 수가 없다. 평균인은 모든 사람이 법적으로 평등하다는 것을 배운 것이다 …

Gasset 자신은 대중의 정치 지배를 부정적으로 본다(17-19쪽):[4]

과거의 민주주의는 '자유주의'와 '법에 대한 열성'을 늘 풍부하게 주장함으로써 그 존재를 온전하게 보전할 수 있다는 원칙이 있었다. 그런데 이 원칙을 충실히 따르기 위해서는 개인 각자는 법이 과하는 아주 힘든 규율에 얽매여야만 했다. 한편, 소수자는 자유의 원칙과 법이 만든 모든 규범의 비호를 받으면서 행동하고 또 삶을 유지했다. 한마디로 말해서 민주주의와 법은 거의 동의어라고도 할 수 있을 정도로 진정한 공동 운명체였던 것이다. 그러나 오늘날에 이르러서 우리는 대중의 환호를 받으며 초민주주의가 대대적으로 벌이는 개선식에 좋든 싫든 간에 참관하지 않으면 안 되었다. 이제부터 대중은 이 초민주주의의 비호를 받으며 자기의 야망을 달성하고 취미를 살릴 수 있게 되었다. 또한, 물질적인 압력을 통하여 법의 간섭 없이도 행동을 취할 수 있게 되었다 …

---

4 As they say in the United States: "to be different is to be indecent." The mass crushes beneath it everything that is different, everything that is excellent, individual, qualified and select. Anybody who is not like everybody, who does not think like everybody, runs the risk of being eliminated. And it is clear, of course, that this "everybody" is not "everybody." "Everybody" was normally the complex unity of the mass and the divergent, specialized minorities. Nowadays, "everybody" is the mass alone. Here we have the formidable fact of our times, described without any concealment of the brutality of its features. Chapter 1, "The Coming of the Masses" https://en.wikipedia.org/wiki/José Ortega y Gasset.

노동조합운동과 파시즘이라는 상이한 두 가지 정치운동에 관여하는 이가, 구체적 대중이다(91-92쪽):[5]

> 노동조합주의와 파시즘이라는 새로운 종자에서 싹이 솟아나기 시작하자, 유럽에서는 이유를 들어 상대방을 설득하거나 또는 자기의 생각이 옳다는 것을 이론적으로 밝히려 하지 않고 오직 자기의 의견만을 타인에게 강요하려는 새로운 유형의 인간이 처음으로 태어났다. 이것이야말로 새로운 사실이다. 그야말로 이유를 가지고 있지 않는 권리, 이유 없는 이유인 것이다.

다시 Dahl 분류로 돌아가보자. 그에 따르면, 이러한 여러 이론적 배경을 감안해야 한다.

'누가 지배하는가'는 다음과 같은 세부 질문으로 나누어볼 필요가 있다(7쪽):

- ✔ 영향을 끼치는 자원의 불평등이 "누적적인가cumulative" 아니면 "비누적적noncumulative"인가? 다른 표현으로는, 정치적 자원 분배 방식이 과두제oligarchy 다원주의pluralism 둘 중 어느 쪽으로 가도록 하는가?

- ✔ 중요한 정치적 결정은 어떻게 실제로 이루어지는가?

---

5 The Fascist and Syndicalist species were characterized by the first appearance of a type of man who "did not care to give reasons or even to be right", but who was simply resolved to impose his opinions. That was the novelty: the right not to be right, not to be reasonable: "the reason of unreason." Chapter 8, "Why the Masses Intervene in Everything and Why They Always Intervene Violently" https://en.wikipedia.org/wiki/José Ortega y Gasset.

- ✔ 지도자들이 하나의 지배 집단을 형성하는가 아니면 나누어지고 갈등하고 협상하는가? 지도자 행태가 과두제적인가 아니면 다원주의적인가?

- ✔ 선거권은 얼마나 중요한가? 지도자가 특권층 일부의 의견에만 귀를 귀울이는가 아니면 대다수의 유권자 목소리를 반영하려고 노력하는가?

- ✔ 지배구조는 그대로 있는가 아니면 변화하는가?

- ✔ 민주주의와 평등에 대한 "미국 신념American Creed"을 따르는 것이 얼마나 중요한가? 보통 사람들이 가지고 있는 민주주의 신념이 어떻게 정치에 영향을 미치는가?

1.3 Floyd Hunter: 누가 정책결정을 하는가?

주요한 정책결정을 하는 이를 찾기 위해, 사람들에게 물어보는 방식을 사용한다(61쪽):

> 시민단체, 전문가 단체, 사교모임fraternal organizations, 공직 종사자, 재계 지도자, 구호단체 관련자"society" personnel, 재정 담당자"wealth" personnel 목록으로 시작한다. 단체가 잘 알려져 있거나 이런 저런 사람들이 추천한 기준으로 이렇게 175명 명단이 만들어진다. "심판단judges"이 사람들을 40명으로 추린다. 이 40명이 애틀랜타 연구의 대상이다.

이러한 40명의 면면은 다음과 같다. 경영진 11명, 상업 7명, 제조업계 5명을 합친 재계 인물은 23명이다. 40명의 절반을 조금 넘는다.

시장을 포함한 고위공직자가 4명이다. 노조지도자가 2명이다. 전문직으로는 변호사 5명 의사 1명이 있다. 특정 직업이 없는 사회지도자가 5명이다.

〈표 1.1〉은 이를 구체적으로 보여준다.

〈표 1.1〉 애틀랜타 정책지도자 40명의 직종구분[6]

직업	이름	소속기관	직위
은행, 금융, 보험	Joseph Hardy	Investment Company of Old State	회장
	Elsworth Mines	Producer's Investments	회장
	Herman Schmidt	First Bank	회장
	Epworth Simpson	Second Bank	부회장
	Ralph Spade	Growers Bank	회장
	Arthur Tarbell	Commercial Bank	부사장
	Norman Trable	Regional City Life	회장
상업	Harvey Aiken	Livestock Company	이사장
	Horace Black	Realty Company of Regional City	회장
	George Delbert	Allied Utilities	회장
	Fargo Dunham	Regional Gas Heat Company	지배인
	Adam Graves	Refrigeration, Incorporated	회장
	Harry Parker	Mercantile Company	지배인
	Mark Parks	Paper Box Company	회장
	Grover Smith	Cotton Cloth Company	지배인
	Cary Strokes	Oil Pipe Line Company	회장
	John Webster	Regional City Publishing Co.	편집장
	Jack Williams	Mercantile Company	회장

6 출처: Hunter(1953: 76) 표 4.
참고: 인명 회사명은 모두 가명, Regional City = 애틀랜타, Old State = 조지아.
번역: executive vice-president = 부사장, general manager = 총지배인, treasurer = 재무담당관, managing editor = 편집장, '지배인'이란 번역으로 통일한 세 경우 'Dunham general manager' 'Parker executive manager' 'Smith manager'

직업	이름	소속기관	직위
정부	Peter Barner	市정부	시장
	Mabel Gordon	市교육부	교육감
	Howard Rake	郡교육부	교육감
	Truman Worth	郡정부	재무담당관
노동	Russell Gregory	지역 노조	위원장
	Gary Stone	지역 노조	위원장
무직	Hetty Fairly	없음	사회 지도인사
	Brenda Howe	없음	사회 지도인사
	Claudia Mills	없음	사회 지도인사
	Edna Moore	없음	사회 지도인사
	Gloria Stevens	없음	사회 지도인사
제조업, 산업	Samuel Farris	Steel Spool Company	이사장
	Charles Homer	Homer Chemical Company	이사장
	Avery Spear	Homer Chemical Company	회장
	Edward Strokes	Strokes Gear Company	이사장
	James Treat	Southern Yarn Company	회장
전문직	Harold Farmer	법률사무소	변호사
	Phillip Gould	법률사무소	변호사
	Percy Latham	병원	치과의사
	Ray Moster	법률사무소	변호사
	Luke Street	법률사무소	변호사
	Bert Tidwell	법률사무소	변호사

이 40명 중에서도 또 중요한 사람들을 추려낸다. 이 과정에서는 40명중 면담을 하는 27명의 의견이 결정적으로 작동한다(61-62쪽):

> 어떤 부분에 대해서는, 40명 전원에 대해 정보를 조사하기도 한다. 40명중 27명은 약속을 잡아 면담을 한다. 조사가 진행됨에 따라 추가적 질문을 하기도 한다. …
>
> 면담에서 '지방도시' 지도자들은 40명 가운데에서 가장 비중있는 10명을 선택하도록 부탁받는다. 27명의 선택은 상당히 비슷한 것으로

나타난다. 한 명이 가능한 최대 27표 중에서 21표를 가져간다 … Delbert가 21표로 1위를 차지한 이 질문은 다음과 같다. "지역의 어떤 사업에 대한 결정이 내려져야 하는 상황입니다. 거의 모든 지역민이 수긍할 수 있는 지도자가 사업 결정을 해야 한다면, 이런 지도자 10명은 40명의 명단 중 누구일까요?"

인용문에 나오는 질문의 응답 결과는 <표 1.2>이다.

<표 1.2> 다른 지도자 선택으로 매겨진 애틀랜타 지도자 순위

지도자	응답수
George Delbert	21
Cary Strokes	19
Ray Moster	18
Peter Barner	17
James Treat	15
Fargo Dunham	14
Charles Homer	13
Adam Graves, Joseph Hardy, Luke Street, Harry Parker, Jack Williams	12
Avery Spear	11
Elsworth Mines	10
Percy Latham	9
Mabel Gordon, Arthur Tarbell	5
Truman Worth, Edna Moore, Mark Parks	4
Harvey Aiken, Epworth Simpson, Bert Tidwell, Grover Smith, Edward Strokes	3
Phillip Gould, Harold Farmer, Brenda Howe, Gary Stone, Ralph Spade, Herman Schmidt	2
John Webster, Samuel Farris, Norman Trable, Claudia Mills, Horace Black, Howard Rake	1
Hetty Fairly, Gloria Stevens, Russell Gregory	0

출처: Hunter(1953: 63) 표 2.

1.4 Floyd Hunter: 누가 제일 힘센 사람인가?

40명 명단을 만들고 또 이 40명에서도 인정받을만한 정책결정자 순위를 정한 다음에도, Floyd Hunter는 새로운 문제제기를 한다. 이 순위는 사실 누가 제일 센 사람인가 하는 질문과는 다르다는 것이다.

인용문에서 Charles Homer은 이미 언급한 바 있다. 코카콜라 이사회 이사장 Robert Winship Woodruff 이다.

원문을 살펴보자(62쪽):

> 이 표를 가지고 피라미드가 어떻게 구성되는지 생각해볼 수 있다. 하지만 이 피라미드는 애틀랜타 최고 지도자들 사이에 존재하는 관계를 있는 그대로 나타내지 않는다 …
>
> George Delbert는 Charles Homer보다 6칸이나 위에 있다 …
>
> 하지만 사람들에게 누가 이 도시에서 제일 힘세냐고 단순하게 물으면 결과는 달라진다. 제일 센 사람은 Charles Homer이다.

저자는 이러한 주장의 원인을 몇 가지로 나누어 분석할 수 있다고 생각한다. 또 분석해야 한다고 생각하기도 한다. 단순하게 생각하면, 논리적으로 모순된다고 독자는 판단할 수도 있다. 실제 모순일 수 있다. 하지만 여기서 중요한 것은 Hunter라는 사람이 왜 이런 주장을 하는가이다.

첫 번째로, Hunter는 돈, 자리, 사회적 지위라는 중첩적 힘을 강조한다(62, 64쪽):

> Homer가 가지고 있는 돈, 기업에서의 직위, 사회적 지위에 기인할 수 있다. 이 사람은 돈 많은 집안 출신이다. 애틀랜타에서 제일 돈 많다고, 대부분 전문가들은 본다. 매출로 보았을 때 가장 큰 기업 이사회 이사장이다. Delbert는 가장 큰 회사 (코카콜라) 회장이지만, 월급장이이다. 물론 아주 많은 월급을 받는다. 하지만 월급이 많고 적고를 떠나, 애틀랜타에는 소유주와 관리인의 차이가 분명히 있다. Delbert 집안 배경도 Homer에 뒤진다.
>
> Delbert가 힘이 없다고 얘기하는 건 아니다. 힘이 있다. 5만이 넘는 종업원을 동원할 수 있다. 공동체 문제에도 크게 목소리를 낼 수 있다. Homer보다 더 목소리가 클 수도 있다. 왜냐하면 Delbert는 자기 의견을 더 자주 내기 때문이다. Delbert는 최상위급 위원회와 이사회에 참여할 의지가 있다. Homer는 그렇지 않다.

두 번째로, 부모로부터 물려받는 과정을 주목한다. 이를 개인이 자신의 힘으로 성취하는 과정과 비교한다. 이 비교를 통해 권력이란 상속되는 부분이 훨씬 더 크다는 점을 부각시킨다.

정책결정자 40명을 먼저 비교한다. 단순한 돈이 아니라 직위까지로, 물려받는다는 개념을 폭이 넓게 적용하고 있다(28-29쪽):

> 40명의 정책지도자 중에서 15명이 아버지의 사업을 물려받는다. 추가적으로 다른 세 명도 유산으로 물려받은 것으로 보인다. 이들은 영향력 있는 자리를 물려받는다. 저명하고 부지런한 아버지가, 자식이 괜찮은 자리를 꿰찰 수 있도록 돕는다. 어떤 이들은 아버지로부터 상속받고는 자신들을 위해 만들어진 사업체의 꼭대기 자리까지 올라간다. 어떤 이는 상속받은 돈을 가지고 어떤 식으로든 유명해진다. 40명 중 15명이 자신의 힘으로 현재 자리까지 오른 것으로 보인다. 다른 말로 하자면, 귀속지위가 아닌 성취지위인 것이다.

세 번째로 패거리 내에서의 권력 순위가 중요하다. 상위집단은 동시에 '패거리crowd'에 속한 집단이다. Homer는 하나의 패거리에서 우두머리 역할을 하고 있다.

면담대상자이면서 또 40명 중 일원이기도 한 James Treat 주장이다. 패거리 구성은 다음과 같다(77-78쪽):

> "이 '지방도시'에는 큰일을 결정하는 몇 개의 패거리가 있어요 …
>
> 우리 패거리the Homer Chemical crowd의 대장은 Charles Homer지요. 나는 John Webster, Bert Tidwell, Ray Moster, Harold Jones, James Finer, Larry Stroup, Harold Farmer 같은 이들과 같이 속해 있지요. 또 언저리에 있는 사람들이 있고요 …
>
> 한 패거리the State Bank crowd에는 Herman Schmidt, Harvey Aiken, Mark Parks, Joseph Hardy가 있어요 …
>
> 또 한 패거리the Regional Gas Heat crowd에는 Fargo Dunham, Elsworth Mines, Gilbert Smith, Percy Latham이 속해 있고요 …
>
> 또 한 패거리the Mercantile crowd에는 Harry Parker, Jack Williams, Luke Street, Adam Graves, Cary Strokes, Epwoth Simpson이 있어요. 또 한 패거리the Growers Bank crowd에는 Ralph Spade, Arthur Tarbell, Edward Strokes가 뭉쳐져 있고요."

이러한 패거리는 재계가 장악하고 있다. 각 패거리에는 특정 회사와 관련이 있는 재계의 인물들이 주축을 이룬다. James Treat 자신이 속해 있다는 패거리의 대장이 Charles Homer이다.

또 한 패거리는 Growers Bank의 회장인 Ralph Spade가 이끌고 있다는 것을 알 수 있다.

나머지 패거리들도 은행이나 회사와 관련되어 있다는 것을 알 수 있다. 재계에서의 개인의 위치가 그 개인이 패거리에 가입할 수 있는 자격인 셈이다(79쪽).

이러한 패거리의 대표들이 주요 사안에 대해 토론하고 또 결정을 내린다. 패거리의 대장들은 중요한 일에 주로 같이 움직이려고 하고, 각 패거리의 대장들은 주로 아래에 있는 인물들로 하여금 지역사회를 상대하게 한다(79쪽).

네 번째로는 전국적 단위의 권력과 연결되는 것을 중요시한다. 이렇게 연결되는 사람이 Homer이다.

Hunter는 서문에서 권력구조에 대한 전제를 제시한다. 여기서 일부를 살펴보자(6쪽):

> 권력은 미국에서 사회적으로 구조화된다. 전국, 주, 지역 단위로 정부와 경제라는 두 권력간의 이중 관계이다.

그리고는 애틀랜타를 이 전제에 연결시킨다(100쪽):

> Homer, Parks, Hardy, Aiken, Parker, Rake 같은 인물은 이 도시와 전국적으로 정책을 결정하는 집단을 연결시켜준다. 40명이 평균적으로 전국 단위 위원회 1.2개에 속해 있는 반면, 이들은 평균적으로 3개의 위원회에 속해 있다.

다섯 번째로 정책결정자 40명 중 일부가 Homer라는 사람과 비직접적으로라도 연결된다. Hunter는 자신만의 자세하고 날카로운 묘사로 이를 보여준다.

Avery Spear는 Homer가 키운 사람이다(34-35쪽):

자수성가한 사람 중에서 Avery Spear 같은 경우는 좋은 예이다. 인근 주에서 태어나서 이 도시에는 젊은 나이에 변호사로 온다. 몇 년 후에는 Homer Chemical Company 이사 자리를 잡는다.

돈이나 집안 배경이 없지만, 회사 소유주이자 나중에는 의사회 의장인 Charles Homer 총애를 받는 직원이 된 것이다. 점차 번 돈으로 주식을 구매해서 상당한 부를 일군다. 회사 대외관계를 담당하는 역할을 몇 년 동안 수행한다. 시민단체 이사회나 도시 수준이나 주 단위 위원회에 Homer 대신 참석한다.

Gloria Stevens 경우는 부의 원천이 Homer 집안과 연결된다(36쪽):

사회 지도자로서 Gloria Stevens가 있다. 부모님이 모두 사회지도자 출신이다. 그녀의 아버지는 Homer Chemical Company 지분을 가진 아버지로부터 재산을 물려받는다. Charles Homer는 그녀의 삼촌이다 …

그녀는 Jeffrey Stevens와 결혼한다. 이 남자는 Charles Homer 회사에 취업한다 …

그녀는 지역 교육계와 자선사업에 많은 돈을 기부한다.

1.5 Floyd Hunter: 무기력한 시청, 무기력한 시민사회

Dahl 만큼은 아니지만, Hunter 역시 민주주의라는 주제의 중요성을 인식한다. 무기력한 정치인과 무기력한 시청은 기본적으로 민주주의가 무너진 것이라는 것을 알고 있다.

이에 대한 짤막한 언급을 모아본다(103쪽):

> 여러 집단의 요구를 반영할 지속적 정치체제가 존재하지 않는다. 이는 새로운 문제는 아니다. 하지만 구조적으로 심각한 문제이다. 하나의 집단이 공적 정부를 지배하고, 민주 사회에서의 다수에게 지는 직접적 책임을 이 집단이 지지 않으면, 민주적 가치는 별도로 하더라도 민주적 실체는 엉망이 되는 것이다.

몇몇 돈 많은 이가 입법과정을 자기 뜻대로 할 수 있고, 또 마음대로 한다(103쪽).

실제로 결정을 내리는 이는 따로 있다(102쪽):

> 이 도시 정치를 움직이는 세력은, 사업을 하는 이들이다. 정부와 이들 간에 공식적 관계는 없다. 하지만 하나로 뭉쳐진 경제계가 원하는 대로 정부는 굴러간다. 정책결정을 내리는 위원회의 구조와 이런 구조가 도시의 다른 제도/조직과 하나로 묶여 있기 때문이다.
>
> 이러한 몇몇 개인의 힘을 아주 잘 알고 있는 정부 조직과 정부 사람은, 이들에게 자문을 구하고 문제는 없는지 확인하기 전에는 아무것도 하지 않는다.

정치계의 재계 종속을 묘사할 때도, Charles Homer이라는 인물이 간접적으로 나온다(81쪽):

> 일반적으로 말했을 때, 정치적 영향력 자체는 '지방도시'의 정책 결정 상부에 진입할 수 있는 유일한 기준은 아니다.
>
> 이 얘기의 예외가 시장인 Peter Barner와 회계관인 Truman Worth이다. 이들은 공직을 노릴 정도로 지역 정치에 관여되기 전까지는 성공한 사업가였다 …
>
> 이들은 대중 추종자를 가지고 있어서 자리를 유지하지만, 이들의 친한 친구들은 사업가들이다. 시장 사무실에는 사진이 한 장만 있다. 이 사진은 이 지역에서 제일 거물 사업가인 Charles Homer이다.
>
> 시장 회계관 모두 지역 전체와 관련된 사업을 시작하기 전에는 사업가들에게 끊임없이 조언을 구한다. 이들은 보통 사업을 자신이 주도해 나가지 않는다. Delbert나 Graves 혹은 다른 패거리의 대장이 이끄는 대로 따라간다.

주 정부나 연방정부와의 관계에서도, 시장보다는 경제계 거물들이 더 영향력이 있다(101쪽).

사실 무기력한 것은 시청만이 아니다. 미국의 다른 도시들과 마찬가지로, 재계의 우두머리들이 지역사회를 움직인다(81쪽). 가족, 교회, 정부, 교육과 같은 기관들은 재계의 지원을 받고 또 종속된다(82쪽).

1.6 Floyd Hunter: 비공식적 정치

"공적인 정치가 어디서 끝나면서 사적인 정치가 시작될까?(Hunter, 1953: 171)"라는 질문이 비공식적 정치에 대한 장을 시작한다. 답은 "공정과 사적인 정치의 경계를 구분하기 힘들다(Hunter, 1953: 171)"이다.

비공식적 정치는 띄워주기, 순응 요구, 남말하기, 돈줄 조이기로 이루어진다. 띄워주기는 권력 행사의 효과적 수단이 될 수 있다. 한 특권층의 이야기는 띄워주기의 구체적인 방법을 이야기한다(180-181쪽):

> "어떤 사람을 띄워주면 그 사람을 움직일 수 있습니다. 일 년에 $5,000 정도 버는 한 사람은 자기가 뭔가 대단한 것을 하고 있다고 느끼는 걸 좋아해요. 우리는 그를 자선모금 같은 행사에 데리고 갑니다. 그는 언론에 나오고, 기분이 좋아집니다. 다음에 그 인간에게 뭘 부탁하면 잘 들어주지요."

순응 요구는 여러 형태로 나타난다. 지도자들이 결정을 내린 사항에 대해서는 만장일치로 따라주기를 원한다. 어떤 사안은 의견수렴을 위해 언론 등을 통해 밑바닥 반응을 확인해보기도 한다. 반대의견은 이런 의견수렴단계에서만 허용된다.

이러한 순응 요구를 거부하는 이에게는 제재가 가해진다. Hunter는 특권층이 정한 사안을 비판한 한 사회복지사가 겪는 고초를 상세히 설명한다:

> 어려운 환경의 아이들을 위한 단체를 이끄는 한 사회복지사(Joe

Cratchett)를 가지고 특권층이 장난을 치는 사례를 저자가 알게 되었다(190쪽) …

그가 속한 단체의 이사회는 도시 권력구조에서 두 번째나 세 번째 등급에 있는 사람들이 차지하고 있었다(190쪽) …

그가 속한 단체는 소식지를 발간하는데, 이를 편집하는 그는 도시의 주요 현안들과 관련된 글을 두세 번 내보냈다. 그가 일을 맡기 이전처럼 '안전하게' 소식지를 만들라고 그는 경고받았다(190-191쪽) …

한번은 그가 "페인트칠하고 청소하자"는 운동을 근본적 주거개혁을 막으려는 특권층이 후원한다고 공개적으로 공격하였다(191쪽) …

George Delbert가 이 일에 대해 알게 되었고 단체를 후원하는 이사회의 몇몇 임원들을 불러 모았다. 그는 이들에게 "일을 알아보라"고 했다(191쪽) …

이사회는 이사장에게 사회복지사를 자를 방안을 찾아보라고 얘기했다. "그 사회복지사에 대해 조용히 알아보기 위한" 소위원회가 구성되었다. 이 소위원회는 한때 참전용사 단체의 회장을 맡았고 그 사회복지사에 의하면 "해결사"인 한 인물이 이끌었다. 조사가 진행되자, 그 사회복지사는 주거 문제에 대한 불만을 멈추지 않고 터트렸다. 그는 한 걸음 더 나아가서 빈민가의 사회문제는 "저임금"때문이라고 공식적인 자리에서 이야기했다(191쪽) …

사회복지사가 이전에 일했던 도시에서 이루어진 조사는 그를 곤경에 빠뜨릴 건수를 찾지 못했고, 일이 조용해지는 듯했다. 아이들을 위한 단체가 임원진에게 예산승인을 받을 때까지의 두 달 동안은 아무 일이 없었다. 이사회는 신청된 예산을 가지고 오래 들볶았지만 결국 대부분을 승인했다. 누락된 예산은 계약 때부터 합의되어 있던 그 사회복지사의 임금 상승분이었다. 그 사회복지사는 George Delbert가 일을 꾸민다고 회의 석상에서 공개적으로 공격하였다. 그 단체의 회장에게 이는 감당할 수 없는 일이었고, 회장은 그 사회복지사를 불러서 사퇴하라고 요구했다. 그 사회복지사는 그만두지 않고 계약대로 1년을 더 버티겠다는 의사를 밝혔다(192쪽) …

그 사회복지사가 결정적 실수를 범하지 않았으면 이 싸움에서 이겼을지도 모른다. 그는 단체의 회의실을 진보정당이 사용하도록 허락해주었다. 이 사실은 이사장에게 다음날 보고되었다. "사회단체 임원이 정치에 관련되다"는 1면 기사가 신문에 났다(192쪽) …

결국 그 복지사는 해고되었다(193쪽).

남말하기는 부정적 그리고 긍정적이라는 두 맥락 모두에서 중요하다. 사생활이나 일 처리에 대한 나쁜 평가가 돌면, 그 사람이 패거리의 우두머리를 대신해서 일이나 직위를 맡는데 부정적 영향을 미친다. 반대로, 좋은 평판은 어떤 사람을 패거리에서 키워나가는 하나의 방편이기도 하다(200-204쪽).

돈줄 조이기 역시 권력 행사의 중요한 방편이다. 도시에서 어떤 사업을 할 때 "경비는 어디서 충당하느냐(204쪽)"하는 문제가 늘 발생한다. 세금이든 기부이든 재력가들로부터 돈이 나와야 하는 경우가 대부분이다.

어떠한 형태로든 돈을 내는 재력가들은 지역의 일들에 대한 발언권을 가지게 된다. 비용 충당 뿐 아니라 말 그대로 '돈줄'인 대출 역시 중요하다. 금융권은 이런 이유로 인해 지역의 비공식적 계획수립 과정에 있어 큰 영향력을 발휘한다(204쪽).

1.7 Floyd Hunter: 살아가는 모습의 묘사

저자 개인적으로는, 애틀랜타 사람들이 살아가는 모습을 묘사한 부분이 가장 인상적이다. 있는 그대로의 묘사가, 숫자와 개념보다 설득력 있을 수도 있다.

엘리트가 보통 사람과는 다르다는 것을, 엘리베이터라는 매개체를 가지고 강조한다(14쪽):

> 예를 들어, 아마도 이 도시에서 가장 힘센 인물인 Charles Homer에게는 엘리베이터 앞에서 방문객을 맞이하여 사무실의 비서에게로 안내하는 사람이 있다. 사무실 비서는 방문객을 다시 그의 개인비서에게로 안내한다. 방문객이 그를 만날 수 있는지 여부는 이 개인비서가 결정한다. 그의 직무실로 들어가는 과정에서부터 그가 애틀랜타라는 공동체의 다른 일원들과는 꽤 격리되어 있고 또 보호되어 있음을 알 수 있다.

코카콜라 회장 말고도, 이러한 개인 엘리베이터를 사용하는 사람이 40명 엘리트 중에 있다(13쪽)

> 금융계 2명은 사무실로 연결되는 엘리베이터를 사용한다. 건물 복도를 다니지 않아도 되는 것이다. 이러한 최상위 지도자의 특성은, 바깥쪽 사무실에 남자 비서를 두는 것이다. 명예의 상징이다. 이러한 비서는 접대하는 태도를 보인다. 부드럽고 잘 이해하고 필요한 걸 잘 맞추어준다.

일하는 공간에 대한 묘사 역시 탁월하다. 은행, 공장 등 현장의 모습이 나타난다(13-14쪽):

가장 사치스러운 업무환경은 금융계 사람이 누린다. 대체로 가죽을 많이 댄 가구를 사무실에 배치한다. 고전적 디자인이거나, 현대적 기능적 디자인이다. 조명은 절제되어서, 간접조명이다. 냉방시설은 다 되어 있다. 방음천장과 두꺼운 커튼은 바깥 소음과 내부 소음을 제거한다 …

벽에는 원목이 붙어있다. 대부분 벽에 그림이 없는 경우가 많다. 어떤 경우에는 창업주 혹은 현 회장의 초상화가 걸려 있기도 하다 …

공장을 돌리는 이의 사무실은 전반적으로는 금융가 그리고 변호사 사무실과 비슷하다. 하지만 벽의 원목 소재 색깔이 더 밝다. 소나무나 참나무인 경우가 많다. 같은 공장에서도 부서에 따라 사무실 공간이 다르다. 엔지니어 사무실도 가구가 잘 꾸며져 있을 수 있다. 하지만 더 수수하고 단순하다. 누가 방문하기도 쉽다. 현장 책임자 사무실은 판자집처럼 판자로 벽이 세워져 있고, 벽에는 작업공간이 보이는 유리창이 있다. 업체에서 쓰는 커다란 달력이 벽에 걸려 있을 수도 있다.

코카콜라 회장과 같은 최상위층이 주로 모이는 곳은 '회원제 클럽private club'이나 '각자의 집private homes'이다. 회원제 클럽에는 등록된 회원과 이들 회원이 초대하는 사람들만 출입할 수 있다(16쪽).

이들이 사는 집은 보통 숲과 화원으로 둘러싸인 한적한 곳에 위치해 있다. 이들의 집 내부는 집주인의 취향에 따라 프랑스 방식이나 '식민지식colonial style' 혹은 초현대 분위기로 꾸며져 있다. 복제품이 아닌 진품들이 널려있다.

이러한 집들은 〈그림 1.3〉에서 R 글자로 표시되어 있다. 아주 선호지역Highly Desirable Area에 몰려 있다(17쪽).

이 동네에서 시내까지 자동차로 왕래하는 이 지도자들은, 거리의 현실적 문제를 눈으로 직접 보는 경우가 드물다. 화려한 간판으로 가득한 큰 거리 뒤편 쇠락해가는 도심의 모습은, 자동차 안에 있는 이의 시야에서는 숨겨져 있다.

보통 사람들과 통근길을 공유하는 사람은 40명중에 2명뿐이다. 둘 다 노조지도자이다(22쪽).

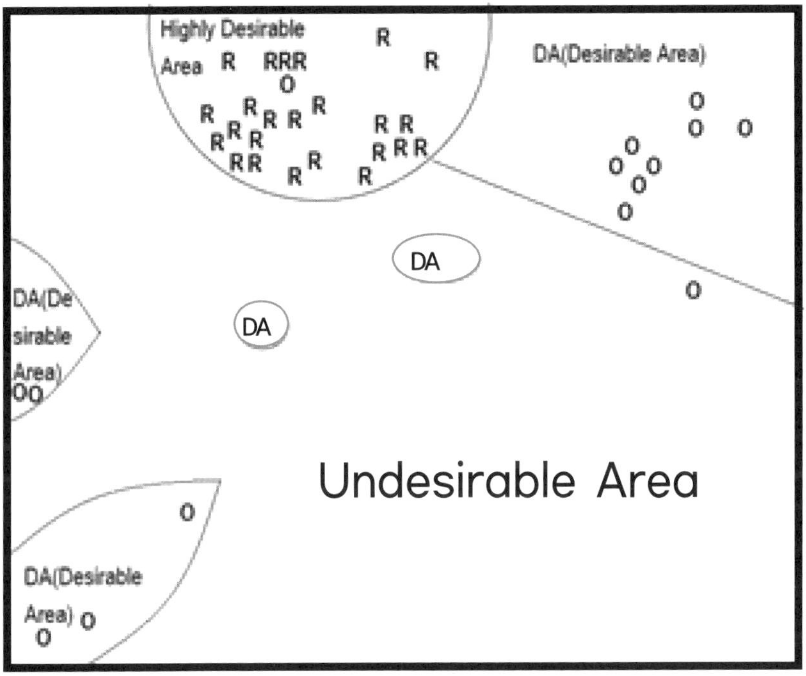

〈그림 1.3〉 애틀랜타 정책결정자와 전문직 종사자 거주지역

참조: 책 18쪽 그림 1을 저자가 단순화해서 재구성.
Figure 1. Residential Areas Occupied by Policy-makers and Professional Personnel.
R = 정책결정자 Policy-makers
O = 전문직 종사자 Professional Personnel

1.8 Floyd Hunter: 권력의 의미

Hunter는 '권력power'에 대해 정확히 정의하지 않는다. 맥락을 살펴볼 필요가 있다. '권위authority'와 '영향력influence' 관련 예문을 보자(163-164쪽):

> Treat은 권위를 가진 사람이다. 그가 하는 활동이 제도화되어서 권위를 가지는 측면이 있다. 그는 권력을 가진 사람이기도 하다. 강제력을 쓰거나 명령을 내려서 복종을 강제하는 권력 요소를 쓰는 위치에 있는 사람을, 멋대로 조정할 수 있기 때문이다 …
>
> James Treat 활동 이야기는 권위와 영향력 두 개념을 보여준다 …
>
> 둘은 서로에게 필요불가결한 연결된 개념이다. 둘 다 권력의 요소이다.
>
> 하지만 동일한 것은 아니다. Treat 그리고 다른 사람들 다 주지사에게 영향력을 미칠 수 있다. 하지만 Treat이 더 큰 영향력을 가지고 있다. 개인적 조직적 위엄을 가지고, 주지사가 직접 오게 할 수 있다. 아주 큰 차이이다. 다른 사람들은 다른 영역에서 권위를 가지고 있을 수 있다. 이런 곳에서는 다른 사람들이 명령을 따를 수 있다. 그러면 거침없이 권력을 행사하는 것이다.

'강제력force'과 '권력power'에 대한 예문이다(106쪽):

> 강제력은 역시 권력의 한 요소이다. 하지만 독립적 요소는 아니다. Von Beckerath[7]는 다음과 같이 말한다. "다수 뜻에 반하는 소수 강

제력에 기반한 국가는, 장기적으로 보면 성립 불가능하다." 이 도시의 권력구조를 이해하려면 돈이나 강제력 이런 것들 이상을 더 살펴보아야 한다. 이런 요소들은 각자 역할이 있다. 하지만 이런 것들은 집단 관계로 묘사된 복잡한 일상적 관계와 연결되어 있다.

1.9 Floyd Hunter: 도심 재개발, 그리고 다른 정책

미국 대도시의 '도심재생urban renewal' 즉 도심 재개발 사업을 가장 잘 표현한 사람은 Gillham(2002: 43)이다. 그는 미국의 도시재생을 "도심의 교외화"라고 정의한다. 열악한 환경의 빈민가를 밀어버리고, 그 위에 교외보다 더 크고 화려한 새로운 공간을 만드는 것이다. 공원이 펼쳐지고, 공원을 가로지르며 고속도로가 놓이며, 고속도로를 따라서 초고층건물이 들어서는 이상향을 만드는 것이 도시재생이다.

도시재생은 좋은 의도로 시작되었다. 1937년 통과된 관련법안Housing Act은 가난한 미국 가족에게 집을 하나씩 주겠다는 공공주택정책을 담고 있다. 1949년에 수정된 관련법안Housing Act은 지자체가 이러한 공공주택 건설을 원하는지 정하고 또 원한다면 지자체 자체적인 토지 수용과 공공주택 건설을 담당 조직을 만들 것을 명시한다. 가난한 이들이 많고 또 이러한 가난한 이를 위해 자원을 써야 한다고 생각하는 주민과 정치인들이 있던 대도시만이 이러한 공공주택 사업을 하기로 결정한다. 이러한 대도시들은 기존 빈민가를 밀어버리고 그 터에 공공주택을 짓기로 대부분 결정한다(Gillham, 2002: 136). 수용에 필요한 비용은 연방정부가 2/3 그리고 해당 도시가 나머지 1/3을 맡게 된

7 Herbert Von Beckerath, "Economics and Politics" Social Forces XIV October 1935, 52.

다(wikipedia /urban renewal/ 2009/10/10).

원래 주민들에게 나은 보금자리와 공동체를 제공하겠다는 목표를 기준으로 생각해보면 도시재생은 분명히 실패한 사업이다. 기존의 빈민가를 대규모로 밀어붙이자, 교외로 옮겨 갈 여력이 되는 사람들은 옮겨가 버리고 남아있는 사람들은 공공주택 이외에 갈 곳이 없게 된다. 흑인들의 생활을 나름대로 유지해주던 공간으로서의 끈끈한 공동체는 사라져버리고, 빈민을 위한 공공주택으로써 세워진 고층아파트는 범죄의 온상이 된다(Gillham, 2002: 136). 〈그림 1.4〉는 이후 미국 곳곳에서 철거된 이러한 아파트 중 하나이다.

Hunter는 도심 재개발에 대해 직접적이거나 상세히 언급하지 않는다. 하지만 찬성인 것으로 보인다. 그는 대규모 도심 재개발을 통한 저소득층 주거환경개선사업인 '도시재생urban renewal'의 실시를 Hunter는 빈민가 문제의 근원적 해결책이라 생각하는 듯하다.

〈그림 1.4〉 미국 도심의 고층 공공주택

예문에서 이야기하는 "불도저"가 그런 맥락이다. 빈민가 정비 사업에 자원을 투자하는 것을 특권층이 꺼린다는 것을 강조한 것이다 (Hunter, 1953: 189, 191):

> 빈민가 정비에 대해서 지역단체들을 이끄는 지도자들이 몇 해 전에 관심을 가졌을 때, 주거 문제를 해결하는 데 적극적으로 나서는 것에 대해 의견이 나누어졌다. "불량 주거지역을 페인트칠하고 청소하자"라는 여성단체에 지원해주는 것으로 절충 합의가 최종적으로 이루어졌다. 이 사업은 언론의 전폭적 지원을 받았고, 사업의 설명과 홍보에 큰 노력이 기울여졌다.
>
> 페인트와 빗자루는 '지방도시'의 주거 문제에 대한 답이 아니었다. 불도저를 사용하는 방안이 이야기되었으나, 청소 생각에 빠져있는 지도자를 설득할 수는 없었다 … 한번은 그가 "페인트칠하고 청소하자"라는 운동을 근본적 주거개혁을 막으려는 특권층이 후원한다고 공개적으로 공격하였다.

빈민가 정비에 대해서는 당시 특권층 내부 합의가 이루어지지 않고 있다(224쪽):

> 주거 문제는 다른 도시처럼 이 도시에서도 여러 해 동안 문젯거리다. 문제가 악화된 이유는 두 가지이다. 주로 흑인이 거주하고 있고 또 이들을 위한 저렴한 주거환경 제공이 꼭 필요하지는 않다고 생각하기 때문이다. 공동체 여러 단체가 연방 법안 통과를 주장하고 나선 바 있다.
>
> 이 문제는 제일 영향력 있는 사람이 하나의 통일된 안을 내놓기가 힘들다. 어떤 이들은 사업으로 혜택을 보고, 다른 이들은 그렇지 않

기 때문이다. 양측은 주장을 강하게 하고, 도시 지배구조에서 밑에 잇는 전문직도 자유롭게 의견을 개진할 수 있다. 전문직은 대부분 저렴한 주거환경 조성에 찬성이다 …

빈민가 철거와 공동체 재개발을 위한 연방 법안 통과는 우호적 환경을 조성하지만, 영향력 있는 이는 "마음이 내키지 않아서 행동하지 않고 질질 끌고 있다dragging their feet."

도심 재개발 사례에서 알 수 있듯, 애틀랜타에서 정책이란 특권층의 합의를 의미하는 것이다. 이러한 합의가 이루어지면, 이러한 합의는 정책이 된다(207쪽). 애틀랜타의 특권층은 대중들의 의견보다 자신들이 조금 앞서나가기를 바란다. 새 정책이 세워질 때도 이전의 정책들과 어느 정도 일치해야 한다(208-209쪽).

인종 문제도 마찬가지이다. 흑인 우월주의 단체의 폭행, 버스와 전차에서의 분리 승차, 학교 분리, 차별적 임금 등의 문제를 비중 있게 다루고 있다.

Hunter(145쪽)에 의하면, 흑인 공동체 내부도 "지금은 때가 아니다"라는 신중한 접근을 하는 보수진영과 좀 더 공격적 문제해결을 주장하는 진영이 나누어져 있다.

특권층은 인종 문제에 대해 차별적 태도를 보인다. 특권층 내부에서도 인종 문제에 대해서는 끊임없이 신경을 쓴다. 흑인이 백인 지역 학교에 다니는 문제에 대한 소송을 흑인 공동체에서 제기한 것에 대해, 특권층은 이를 막고 흑인들에게 어느 정도의 양보를 할 생각을 하는 상태이다(222쪽).

1.10 Robert Dahl: 정치라는 인간행동의 중요성

정치활동을 중요시하는 그의 전제는 책에 드러나 있다. Dahl(1961: 6)에 의하면, 민주적 정치라는 겉모양과는 달리 실제로는 권력층이 도시를 움직인다는 이론은 그럴싸하다.

재산, 소득, 사회적 위치, 지식, 인지도, 직위 등과 같은 자원이 일부의 사람들에게 쏠리다 보니 특권층이라는 결과가 나온다는 이야기는 논리적 설득력이 있는 것처럼 보이기 때문이다.

하지만, 이 특권층 이론은 정치인의 존재를 무시한다는 약점을 가진다. 책의 후반부에 나오는 한 뉴헤이븐 정당 정치임의 경력 쌓기에 대한 면담내용을 이러한 정치활동의 중요성을 잘 보여준다(249쪽):

> 나는 먼저 정치에 감이 있는 친구들을 선택했습니다 … 그리고 나는 내가 속한 구의 위원회에 참여했습니다 …
>
> 그리고 나는 위원장이 되었습니다. 야심이 있는 사람에게 경쟁자는 없습니다 …
>
> 일을 하면, 사람들이 일을 하게 해줍니다 …
>
> 물론 나는 싫은데도 억지로 한 것은 아닙니다. 일하는 걸 좋아합니다. 정치란 사교모임과 같습니다. 사람을 많이 만나고, 또 사람들로부터 호감을 얻어야 합니다 …
>
> 나는 사람들을 위해 많은 일을 합니다. 계속 일하지요 …
>
> 사람들은 날 찾아오고, 또 밤에도 집으로 전화합니다. 예를 들어, 한 부인이 나에게 전화해서 남편이 음주운전으로 체포되었다고 합니다.

그 부인은 보석금을 낼 처지가 못 됩니다. 내가 보석금을 내어주었죠. 한 흑인은 고용주의 돈을 유용해서 곤경에 처해 있습니다. 내가 고용주에게 가서 손실금액만큼 개인 수표를 끊어주어 고발하지 않도록 해주었습니다. 나는 착한 일을 쌓아 나갑니다 …

나는 언제나 사람들의 마음을 얻고 있습니다. 사람들은 절대 잊어먹지 않습니다. 누구나 이런 일을 할 수 있지만, 대부분 안 하지요 …

이런 일은 즐겨야 할 수 있습니다.

이 면담내용은 정치활동 자체의 독립적 중요성을 보여준다. 이 책 'Floyd Hunter: 무기력한 시청, 무기력한 시민사회'에서의 내용과는 전혀 다르다.

Hunter는 '지방도시' 시장인 Peter Barner가 기업인 출신이어서 기업인들과 만나러 다니며, 끊임없이 기업인들에게 정책에 대해 조언을 구하는 모습을 묘사한다.

이와 달리, Dahl은 자신의 입지를 자기 스스로가 만들어가는 정치인 모습을 보여준다.

1.11 Robert Dahl: 여러 힘 있는 집단들

누가 지배하는가? 제목을 내세운 이 책에서, 뉴헤이븐 도시 정치 변천사를 다룬 맨 앞부분이다. 앞서도 잠시 다룬 바 있다.

역사적 분석을 통해 집안 배경을 내세우는 특권층 지배에서 기업인과 대중정치인이 순차적으로 등장함을 보여준다. 집안 뿐 아니라 부와 대중적 인기가 정치권력에의 다른 진출로로 이용된 것이다. 하나의 힘 있는 집단이 아닌 여러 개의 힘 있는 집단들이 뉴헤이븐에는 생겨났다.

뉴헤이븐에는 시간에 따라 다른 힘 있는 집단들이 등장한다. 사회 명사, 기업인, 대중정치인이 각각의 시기를 이끌어 나간다.

명문가 출신이 1784년부터 1842까지 공직을 독점한다. 1842년부터 1900년까지는 기업인이 요직을 차지한다. 1900년부터는 근로자 그리고 중간계층 사람들이 권력을 쥐기 시작한다(Dahl, 1961: 11).

<표 1.3>처럼 누가 시장이 되는지를 보는 것이 간단명료하게 본질을 보는 방법일 수도 있다.

<표 1.3> 뉴헤이븐의 시장들, 1784-1960

정당	선출	이름	직업
첫 번째 시기(1784-1842)			
	1784	Roger Sherman	상원의원(독립선언문 서명)
민주-공화	1793	Samuel Bishop	판사
연방(Fed.)	1803	Elizur Goodrich	법대 교수
민주-공화	1822	George Hoadley	Eagle Bank 회장
연방(Fed.)	1826	Simeon Baldwin	판사, 하원의원
민주-공화	1827	William Bristol	판사, 주 상원의원
연방(Fed.)	1828	David Daggett	법대 교수, 상원의원
민주	1830	Ralph Ingersoll	변호사, 하원의원
민주	1831	Dennis Kimberly	변호사, 상원의원
민주	1832	Ebenezer Seeley	?
위그(Whig)	1833	Noyes Darling	판사
위그(Whig)	1834	H. C. Flagg	변호사, 편집인
위그(Whig)	1839	S. J. Hitchcock	변호사, 법률강사
두 번째 시기(1842-1900)			
위그(Whig)	1842	P. S. Galpin	카펫 공장과 보험회사 경영
위그(Whig)	1846	Henry Peck	Durrie and Peck
위그(Whig)	1850	A. N. Skinner	사립학교 운영
위그(Whig)	1854	Chauncey Jerome	시계 제조업자

정당	선출	이름	직업
민주	1855	A. Blackman	변호사
위그(Whig)	1856	P. S. Galpin	보험투자회자 근무
민주	1860	H. M. Welch	New Haven Rolling Mill 창업자 First National Bank 회장
민주	1863	Morris Tyler	신발도매업
공화	1865	E. C. Scranton	Second National Bank 회장
민주	1866	L. W. Sperry	Sperry and Co.(고기 포장)
공화	1869	William Fitch	E. T. Fitch and Co.(차량 스프링 제조)
민주	1870	H. G. Lewis	New Haven Wheel Co. 회장
민주	1877	W. R. Shelton	American Needle & Fish Hook 회장
공화	1879	H. B. Bigelow	Bigelow and Co.(기계 제조)
민주	1881	J. B. Robertson	National Life and Trust Co. 부회장
무소속, 민주	1883	H. G. Lewis	New Haven Wheel Co. 회장
민주	1885	G. F. Holcomb	Holcomb Brothers and Co.
민주	1887	S. A. York	판사, 변호사
공화	1889	H. F. Peck	놋쇠 제품 제조업체 회장
민주	1891	J. B. Sargent	철물 제조업
공화	1895	A. C. Hendrick	화재보험회사 간부
공화	1897	F. B. Farnsworth	주물회사 회장
세 번째 시기(1900-)			
민주	1899	C. T. Driscoll	변호사
공화	1901	J. P. Studley	판사
민주	1908	J. B. Martin	변호사
공화	1910	F. J. Rice	부동산업
공화	1917	S. C. Campner	변호사
민주	1919	D. E. Fitzgerald	변호사
공화	1925	J. B. Tower	차량정비업체 회장
공화	1928	T. A. Tully	인쇄업체 근무
민주	1931	J. W. Murphy	담배 제조 노동조합의 용역업체
공화	1945	W. C. Celentano	장례업자
민주	1953	R. C. Lee	예일대학교 홍보 담당

출처: Dahl(1961: 13-14) 표 2.1 재구성

참고: 1832년 선출된 Ebenezer Seeley의 직업난의 물음표는 원래 표에서 그대로 가져옴

이러한 변천은 권력의 원천이 쪼개지고 또 분산됨을 의미한다. 공업화로 인해 사회적 직위뿐 아니라 돈이 중요해진다. 이민자가 도시로 몰리면서, 숫자의 힘은 사회적 직위나 돈과는 다른 대중적 인기라는 새로운 권력으로의 통로를 만들어낸다.

첫 번째 시기 뉴헤이븐 시장의 전형적 모습은 이렇다. 부, 명예, 지위가 합쳐진 모습이다.

구체적으로는 이렇다. 뉴헤이븐 명문가 출신이다. 예일대학교를 나왔다. 변호사 시험에 합격한다. 이런저런 공직을 거친다(12쪽).

18세기 뉴잉글랜드[8] 지역에서는 영국 가난한 중산층 출신 몇몇 가족과 지역목회자가 친밀한 관계를 유지하는 가운데 지역을 실질적으로 지배한다. 원래 영국에서는 그리 높지 않은 지위를 가진 이들 가문은, 새로운 식민지인 뉴잉글랜드에서는 가장 높은 계급으로 부상한다(15쪽).

같은 종교와 같은 생활 태도를 가진 이들은 똘똘 뭉쳐서 지역의 주요한 일들을 결정해나간다. 뉴헤이븐도 마찬가지이다. 종교, 기업활동, 교육 모두 다 이들의 소관이다(15-16쪽).

선거가 실시된 1984년부터 19세기 중반까지 중요한 자리는 이들이 장악한다.

여기에는 몇 가지 요인이 있다. 먼저 작은 도시 규모가 있다. 1787년에는 총인구가 3,400명 정도이다. 여기에서 18세 이상은 800명이 채 안 되었을 것이다. 1820년에도 인구는 7,000명을 겨우 넘긴다. 이 중에서 1,600명 정도가 21세 이상 남성이다.

투표가 또 지금과는 다르다. 기립 투표는 지역유지 앞에서 일반 사

8 Connecticut, Massachusetts, Rhode Island, Vermont, New Hampshire, Maine 여섯 개로 이루어진 미국 동북부의 지역이며, 영어로는 New England이다.

람의 정치적 선택을 드러낸다. 교회와 부잣집이 원하는 후보를 선택하지 않기 위해서는 엄청난 용기가 필요하다(16쪽).

투표에서는 소득이나 재산의 자격 요건이 있다. '1년에 7$ 가치가 있는 부동산 혹은 134$ 동산'[9] 두 가지 중 하나를 충족하는 것이다(17쪽). 농업이나 상공업에 종사하는 중간계층이 실질적으로 배제된다(16쪽). 1784년 뉴헤이븐 첫 번째 시장 선거에서 성인 남성은 600명이다. 이 중 343명만 이러한 자격조건을 충족한다(17쪽).

명문가 출신이 선출되는 것이 정당하다는 일반사람들의 인식도 일조 한다(17쪽). 사실 '잭슨 민주주의'[10] 바람이 서쪽에서 불기 이전에만 하여도, 보통 사람이 공직에 나간다는 것은 엄두를 내기 힘든 일이다.

당시는 순서를 매기는 사회 체제가 당연시되고, 또 이런 분위기가 명문가 지배를 정당한 것으로 보이게 한다. 1965년까지 예일대학교는 학생이름을 철자순이 아닌 사회적 지위 순으로 기록한다. 청교도 교회에서는 나이, 집안출신, 재력에 따라 자리를 배정한다(18쪽).

하지만 귀족 집안이 결정적으로 부족한 것이 하나 있다. 숫자이다. 다수의 동원해서 시장 자리에 오르는 것은 시간문제이다.

명문가 몰락을 한층 촉진시킨 요인이 있다(20-24쪽).

(1) 비밀투표는 1826년부터 실행된다.

---

9 a freehold estate equivalent to the value of $7 a year, or a personal estate of $134

10 p. 17 원문은 다음과 같다. Hence it is reasonable to conclude that until the winds of Jacksonianism blew in from the West, a man of nonpatrician origins must have regarded it as an act of unusual boldness, if not downright arrogance, to stand for public office. 제 7대 미국대통령인 Andrew Jackson 민주주의를 의미한다. 애팔래치아 산맥 서쪽 출신 최초의 대통령이다. 원래 사상적 뿌리는 John Locke 이다. 귀족 지배에 반대하고, 보통 사람에 의한 민주주의를 강조한다.

(2) 투표에서의 재산요건은 1845년에 공식적으로 없어진다.

(3) 인구는 빠른 속도로 늘어나(1820~1860 연평균 4.3 퍼센트), 뉴헤이븐은 더 이상 작은 마을이 아니다.

(4) 1834년부터는 양당 체제가 성립된다.

(5) 청교도주의 그리고 권위주의 이념은, 이제 명문가 발목을 잡는다. 서로 경쟁하는 정당이 움직이고, 구호가 난무하고, 일반 유권자를 잡으려는 여러 가지 방안이 나오는 현실과는 맞지 않는다.

두 번째 시기(1842-1900)에는 제조업이 부상한다. 더불어 기업가들이 시정을 장악한다. 지역의 두 정당은 모두 기업가를 내세우는 데 열중했고, 선거는 기업가들 사이의 경쟁이 되었다(26,29쪽).

귀족 같은 모습을 보이는 이전 시기 명문가 출신과는 다른 부류가 시장이 된 것이다. 이들은 출신이 미천하다. 가난하고 교육받지 못한 이들이다. 열심히 바닥에서부터 올라온 자수성가형 기업인들이다(25쪽).

기업가의 부상은 시대의 흐름을 반영한다. 엄숙한 청교도 분위기가 지배하던 사회는 이제는 저속한 대중문화로 가득찬다. 명문가 출신 중에는 그 누구도 비중있는 기업가로 변신하지 못한다. 전통의 힘이란 것은, 이들을 전문직이나 상업 혹은 금융업에 종사하게 한다. 귀족들에게 제조업은 천하거나, 거칠거나, 혹은 너무 빨리 변화한다.

기업가의 자수성가와 가치관에 대한 일반인들의 존경과 자기동일시 역시 공장을 돌리는 이들의 지배에 정당성을 부여한다(30-31쪽).

세 번째 시기(1900-)는 기업가들이 만들어 낸 노동자들이 전면에 나선다. 제조업의 발전은 이민자들을 도시로 불러들인다. 1910년에 이르면 뉴헤이븐 인구의 1/3이 외국에서 태어났거나 부모 중 최소 한 명은 외국인이다(32쪽). 많은 노동자는 소수민족 출신 이민자들이거나 그들의 자손들이다.

소수민족의 존재는 정치인에게 큰 자원으로 작용할 수 있다. 소수민족이 미국의 공식적 민주주의에서 이야기하는 평등한 대접을 받지 못하는 것은 단지 외국에서 왔다는 것에만 기인하는 것은 아니다.

말투, 복장, 교육, 기술, 소득, 거주 동네, 미국 제도와 관습에 대한 무지, 자신감의 부족이라는 각 소수민족 나름대로 고충이 있는 것이다. 이러한 불리함과 수모를 극복하게 도울 수 있는 정치인은 표를 얻는다(33쪽).

이러한 소수민족의 정치세력화는 결과적으로 부와 권력과 같은 자원이 상대적으로 분산되게 한다. 부, 권력, 지위와 같은 자원이 특정 집단에 한꺼번에 쏠리는 것을 어느 정도 막는다.

물론 어느 소수민족도 사회체제를 평등하게 하려고 크게 노력하지는 않는다. 하지만 순차적으로 여러 소수민족이 정치적 영향력을 가짐에 따라, 이에 따라 불평등이 완화된다(33-34쪽).

성공이 실패를 부른다는 이야기가 있다. 소수민족의 정치도 마찬가지이다. 그 성공이 자신의 정체성을 무너뜨린다. Dahl(34-36쪽)은 소수민족 정치 진화를 세 단계로 나눈다.

처음 단계에서는 소수민족 출신은 거의 대부분 근로자로 일한다. 이러한 사회경제적 동질성은, 정치적 동질성으로 이어진다. 이들은 주류 정치인이 아니라, 다른 소수민족 출신 정치인에게 의지한다. 이런 정치인은 최근에 주류사회에 동화된 소수민족 출신인 경우가 많다.

이렇게 자신의 소수민족을 다른 소수민족 출신 정치인과 연결해주는 역할을 맡는 사람들은 시의원과 같은 조그마한 자리를 얻기도 한다(34-35쪽).

둘째 단계에서 이 소수민족은 이제 노동자 뿐 아니라 중산층을 포함한다. 높아진 지위와 소득, 그리고 자신감은 정치적인 힘으로 변환된다. 소수민족 출신 정치인은 이제까지 따르던 정치인에게 대들기 시작한다. 배신, 배은망덕 같은 소리가 나온다.

어쨌든 이들은 결국 높은 자리로 진출한다. 소수민족의 인구수와 지역의 분위기에 따라, 이들은 시장후보로 지명되기도 한다.

비록 이 소수민족의 정치적 동질성은 예전만 못하지만, 중산층도 자기 뿌리에 대해 애착을 가지고 있다. 이 소수민족 내부의 갈등을 부추기는 현안을 피해갈 수만 있다면, 이 소수민족 출신 정치인은 다른 정치인보다 훨씬 많은 표를 이 집단에서 얻을 수 있다(35쪽).

마지막 단계는 쇠퇴기이다. 이제 이 소수민족은 매우 이질적이다. 상당히 많은 이들이 중산층과 상류층으로 동화된다. 동화된 중산층은 이제 다른 생각을 가진다(35-36쪽):

> 이들은 중산층 직장을 잡고, 중산층다운 생각을 하고, 중산층 생활방식을 따르며, 중산층 동네에서 살며, 중산층에서 친구와 동료 그리고 배우자를 찾는다. 이들에게 소수민족 정치는 불편하거나 무의미할 수 있다.
>
> 정치적 태도와 지지 성향은 사회경제적 변수에 의해 좌우된다. 비록 특정 정당에 대한 감정적 전통적 애착이 남아 있더라도, 이러한 애착은 쉽게 떨어져 나간다. 특정 소수민족으로서의 정치적 차이는, 중산층과 부유층에서는 거의 없다.
>
> 중산층이나 상류층인데 어떻게 하다 보니 이 소수민족 출신인 출마자는 자부심을 일깨우기 위해 이러한 출신 민족 뿌리를 활용할 수 있다. 하지만 표를 얻기 위해서는 그는 사회경제적 쟁점을 강조해야 한다. 이는 그 소수민족 사회를 갈라놓을 수 있다.

〈표 1.4〉 뉴헤이븐 소수민족 정치적 변천의 연대

	1기	2기	3기
독일인	1840-1880	1880-1920	1920-
아일랜드인	1840-1890	1890-1930	1930-
러시아인	1880-1920	1920-1940	1940-
이탈리아인	1880-1930	1930-1950	1950-
흑인	1784-1950	1950-	

출처: Dahl(1961: 36) 본문 내용을 표로 작성

뉴헤이븐에서 이러한 소수민족의 변천사는 〈표 1.4〉와 같이 정리할 수 있다. 저자 자신은 흑인 역시 쇠퇴기에 현재는 진입해 있다고 보지만, 여기서는 Dahl의 표를 일단 그대로 옮겨둔다. 소수민족들이 각각 쇠퇴기에 들어선 것은 독일인(1920-), 아일랜드인(1930-), 러시아인(1940-), 이탈리아인(1950-) 순서이다.

뉴헤이븐에서의 세 번째 시기는 정치적 자원에서 대중적 인기라는 새로운 요소를 추가하였다. 대중적 인기가 사회적 지위와 재력으로부터 떨어져 나와 독립한 셈이다. 대중적 인기는 표를 의미하고, 표는 자리를 의미한다. 자리는 영향력을 뜻한다(51쪽).

소수민족 출신이 정치인이 되는 시기의 뉴헤이븐 시장은 보통 사람들이었다. 20세기에 들어서서 선출된 11명의 시장 중 제조업체의 사장이나 대기업은 임원은 한 명도 없다. 11명 중 5명은 큰 법률회사 출신이 아닌 변호사였다. 나머지 역시 조그마한 사업을 운영하거나 그리 높지 않은 자리에서 일하고 있었다(40쪽).

분산된 불평등dispersed inequalities이라고 Dahl(1961:85)은 세 번째 시기부터의 뉴헤이븐 정치체제를 표현한다. 명문가들이 뉴헤이븐을 지배한 예전의 정치체제에는 다른 표현을 쓴다. 누적된 불평등cumulative inequality이다.

누적된 불평등 체제에서는, 한 개인이 재산과 같은 하나의 자원에서 남보다 앞서면 사회적 지위, 정당성, 종교와 교육 기관에 대한 통제, 지식, 직위와 같은 다른 자원에서도 보통 앞선다.

다른 사람들과의 자원의 차이가 이렇게 여러 개가 쌓이는 누적적인 모습을 보인다고 해서 Dahl이 이런 표현을 쓴다고 저자는 이해하고 있다. 반면, 분산된 불평등에서는 불평등이 여전히 있지만 이렇게 누적적이지는 않다.

분산된 불평등dispersed inequalities으로 특징되는 정치체제는 다원주의pluralist 체제이다. 하나의 특권층이 아니라, 다른 종류의 정치적 자원을 가진 여럿의 지도자들을 가진 것이다.

소수에 의한 독재보다는 훨씬 낫지만 또 정치적 평등을 주장하는 미국 민주주의의 이상에는 한창 못 미친 체제가 분산된 불평등을 가진 다원주의 체제이다(85쪽).

1.12 두 결론: Floyd Hunter, Robert Dahl

Hunter 책 마지막 장 247쪽 일부이다. 첫 문장에 대한 답으로 가장 적절하다고, 저자는 판단한다.

> 권력을 가진 이의 결정에 사람들이 순종하는 것은, 심지어는 민주주의에서도 습관적이 되고 또 일상적인 것이 된다.
>
> Obedience of the people to the decisions of the power command becomes habitual and routinized even in a democracy.

Hunter 책 마지막 장에 대해 조금 더 얘기하자! 방금 나온 문장은, 마지막 장에서 다루는 애틀랜타의 세 가지 요소 중 하나이다.

공포fear, 비관pessimism, 침묵silence (228쪽) 중 침묵에 해당한다. '일반 대중 mass' 묘사에 사용되는 단어이다. 정책 결정에 아무런 목소리를 내지 않기 때문에, 조용한 집단이다(248쪽). 비관은 이러한 조용한 대중을 위해 목소리를 내려고 하는 전문가 집단이 느끼는 감정이다. 공포는 피라미드 제일 위에 있는 지도자가 가지고 있다. 변화가 자신의 기득권을 무너뜨릴까 하는 공포이다(229쪽).

Dahl 책 마지막 장 첫 번째 문장 일부이다(311쪽).

> … 뉴헤이븐 공직자는 꽤나 선진적인 민주주의 제도를 통해 지난 150년간 선출되어 왔다.

> … public officials in New Haven have been selected for the last century and a half through democratic institution of a rather advanced sort.

이어지는 문장은, 이러한 높은 수준 민주주의를 묘사한다. 보통선거, 비교적 높은 선거 참여, 치열한 양당 경쟁체제, 공직자의 행동과 정책을 비판할 수 있는 기회, 자신의 견해에 대한 지지를 확보할 기회, 그리고 놀라울 정도로 빈번한 선출직의 정당 변경(311쪽)이다.

2

부동산 투기: 성장동맹론

이 장에서는 다음의 책을 다룬다. 1987년 책의 20주년 기념판이다. 그래서 2007년에 나왔다. 지난 20년간 이 이론이 세상을 향해 한 사연을 다룬 꽤나 긴 새 서론도 읽을 만하다.

- Logan, John R. and Harvey Luskin Molotch. 2013(2007). Urban fortunes : the political economy of place. Berkeley, CA: University of California Press. 김준우 옮김. 『황금도시: 장소의 정치경제학』 전남대학교출판부.

2.1 사용가치 대 교환가치

실거주 가치가 사용가치이며, 임대료 수입이 교환가치이다(Logan & Molotch, 2013: 44):

> 모든 상품, 특히나 땅과 건물의, 근원적 속성은 이들이 사용되고 교환되는 방식의 사회적 맥락이라고 우리는 생각한다. 어떠한 부동산도 사용가치와 교환가치를 모두 가지고 있다.[11] 어떤 아파트는 예를 들어 거주하는 사람에게 "집home"이라는 사용가치를 제공한다. 동시에

소유주에게는 월세라는 교환가치를 제공한다.

> 개인과 집단에 따라 사용가치와 교환가치 중 어떠한 측면이 더 중요한지는 달라진다. 어떤 이에게, 장소란 거주나 생산을 위한 터이다. 또 다른 이에게 장소란 사고 팔고 타인에게 세놓는 상품을 의미한다.
>
> 이 책에서도 가장 중요하게 여기는 가장 극명한 대조는, 삶의 기본적 필요를 충족시키기 위해 공간을 사용하는 거주자와 부동산의 이용을 극대화해서 금전적 이익을 추구하는 기업가 간에서 찾을 수 있다.

사용가치와 교환가치는 집과 관련된 우리 삶의 일상에서 찾아볼 수 있다(65쪽):

> 주택 소유는 일부 주민에게 사용가치 목적뿐 아니라 교환가치 이해관계를 부여한다. 집은 일생 재산증식 전략의 기초를 이룬다(Perin, 1977).
>
> 집주인에게 임대료를 내는 이에게는 사용가치만이 중요하다. 집주인과 세입자는 따라서 때때로 상이한 이해를 할 수 있다.
>
> 오르는 부동산 가격이 동네의 변화를 가져오려 할 때, 세입자와 집주인은 공동체에서 다른 역할을 맡을 수 있다(4장을 보라). 하지만 일반적으로, 집주인의 교환가치는 다른 주민과 분리되게 할 만큼 충분한 의미를 가지지는 않는다.

사용가치와 교환가치 둘 사이의 충돌도 가능하다(44쪽):

11 우리는 이러한 사용가치 교환가치 구분을 마르크스의 원래 방식에서 가져왔다. 이는 David Harvey(1973, 1982)의 글에서 명확하게 표현되어 있다.

> 도시에서의 교환가치 추구는 타인의 사용가치를 꼭 극대화하는 것은 아니다. 이 두 목표를 동시에 성취하려는 노력은 사실 태생적으로 모순이다. 긴장, 갈등, 그리고 비합리적 타협을 계속 불러일으키기도 한다.

둘의 관계를 잘 이해하기 위해 각각에 대해 조금 더 알아보자. 앞서 언급하였듯이, 장소로부터의 교환가치는 임대료이다(68쪽):

> 장소로부터의 교환가치는 "임대료"로 보인다. 우리는 이 용어를 포괄적으로 직접적 구매비용을 포함해서 주택구매자 혹은 세입자가 집주인, 부동산 중개업자, 장기 주택 저당 대출업체, 부동산 변호사, 등기등록업소 등등에 내는 비용을 포함한다. 사용가치의 경우와 마찬가지로, 사람들은 다른 상품을 만들 때와 다른 방식으로 교환가치를 추구한다. 공급자는 보통 사용하는 의미로 장소를 "생산"할 수 없다. 부분적이라도, 모든 장소는 토지로 이루어진다.

역사적으로 투기 성격을 가진 임대료는, 사회 갈등의 한 원인이다(72-73쪽):

> 모든 사회는 나름대로 임대료를 받아왔다. 큰 역사적 그리고 지리적 관점에서 볼 때, 소득에서 임대료가 차지하는 비율이 상당한 차이를 보인다는 것을 우리는 알고 있다.
>
> 생존을 넘어서는 다양한 정도의 잉여생산을, 지배계층은 농민과 노동자에게 강요해왔다. 잉여생산에서 임대료가 차지하는 비율 역시 다양했다. 대부분의 경우, 가장은 임대료를 내고 다른 비용을 그 나머지에 맞추어 살아왔다. 십일조, 조공, 세금, 혹은 장기 주택 저당 대출 납부금이 되던, 소유주는 제도적 틀이 허용하는 만큼 가져간다

(Keyfiz, 1965를 보라; Pearson, 1957). 세계 어떤 곳의 현대 농부는 소출의 1/2에서 2/3를 토지 사용 대가로 내놓는다. 심지어는 미국과 같이 부유한 나라에서도, 적절하다는 1/3이나 1/4이 아닌, 앞서와 동일한 비율을 월세로 내고 나서 (먹고 재생산한다는) 의미의 생존만을 해나가는 주민들도 있다. 현재 임금-임대료 비율에 필연성은 전혀 없다.

(캘리포니아의 1970년대 말 극심한 주택가격 폭등과 같은) 주기적인 지역적 역사적 비율 변화는, 현대 도시에서 일어나는 교환가치와 사용가치 투쟁의 일면을 의미한다. 미국인은 더 이상 남작이나 주교에게 조공을 바치지 않는다. 은행이나 여타 금융기관, 부동산 중개업자, 집주인에게 대신 돈을 내고 있다.

고대나 중세와 마찬가지로, 현대에서도 임대료 수준은 수요공급간 균형이나 사람들이 "감당할 수 있는" 정도에서 결정되지 않는다. 대신, 가격은 고정된 자원에 경쟁적으로 가격을 올려 부르는 투자자에 의해 결정된다. 이 투자자들은 미래가격이 현재 가격보다 더 클 것이라고 가정하고 있다. 이것이 투기의 본질이다. 우리의 기준으로는, 이러한 예측된 결과를 불러일으키는 투자도, 투기이다.

부동산과 같은 허구적 상품의 경우, 다른 사람들이 무엇을 할 것인가에 대한 "기대"(Dowall, 1984: 111)인 예측된 사회적 결과에 따라 투자 수준이 정해진다. 특정 기업의 효율성, 상품의 질, 마케팅 전략의 기발함과 같은 전통적 사업적 기준과는 다르다고 볼 수 있다.

(다이아몬드, 새 모양 도자기, 판화와 같은) 다른 투기 대상과 마찬가지로, 부동산 거품도 가끔 터질 수 있다. 하지만, 어떠한 경험적이나 이론적 원칙도 언제 거품이 터질지 혹은 실제로 터질지 예측할 수 없다(Thurow, 1985). 어딘가 있는 비용이 투자자들의 호가呼價에 의

해 올라가는 동안, 사람들은 장소에 대한 값을 치른다. 사회조직과 (이의 예측된 변화)의 "걷잡을 수 없는" 급박함이 임대료 수준을 정한다. 그리고 모든 사람들이, 뉴턴이 사람들의 금융투기를 설명하기 위해 사용한, "인간의 광기"(Thurow, 1985: 7)를 겪어야 한다.

이러한 임대료 작동에는, 정부가 중요하다(72-73쪽):

뉴턴의 광기 이야기가 완전한 진실은 아니다. 투자자들은 미래 부동산 가치 변동을 가져올 수 있는 구체적인 요인들을 고려한다. 이 요인들 중 가장 중요한 것이 정부정책이다. 지역이나 사회의 전반적 임대료 수준 뿐 아니라 어느 필지가 가장 높은 임대료를 받는 가에도, 공공 정책결정은 결정적 영향을 미친다.

정부가 (증서, 임차권, 구매계약과 같은) 시장참여자들간의 권리와 특권을 규정함으로써, 임대료가 가능한 것이다. 정부 "규제"없이는 장소의 교환이 없을 것이다.

국가는 적극적으로 토지의 상품지위를 유지시킨다. 현재 미국에서 법원은 합당한 보상 없이 정부가 부동산을 "가져가는 것을" 금지시킨다. 투자에 대한 "합당한 이익환수"를 없애는, 월세인상율 제한정책이나 토지용도에 대한 법률을, 입법부와 사법부는 막고 있다.

마찬가지로, 도시 기반 시설의 건설 및 유지는 정부가 관여해야만 한다. 또, 이런 관여는 시장 결과를 결정한다. 시의회가 새 비행장을 지으려고 선정한 부지 바로 옆의 땅을 소유한 사람보다 더 투자 잘하는 부동산 사업가는 없다. 따라서, 정부정책은 소유주간 임대료를 분배하고 재분배한다.

한편 사용가치는 감정과 애착을 포함한다(20쪽):

> 이 주제에 대한 많은 학문적 토론과는 반대로, 우리는 장소의 물질적 사용은 심리적 사용으로부터 분리될 수 없다고 본다. 물리적 생존을 가능하게 하는 일과는, 감정적 의미를 가지게 된다. 이러한, 감정적 의미를 통해, 우리는 인생에 있어 주요 목적을 달성해내는 능력을 가지게 되기 때문이다. 이런 물적 심적 보상이 합쳐져서 "공동체" 느낌을 만든다. 공동체 조직의 일원으로 그냥 책임감 있는 이웃이 되려고 많은 주민들이 애쓰는 것은, 삶을 지속하는 네트워크를 보존하고 향상시키려는 노력이다.
>
> 다양하고 여기저기서 경험하는 동네자원을 소중히 여기면서, '감정'이 생긴다. 특정 장소가 복잡한 일련의 욕구를 충족시킨다는 점에서, '감정'은 적절히 논의되지 않아 왔다. 주민의 사용가치를 이야기할 때, 우리는 이러한 모든 욕구의 충족을 의미한다. 물질적 그리고 비물질적 욕구 모두이다. 이 주제에 대한 학문적 담론과는 당리, 장소의 물질적 사용은 심리적 사용과 분리될 수 없다고 우리는 주장한다.
>
> 물리적 생존을 가능하게 하는 일상생활은 애착의 의미를 가지게 된다. 이러한 애착의 의미는 또 우리 인생의 주요한 목적을 충족시켜주기도 한다. 물질적 그리고 정신적 만족은 합쳐져서 공동체 의식을 만들어낸다. 책임감 있는 지역민이 되려 하거나 지역공동체의 일원이 되려고 주민들이 노력하는 것은, 많은 부분 이러한 삶을 만드는 연계망을 보존하거나 더 발달시키려는 노력이다. 지역이 가지고 있는 자원에 대한 다양하고 선별적인 인식이 애착을 불러일으키는 것이다.
>
> 어떤 지역이 여러 가지 필요들을 나름대로 충족시켜준다는 느낌을 우리는 부적절하게도 애착이라고 하는 것이다. 우리가 주민의 사용가치를 이야기할 때는 물질적 그리고 비물질적 필요의 충족을 의미한다.

사용가치의 유형은 6가지이다. 일상생활, 비공식적 지원망, 안심과 신뢰, 정체성, 군집혜택, 민족성이다(163-171쪽):

> 각각의 동네는 자신들의 사용가치들이 섞여 있다. 물리적 구조의 역사적 개발, 민족 그리고 계급 관계, 외부 제도와의 연결을 통해 이러한 사용가치 조합은 형성된다. 우리는 동네의 기초를 만드는 여섯 가지의 사용가치를 구분한다.
>
> 일상생활
> 사람들의 구체적 일상의 필요가 충족되는 큰 일상에서 중심점은, 거주하는 곳이다. 구매(특히나 음식과 다른 필수품), 통학, 육아, 일상적 건강유지를 위한 장소를 제공하는 것이, 동네이다. 어떤 이들에게는, 동네가 일하는 곳이기도 하다.
>
> 비공식적 지원망
> … 애를 보고, 정원을 가꾸고, 눈을 치우는 친구와 이웃과 같은 예가 있다. 일자리 추천을 해주고, 문제해결을 위해 정치적 연줄을 활용해주고, 복지혜택을 받게 해주고, 돈이 많이 남는 범죄에 끼워주는 것과 같이 삶의 방식을 바꾸게 하는 예도 있다. 가까이 있는 이들 사이에 형성되는 비공식적 시장터에서, 이득을 때로는 보기도 한다 …
> 특히나 가난한 이의 경우에는, 이러한 이점은 결정적인 자원이다. 또 이는 살아있는 공동체에서만 가능한 것이다 …
>
> 안심과 신뢰
> 익숙하고 믿을 수 있는 환경이 주는 물리적 정신적 안심감을, 동네는 제공한다 …
>
> 정체성
> 동네는 주민들에게 정체성의 중요한 원천이다. 이는 주민과 주민이

아닌 사람들 모두에게 그러하다. 주민들에게 공간적 구분 뿐 아니라 사회적 구분도, 동네는 제공한다 …

군집 혜택
한 지역에서 겹치는 사용가치(정체성, 안심감 등등)에 대한 공유된 이해관계는, 동네를 정의하는 유용한 방법이다. 집들의 총합보다 훨씬 더 큰 것이 동네이다. 보완적 혜택의 군집에 대한 공유된 경험이 동네인 것이다.

많은 수의 비슷한 사람들이 한군데에 몰리게 되면, 특히나 이들의 필요에 적합한, 군집이 형성된다. 예를 들어, 멕시코계 미국인들이 한 장소에 많이 있으면, 이는 멕시코계를 위한 식료품 가게를 열 수 있는 기반이 된다. 이 가게는 더 많은 멕시코계 주민을 이곳에 몰리게 해서, 스페인어 극장을 열 수 있는 더 큰 기반을 제공하게 된다. 이러한 것은 소속감과 통제감의 상징이 된다. 이는 내가 사는 곳에 대한 안심감을 높이고, 이는 소수민족 사업이 번창할 수 있는 기반이 된다 …

민족성
공유된 민족성이 흔히 이러한 군집혜택의 지속성을 보장한다. 같은 민족 사람만 있으면 되는 것이다 …

교환가치는 이런 사용가치에 위협이 된다(172쪽):

활기 있는 사회적 연결망 뿐만 아니라 인구–물리적 구성물로서의 동네에 가장 주요한 어려움은, 도시공간을 계속 재조직화하는 조직과 기구(기업과 관료제)라고, 우리는 주장한다. 거리 모퉁이에 있는 다른 민족 출신의 사람은, 실제로 그리 두려워해야 할 존재가 아니다. 보이지 않고 민족 출신도 별 상관없는 은행장이나 부동산관리회사 임원이 실제로 두려워해야 할 이방인이다.

임대료 인상, 건물 수리, 건물 개조, 집주인의 부동산 처분으로 인해 쫓겨난 사람이 실제로 이사하는 사람 중에서 많은 비율(22%)를 차지한다고, 전국적 대규모 동네 조사를 실시한 Schill & Nathan(1983)은 밝혔다. 한 대규모 캐나다 도시의 입지갈등 연구에서는, 개인이나 거주자 연합에서 반대한 개발계획에서 60퍼센트가 넘는 갈등이 시작되었다는 것이 보고되었다(Janelle, 1977).

북미 일간지에는 이러한 현상에 대한 기사가 늘 나오는 데에도 불구하고, 이러한 연구는 도시사회학자들에게 거의 주목을 받지 못한다.

이러한 동네의 사용가치의 존재를 위협하는 가장 흔한 것은 동네 사람 손을 떠나 진행되는 부동산 개발이다(101쪽).

교환가치에 기반한 이러한 성장에 가장 취약한 동네는 가난한 사람들이 사는 곳이다. 가난한 이들의 존재와 일상은 교환가치에 부정적이다. 또 가난한 이들은 경제적 정치적 힘도 별로 없다. 부동산 개발이라는 돈벌이는 가난한 이들의 일상을 없애고 또 삶의 기회를 무너뜨린다. 공공시설 건설, 도시재생사업, 고급주택지로의 변신 등이 이러한 개발의 예들이다(111-113쪽).

이러한 사용가치와 교환가치의 충돌에서 주목할 만한 역설은, 가장 어려운 상황에 있는 집단에게 가장 대처할 힘이 없다는 점이다. 가난한 동네가 이 역설의 주인공이다. 부자 동네는 사용가치를 향상시키려는 모임들이 잘 조직되어 있으며, 원하지 않는 부동산 개발에 대응할 자원과 전문성을 갖추고 있다(134-135쪽). 저소득층 사람들은 하루 벌어 하루 살기 때문에 공동체 활동에 시간을 내거나 재정적 후원하기가 어렵다(136쪽).

2.2 마르크스주의 비판

이 두 사람은 마르크스주의적 공간해석을 비판한다. 자본축적이라는 경제 공식이, 사실 마르크스 이론의 핵심이다.

마르크스 방식으로는, 애초부터 공간이 자리잡을 곳이 없다(Logan & Molotch, 2013: 54,158,160):

> 마르크스는 공간을 별로 분석적으로 중요한 문제로 생각하지 않았다. 그리고 부동산 소유주들을 사라져가는 중세질서의 반동적 잔재라고 기본적으로 생각했다. 그의 저작에서, 마르크스는 "자본주의하에서 지주계급의 어떠한 긍정적 역할도 인정하기 꺼려하였다(Harvey, 1982: 331)." 자본축적 과정이라는 생산적 체제를 주요 설명도구로 사용하여서, 현대 마르크스 학자들은 일반적 마르크스주의 틀을 도시문제에 적용해왔다. 따라서, 최적화하는 시장이라는 경제학적 가정을 던져버리면서, 신마르크스주의자들은 자기 자신 역시 제한적 전제를 가지게 되었다. 도시가 행복한 시장균형에 의해 생긴다고 생태학자들은 생각하는 반면에, 자본축적 논리의 끔찍한 결과라고 마르크스주의자들은 생각한다.
>
> 생태학 공식에 따르면, 도시민이란 여러 종류의 토지사용자들이다. 마르크스주의적 공식에 따르면, 거주민들은 생산 요소로 "재생산"되어야 하는 "노동력"이다. 다른 것과 마찬가지로, 도시에 존재하는 어떤 것도 자본가의 노동자 착취를 위해 존재한다. 이러한 논리로 보면, 예를 들자면 투자하고 소비재의 추가적 수요를 자극하기 위한 새 영역을 자본이 가질 수 있게 하기 위해 교외가 개발되었다 …
>
> 마르크스주의 시각에서는, 동네란 기본적으로 사소한 현상이다(Molotch, 1979). 동네란 노동자계급이 생활을 지속한다는 의미의 일상적 노동

력 재생산을 위한 곳에 불과하기 때문이다(Castells, 1976; Lamarche, 1976). 동네는 자본축적과정의 동학에 따라서 그 형태와 특성을 가진다. 동네의 위치와 동네에서 무슨 일이 일어나는지는 자본축적이 요구하는 바의 결과물이다. 자본축적이 동네입지의 결과물은 아니다. 생산이 요구하는 바가 먼저이다 …

마르크스 분석틀 내에서는, 동네라는 것은 기본적으로 부수적 현상이다(Molotch, 1979). 동네라는 곳이 겨우 노동력 재생산을 하는 곳이기 때문에(Castells, 1976; Lamarche, 1976) - 이 말은 노동자 계급의 일상적 생존을 의미한다 - 축적과정이 움직이는 힘에 의해 동네는 그 형태와 성질을 부여받는다. 동네의 입지와 동네에서 일이 돌아가는 것은, 자본축적의 필요성에 의한 결과이다. 예를 들어, 동네 입지의 결과가 자본축적은 아닌 것이다. 생산이 요구하는 것이, 먼저이다 …

비록 마르크스주의 학자들이 동네 생활에 별로 주목하지 않았지만, 이들 역시 인종, 민족, 입지와 상관없이 거의 모든 동네가 동질적이라고 가정하였다. 최소한 많은 노동자들의 경우는, 생산제도로부터의 소외가, 서로 살아가는 방식을 좌우하고 동네 간 차이를 보이지 않게 된다는 것이다.

보다 최근 마르크스주의 이론의 한 분파에서는, 동일한 도시서비스와 다른 공동소비에 대한 공유된 의존이 동네가 움직이는 방식을 비슷하게 만든다고 주장한다(Castells, 1979, 1983).

성장동맹론은 동네를 사소하게 보는 기존 이론을 비판한다. 이러한 기존 이론 중 하나가 마르크스주의이다(100쪽):

마르크스주의 시각에서는, 동네란 기본적으로 사소한 현상이다(Molotch, 1979). 동네란 노동자계급이 생활을 지속한다는 의미의 일상적 노동력 재생산을 위한 곳에 불과하기 때문이다(Castells, 1976; Lamarche, 1976). 동네는 자본축적과정의 동학에 따라서 그 형태와 특성을 가진다. 동네의 위치와 동네에서 무슨 일이 일어나는지는 자본축적이 요구하는 바의 결과물이다. 자본축적이 동네입지의 결과물은 아니다. 생산이 요구하는 바가 먼저이다 …

마르크스주의 학자들은 동네생활에 크게 관심이 없었다. 또 동네가 어디에 자리잡든, 사는 사람들의 인종이나 출신민족이 어딘지간에 모든 동네가 똑같다고 가정하였다. 노동자를 두고 이야기하자면, 생산과정에서의 소외가 그들의 삶을 물들이기 때문에 동네가 차이가 거의 없다는 것이다. 근래에 들어서도 마르크스주의 학자들은 동네 간에 돌아가는 일이 비슷하다고 주장한다. 도심 서비스와 공동소비를 공유하기 때문이라는 것이다(Castells, 1983).

2.3 인간생태학 비판

성장동맹론 자기정체성은 인간생태학 비판에서 시작한다. 독일 종교개혁자 마틴 루터Martin Luther 이론이 카톨릭 비판에서부터 형성되는 것과 비슷하다.

인간생태학은 사고 파는 시장으로서 공간을 인식한다(Logan & Molotch, 2013: 47-49):

사회학자로서 우리는 시카고학파에 대해 잘 알고 있다. 이 학파는 자유시장 논리에 흠뻑 빠져서 다른 접근법이 있는지조차도 잘 모를 것이다. 정해진 시장이라는 가정에 의존하고 있어서, 사회과학의 다른 학문에서는 누리지 못하는 이론적 일관성을 인간생태학은 유지하는 것 같다 …

시카고 생태학자들은 "생물적biotic" 결정론으로 도시발전을 설명하였다. 다른 모든 생물과 마찬가지로, 인간은 넓은 서식 환경에서 고유한 틈새를 찾아야 한다. 이것이 투쟁을 불러일으키는데, 생태학자들의 공식으로는 선량한 경쟁으로 취급된다.

공간에 대한 사회적 다원주의에서는, 인간들 간의 지리적 배분은 공동체 전체의 효율성을 극대화한다. 가장 큰 은행은 도시중심에 자리를 잡는다. 주위 모든 곳에 있는 고객을 가장 효과적으로 모실 수 있는 곳이기 때문이다. 자동차 정비소는 변두리의 그리 중심지가 아닌 곳에 적절히 위치한다. 은행과 정비소는 서로 간에 전쟁을 벌이는 것이 아니다. 이들은 공생적 경쟁으로 연결되어 있다 …

유전적으로 고정된 다른 종과는 달리, 인간은 부동산 시장과 그 가격체제에 평형을 이루는 능력을 갖추고 있다. 비록 생태학자들은 자신의 시장에 대한 전제에 대해 자세한 이야기를 하지 않지만, 사용자들 간의 자유로운 경쟁을 전제로 하고 있다.

특정 입지가 가지는 상대적 인기도와 경쟁 관계에 있는 토지사용자들의 구매력에 따라 해결된다는 전제인 것이다. 소비자의 요구에 따라 기업가가 시장에 내놓는 땅과 건물이 공급이다. 구매자와 판매자 모두 독립적 개인이다. 부동산 기업가는 소비자의 공간에 대한 요구를 충족시키려고 한다. 가격, 질, 효용 변화에 따라 언제나 다른 상품으로 대체할 수 있는, 즉 자신 취향에 따라 상품을 고름으로서 선호를 표명한다. 제대로 돌아가는 시장에서는, 구매자가 가장 좋은 부동산을 사기 위해 자신을 돈을 가지고 가격을 높게 부른다. 이렇게 되면 높은 가격 때문에, 가장 돈을 많이 가진 소비자에게 상품이 팔리게 되는 것이다.

그래서 우리는 생태학적 관점을 "숨겨진 손hidden hand"으로 마무리

> 짓는다. 숨겨진 손은 시장체제의 자연스러운 결과로 가장 많은 사람의 가장 큰 혜택을 확보한다. 사람 사는 세상에서는, 돈이 소유의 정당성을 확보하고 특정한 공간에의 접근을 제공해준다. 특정 부동산을 가장 잘 사용할 수 있는 사람에게 가지는 내재적 매력을 반영하는 것이 가격이다. 공급자에게 새 땅을 구획하게 하고 더 많은 요구를 충족하기 위해 건물을 짓게끔 신호를 보내는 것이 높은 가격이다. 소비자도 이러한 신호에 따라서 어디에서 살지 혹은 어디에 가게를 열지를 결정한다. 생물학적 은유를 쓰자면, 시장市場이 도시를 만든다. 시장이 요구하는 사회적 적응 때문에, 시장은 도시 내 사람들 관계를 결정한다.
>
> 결과는 인간 정착의 최적 서열화이다. 여기에서 유일한 실제 이해관계는 시장체제가 부드럽게 작동하게 하려는 공유된 이해관계이다. 불평등은 불가피하지만 견딜만하다.

인간생태학은 결국 시장이 자연스럽게 최대 효용을 가져다준다고 믿는다(6쪽). 인간생태학 주장은 "시장은 생물학적 비유에서처럼 도시의 풍경을 결정짓고, 사람들에게 적응을 강요하여서 도시 내 사람 간 관계를 결정한다. 결과는 시장체계가 잘 작동하는 것에만 관심을 가지는 최적화된 사람들의 공간적 정착의 위계질서이다(6쪽)" 정도이다.

즉, 인간생태학은 장소 간 불평등을 기능의 차이에 따라 나타나는 자연적 현상으로 치부한다.

그리고 Logan Molotch 두 사람은, 이런 생태학적 인식에 동의하지 않는다. Logan & Molotch(7쪽)는 다음과 같이 인간생태학을 공격한다:

> Hawley는 정치를 시장기제를 유지하는 역할로 전락시킨다. Mingione (1981: 64)가 생태학자들 일반에 대해 얘기하듯 이들은 "도시화와 자본축적과정이나 도시사회구조와 사회의 일반적 계급구조 간의 어떠한 연관성"도 이야기하지 않는다. 이런 점에서 Park & Burgess(1921: 712)가 "현대 도시는 기본적으로 시장으로부터 뻗어 나온 상업활동에서 생겨났다"라고 언급한 것 역시 별문제가 없는 것이다.

즉 시장이 아닌 사람을 보아야 한다(53-54쪽):

> 하지만 우리는 어떻게 시장이 움직이느냐에 대한 생태학자들의 제한적이고 허술한 전제를 버리려고 한다. 경제학적 사고의 행동적 전제는, 사람들은 본원적으로 개인주의적이며 결과적으로 집단효율성이 나온다는 것이다. 이에 반해 우리의 전제는, 사람들이 다른 곳에서와 마찬가지로 시장에서도 서로 손을 잡고 조직한다는 것이다. 결과의 효율성은 명확하지 않고, 문제점을 안고 있다.
>
> 다른 방식으로 이야기하자면, 우리는 장소를 선반에 놓인 상품이 아닌 살아있는 객체로 본다. 부동산 자본가와 거주민 모두 여러 종류의 생산과 소비활동이 어디서 구체적으로 일어나는지를 정하기 위해 노력한다. 때로는 이러한 노력이 조직적이기도 하다. 이러한 노력의 결과는 가격변동이다. 또 이러한 가격변동은 다른 영역에서 사회적 영향을 미친다. 지리적 공동체는 가격변동 결과나 가격변동 신호에 반응하기도 하는 활동들의 합이라고만 볼 수 없다 …

성장동맹론 시각에서는, 인간생태학도 동네를 사소하게 보는 것은 마르크스주의와 마찬가지이다(100쪽):

> 동네를 사소하게 보며 생산과정을 중요시하는 것은 시카고의 생태학

자들도 마찬가지이다. "생물적" 수준의 현실에서 동네 생활은 파생되어 나온다. Ernest W. Burgess, Homer Hoyt, Robert E. Park와 같은 시카고 입지이론의 새 추종자들은 경제활동에 있어 가장 중요한 용도에 토지시장이 가장 좋은 입지를 배정한다고 주장한다. 이러한 전략적 입지는 보통 사람들이 사는 곳이 되지 않는다. 주거지는 중요한 토지 사용 지역들 틈새에 자리잡는다.

Burgess의 고전적 이론인 '동심구역' 모형에 따르면 도심의 업무지구 팽창이 빈곤층 거주지인 '변이구역'을 '침범'한다. 또 순차적으로 그 바깥에 있는 노동자 거주지가 변이지역으로 바뀌어 나간다. 변이구역이 '좀 더 품격있고 나은 토지 사용'으로 바뀐다는 것은 도시재생과 재개발 같은 오늘날의 공식 토지 사용계획에 관여하는 계획전문가들의 암묵적인 전제이기도 하다.

2.4 성장동맹 주역

성장동맹에는 주역과 조역이 있다(Logan & Molotch, 2007: 62-85). 지역의 부동산 관련 기업가는 주인공이라고 할 수 있다. 땅과 직접적 이해관계가 있는 자산가 외에도 주역들이 있다. 정치인, 지역 언론, 공공서비스 회사가 이들이다.

2.4.1 정치인

정치인은 다양한 이유로 끼어든다. 첫 번째로는 자신이 토지를 소유해 이익을 얻기 때문이다(118쪽):

전 주지사인 John Connally는 또 다른 텍사스 사람으로서 오스틴

지역에 5천만 달러가 넘는 부동산을 가지고 있다. 이 땅은 전국에서 가장 큰 주거 및 상업용도 개발지가 될 예정이다("Austin Boom" Santa Barbara News Press, 1984.6.24. B-8).

Robert Caro(1974)에 의하면, 부분적으로는 지역 정치인들이 고속도로 출구 인근 땅을 엄청난 임대료 수익을 위해 사들였기 때문에, Robert Moses는 엄청난 규모의 고속도로와 다리 건설을 반대에도 불구하고 해낼 수 있었다.

개혁 정강을 내세우고 1954년 선거에서 이긴 다음에, 하와이의 대부분 주요 민주당 정치인들은 개발자, 변호사, 용역업자, 그리고 투자자로서 직접적 이익을 챙겼다. 정치인들과 이들의 동료들이 이후 30년 동안 만들어 놓은 빠른 성장과 투기에 관련된 용도설정과 토지 사용 결정이 이를 가능하게 하였다(Daws & Cooper, 1984).

두 번째는 선거자금이다(303-305쪽):

성장에 찬성하는 정치인을 선출시키는데, 선거자금 기부는 유용한 도구이다. 정치인은 점점 더 많은 돈을 필요로 한다 …

5명으로 구성된 한 군 위원회(Los Angeles county board of supervisors)에 대한 종합적 분석에서는(Curran & MacAdams, 1985), 제일 선거자금 기부금을 많이 내는 (5년 동안 선거후보들에게 거의 백만달러를 낸) 건설업자들이 이 돈의 90퍼센트 이상을 그들 사업을 꾸준히 지지해온 3명에게 주었다는 것을 밝혀냈다. 이들 20명 건설업자가 신청된 사업의 거부나 제한에 대한 재고 요청을 한 24개의 건에 대해, 이 위원회 구성원 중 다수가 (악명높게도 친성장적인) 계획 위원회에서 결정을 뒤집었다.

때때로는 지역 선거의 모든 주요 후보들이 부동산 사업가로부터 가장 많은 기부금을 받는다 …

로스앤젤레스에서는, 1985년 시장 후보로 나온 두 사람이 둘 다 부동산 업자들에게 종속되어 있었다. Tom Bradley나 John Ferraro에게 지난 2년간 100달러 이상 선거자금 기부를 한 1,573명 중에서 25퍼센트(이들이 선거자금 대부분을 냈다)는 자신의 직업을 부동산업이라고 밝혔다. 가장 많은 기부금을 낸 집단이 부동산업이다. 심지어는 이 숫자도 성장동맹의 개입을 과소평가한다. 왜냐하면 그 다음으로 많이 낸 집단은 금융업, 갖가지 서비스 제공업자, 정치활동 위원회, 그리고 변호사 순이다. 이런 집단 중 많은 부분은 역시 부동산과 연결되어 있다. 투자자이거나 (부동산 금융이나 개발업자 손님의 변호를 맡는다든지 하는) 간접적 역할을 맡고 있다. 다 합치면 이들은 기부자의 71퍼센트가 되며, 아마도 총 기부금액에서도 비슷한 퍼센트를 차지할 것이다.

캘리포니아 주 의회에서도 양상은 비슷해 보인다. 민주당 성향 주 의회에서조차, 의장 Willie Brown은 개발 세력으로부터 정치자금 기부를 가장 많이 받았다. 몇 개만 언급하자면 다음과 같다: Southern Pacific, Irvine Company, Consolidated Capital, Shapell Industries (Bancroft, 1984: 1). 한 단체(Common Cause)의 사무총장인 Walter Zelman이 캘리포니아 선거에 대규모 개발 업체들이 점점 더 개입하는 것에 대해 1982년 이야기했듯이, "돈이 엄청 많이 오간다. 그리고 다른 공적 영역과는 달리, 쟁점에서 한쪽 편으로만 돈이 몰리는 것 같다"(Los Angeles Times, 1982, sec. I, p26). 전국 단위 정치 활동 위원회 중에서, 전국 부동산연합이 돈을 제일 많이 쓴다. 미국 은행 연합과 건설업 연합이 각각 8번째와 10번째 자리를 차지하고 있다(Foley, 1982).

> 그래서, 사용가치를 중시하는 민주당 후보조차도, 특히 주 단위나 전국단위 정치인이 되고 싶은 야망이 있으면, 성장동맹을 고민스러운 문제로 여긴다.

세 번째, 환경오염과 같은 성장동맹의 위기 상황 수습에 활용 가능하다(120-121쪽).

> 물질적 그리고 상징적이라는 두 영역 모두에 능한 정치인이 최고로 쳐지고, 또 이들이 가장 성공할 가능성이 높다. 재주 있는 정치인은 좋은 볼거리를 보여 주면서도 성장을 이끌어낸다.
>
> 예기치 못한 상황이 사용가치 위기를 만들어서 그 지역의 기본적 성장전략에 장애가 올 수 있을 때는, 정치인들의 상징적 능력이 특히나 주요하다.
>
> 뉴욕 주 나이아가라 폭포 인근의 '러브 커낼Love Canal'에서 1978년 발생한 독성폐기물 사태는, 주민을 안심시키고 이런 치명적 "감성적" 문제를 다루기 위한 지역 정책 방향을 잡아가는 데 있어, 어떻게 지역 정치인이 자신의 지위를 사용했는지를 보여준다. "자기 집으로 독성물질이 흘러들어 건강이 위협받는 이들에 대한 개인적 연민과 상관없이, 시장이 이끄는 도시 행정부는 2년 동안 모든 행정적 언급에서 러브커낼 문제를 최소화하였다"(Fowlkes & Miller, 1985도 보라)라고 자세한 민족지학 보고서를 낸 Levene(1982: 59)은 이야기한다.
>
> 미국 육군의 덕웨이 무기실험장Dugway Proving Grounds에서 1969년 발생한 신경가스 유출(Hirsch, 1968도 보라)에 대한 유타 도시 지도층의 입장도 이와 비슷하다고, Lester(1971)는 보고한다.

나이아가라 폭포 인근 집과 학교 운동장에서 독성물질이 새고, 유타에서는 양이 죽는 사건이 일어날 때 정치인들의 행동은, 지역 지도자들의 "뒷수습" 기능을 드러낸다(Molotch & Lester, 1974, 1975).

세 번째, 큰 건을 터트려 줄 수 있는 중앙 정치인 포섭에 있어 징검다리가 되어 준다(121쪽):

성장을 분배하는 결정을 하는 고위 정치인에게 영향을 미칠 수 있는 능력이, 지역 정치인의 또 다른 중요한 용처이다. 자본은 전국단위 정치인과 직접적 연계를 가지고 있지만(특히 행정부와 상원에, Domhoff[1967, 1970, 1983]를 보라), 임대업자들은 하원의원과의 인연은 가지고 있을지 몰라도 전반적으로 볼 때 자신이 아는 사람 범위가 지역에 한정되어 있다.

그래서, 임대업자들은 전국단위 공직자에게 로비활동을 벌이는데 있어 지역 정치인을 필요로 한다. (당에 직위를 가지고 있는 이를 포함하여) 지역 정치꾼이 자기들 세력 유지를 위해 필요하기 때문에, 전국단위 정치인은 지역 정치인에 대해 호의적이다. 이렇게 지역 정치인은 전국 단위 협력자와 공생관계를 이룬다.

지역 지도자와 성장 이해관계에 이익을 가져다주는 자원은 사소하지 않다. 역사적 기술이 명백하게 해주듯, 중서부 발전은 수로와 철로에 대한 전국 단위 결정에 달려 있었다. 물을 당겨오는 사업에 대한 연방정부의 보조금과 자본투자 없이는, 서남부와 캘리포니아 대부분 지역의 발전은 불가능하였을 것이다.

정부 자본지출의 엄청난 중요성은 다음 하나의 통계로 설명된다: 1983년 미국 전체 건설 사업비용 중, (모든 수준의) 정부 지출이 27퍼센트를 차지한다(Mollenkopf, 1983: 43). 정부 건설 지출이 이후의 기간시설과 국방 지출의 기초를 이룬 2차세계대전 중에의 해당 통계치는 이것보다 훨씬 더 높다.

2.4.2 지역 언론

광고 수익과 구독료 수입 때문에, 지역 언론은 성장동맹에 끼어든다(121쪽):

> 성장동맹의 전반적 목적을 위해 큰 책임을 떠안는 지역사업체가 하나 있는데, 이는 대도시 신문사이다. (작거나 교외의 신문사는 간혹 예외이지만) 대부분 신문사는 발행 부수가 늘어나는 것으로부터 주로 이익을 누린다. 그래서, 성장에 직접적 이해관계를 가진다. 대도시가 확장됨에 따라, 신문사는 (더 비싼 가격에) 더 많은 광고를 팔 수 있다. TV와 라디오 방송국도 비슷한 입장이다. 지금 산호세가 있는 과수원 자리의 도시화를 왜 자신 소유 신문사가 지지했는가를 설명하면서 San Jose Mercury의 발행인은 "나무는 신문을 읽지 않는다"(Downie, 1974: 112; Domhoff, 1983: 168에 인용된 대로)라고 이야기한다.

개발이 구체적으로 어느 곳에서 어떠한 형태로 이루어지는가에 대해서는, 보통 직접적인 이해관계가 없다. 그래서 중립적 지도자 같은 위치를 가지기도 한다(123쪽):

> 성장 자체에는 강한 의욕을 보이지만 구체적 성장 형태에 대해서는 무관심을 보이기 때문에, 신문사는 공동체에서 현자와 같은 위치를 차지한다. 특권 계층은 신문사를 중립적 제삼자로 보기도 한다. 1920년대 뉴욕시의 토지이용 구획법률 제정에 대한 앞서가는 연구를 수

> 행한 Makielski(1966: 149)에 의하면, "신문사가 도시의 땅을 많이 소유하고 있지만, 신문사가 하는 역할은 다른 비정부 주체와는 확연히 달랐다. 신문사는, 부분적으로는, 경기의 규칙을 정하는 심판과 같았다. 특히나, 비공식적 규칙에 있어서는 더욱 그러하였다. 그래서 신문사가 생각하기에 반칙이라고 생각하는 부분을 지적하곤 했다." 발행인이나 편집인은 성장동맹 내부 갈등의 조정자 역할을 종종 맡는다. 단기적 투기를 억제하고 장기적이고 잘 계획된 성장의 편을 들어주는 것이다.

한데 토지와 언론을 동시에 소유하는 경우가 흔하다. 이런 경우에는 눈부신 상승작용이 일어난다(123-124쪽):

> 발행인 집안은 마을이나 도시의 가장 중요한 건설자라는 위치에서 편안함을 느낀다. Los Angeles Times의 Otis와 Chandler 집안(Clark, 1983: 271을 보라; Halberstam, 1979); Arizona Republic과 Phoenix Sun의 Pulliam 집안(Luckingham, 1983: 318을 보라); Daily Oklahoma의 Gaylord 집안(Bernard, 1983: 216을 보라).
>
> 가끔씩은 이런 출판인이 직접적으로 정치에 관여하기도 했다. 보이지 않는 곳에서 공직에 진출하려는 정치인 중에서 추려내서 "자리에 앉히기도" 하고, 연방정부가 주는 보조금과 연방정부와의 계약을 따내려고 로비를 벌리고, 자기 지역에 성장 기반 시설을 건설하려고 노력하기도 한다(Fainstein, Fainstein & Armistead, 1983: 217; Judd, 1983: 178).
>
> 샌프란시스코 만 지역의 번성하는 교외인 콘트라코스타에서는, 지역 신문을 소유한 사람들이 다음과 같다: 지역 건설업체 회장, 부동산 투자자, 그리고 부동산 금융업자.

2.4.3 공공 서비스 회사

공공 서비스 회사도 지역 언론과 비슷하게 중립적 역할을 맡는 경우가 있다. 상수도, 전력, 도시가스 같은 경우, 어느 곳에 구체적으로 개발이 일어나든 상관이 없기 때문이다. 개발이 매출 확대로 이어진다는 점은 지역 언론과 마찬가지이다(126쪽):

> 공익서비스 업체와 같은 "독자적" 공립이나 준 공립 기관은, 신문 발행인과 비슷한 역할을 맡을 수 있다. 어떤 하나의 지역에 얽혀서, 특정 형태의 성장이나 지역 내 성장 배분을 옹호하기보다는 성장을 지지하는 "현자"가 될 수 있다.
>
> 예를 들어, 수돗물 공급업체는 (공공기관이거나 사유 기업이거나) 더 많은 사용자를 확보함으로써만 성장할 수 있다. 이래서 공익 서비스 업체는, 서비스 제공하기에 돈이 많이 드는 지역까지 비효율적으로 확대하면서, 낙후지역 깊숙이까지 침투하게 된다(Gaffney, 1961; Walker & Williams, 1982).
>
> 도심에서도 성장 목표는 똑같다. Brooklyn Gas는 1970년대 뉴욕 브루클린의 방치된 지역으로 젊은 전문직 종사자들이 옮겨오는 것을 열렬히 지지하였다. 심지어는 주택 개보수를 위한 금융지원을 해주고, 이 지역의 쾌적한 생활을 홍보하는 오픈하우스나 이동 슬라이드 쇼 개최를 후원하기도 했다.

대중교통 회사는 경우가 다르다. 특정 노선을 따라서 이루어지는 개발을 선호한다(126-127쪽):

> 대중교통 회사 간부들은, 공공기관이든 사기업체이든, 성장에 대해 이권을 가지고 있다. 이들은 자신들 대중교통 노선을 따라 성장이 일

어나는 것을 선호한다. 하지만, 대중교통 성장에 그냥 서비스를 제공하는 것이 아니다. 대중교통은 성장을 만든다. 대중교통 노선망의 설정은, 처음부터, 성장을 촉진하는 방법이었다. 실제로, 토지 투기꾼과 대중교통 회사 임원은 종종 동일 인물이었다. 부분적으로는 토지개발이 두드러지게 중요하기 때문에, "전철 운행에 있어 공공 서비스 제공 기능은 대체로 부수적이었다"(Wilcox, Yago, 1983: 44에서 인용). 로스앤젤레스의 주요 통근 수단인 Hery Huntington의 Pacific Electric은 "대중교통을 제공하기 위해서가 아니라 부동산을 팔기 위해 세워졌다"(Clark, 1983: 272; Binford, 1985; Fogelson, 1967; Yago, 1983도 보라). 교통 체제의 설계와 노선설정이 이윤 창출이 아니었기 때문에, 적자가 날 수밖에 없었다. 결국 로스앤젤레스는 제대로 된 대중교통 체제가 없게 되었다(Fogelson, 1967).

항공사는 더 하다. 근거지 도시와 운명을 같이 한다(127쪽):

> 전국 수준에서는, "중심" 도시와 중심도시가 연결하는 노선망 발달에, 주요 항공사가 큰 이해관계를 가지게 되었다. 이스턴 항공은 마이애미의 성장이 필요하다. 노스웨스트 항공은 미니애폴리스가 크는 것을 요한다. 그리고 아메리칸 에어라인은 델라스-포트워스 경제와 흥망성쇠를 같이 한다.

2.5 성장동맹 조연

성장동맹의 조연들 역시 각자 나름대로 역할을 가진다. 대학, 박물관/공연장/대규모 행사, 프로스포츠팀, 노조, 자영 전문직/소매업자, 대기업자본가이다.

2.5.1 대학

성장동맹의 참여자로서 대학 캠퍼스는 한적한 농촌지역을 번화가로 변모시킬 수 있다(128쪽):

> 촌으로 남아 있을 곳도 대학 캠퍼스가 조성되고 또 확장되면 성장할 수 있다. 로스앤젤레스의 UCLA는 "주변 땅값을 올리기 위해"(Clark, 1983: 286) 1881년 주립 사범대학에게 원래 기증되었다. 다른 교육기관들도 이와 비슷한 경우가 있다. 특히나 시카고 대학 어바인과 샌타바버라 캠퍼스가 그러하다. 뉴욕주립대 스토니브룩 캠퍼스와 텍사스대학 샌안토니오 캠퍼스도 그러하다(Johnson, 1983). 쇠퇴하는 도시에 활력을 넣는데도, 대학 캠퍼스 조성이 첫 걸음이 될 수 있다. 일리노이 대학 시카고 분교, 예일대학 뉴헤이븐 캠퍼스 확장(Dahl, 1961; Domhoff, 1978), 시카고대학(Rossi & Dentler, 1961)이 이런 경우이다(Banfield, 1961). 종종 해당 기관과 지역 개발 세력은, 대학을 개발의 자극제로 활용하는 것을 공공연하게 이야기한다.

특히 1980년대 실리콘밸리 등장은 주목할 만하다. 스탠퍼드 대학에 지식기반을 두고 있기 때문이다. 대학이 지역의 첨단산업발전의 기반 시설로 여겨지기 시작한다(128쪽):

> 대학과 지역개발 간의 공생관계는 1980년대에 심화된다. 스탠퍼드 대학을 지적 중심으로 한 실리콘밸리, MIT를 중심으로 한 보스턴 지역의 Route 128의 예를 보고서는, 많은 지역이 대학을 첨단산업 성장을 위한 기반 시설로 생각하게 되었다. 한편 대학은 재빨리 이런 기회를 자신의 지지기반을 강화하는데 써먹었다. 극소전자공학 분야에서 미국이 일본을 앞서려는 목적으로 새로 만든 사기업인 MCTC(Microelectronics and Computer Technology Corporation)

가 분명한 예이다. 첨단기술 분야의 미국 주요 12개 기업이 출자한 새 회사는 창립하면서 1억 달러 시설을 지어야 했다. 텍사스 오스틴이 이 시설을 유치하였다.

2.5.2 박물관, 연극극장, 박람회

예술 관련 시설은 그 활동 자체가 상당한 경제 규모를 가져온다(128쪽):

> 예술과 예술품을 소장하는 건물 역시 성장동맹에서 한 몫 한다. 예술 수도인 뉴욕시에서, 예술은 13억 달러 정도의 연간 경제활동을 산출해낸다. 이는 컴퓨터 서비스나 광고업보다 큰 수치이다(Pittas, 1984). 또 다른 예술중심지인 로스앤젤레스에서는, 도시개발기금이 새 현대미술관 건설비용을 대고 있다. 인접한 도심의 주거지, 호텔 그리고 사무실 건물 건설이 상업적 성공을 이룰 수 있게, 현대미술관이 도와주는 것으로 명백히 인식되고 있는 것이다.

박물관 역시 그러하다(129쪽):

> 다른 종류의 박물관도 똑같은 목적을 위해 사용될 수 있다. "일 년에 백만 명 방문객을 유치하고, 호텔 객실 투숙률을 높이고, 새 기업을 끌어올"(Sahagun & Jalon, 1984: 1) 9,000만 달러짜리 과학관 터를 선정되기 위해, 세 실리콘밸리 도시들이 싸우고 있다. 보조금으로 수백만 달러를 약속하는, 경쟁 도시 중 두 곳인 마운틴뷰와 산호세는, 대규모 상업 개발의 중심에 과학관을 두려고 한다.

도심에 위치한 오래된 교회처럼, 연극극장은 도시 성장의 한 요소로서 보존의 대상이다(129쪽):

> 연극극장도 개발의 도구로 쓰여진다. 전통있는 연극극장을 보존하는 것이 맨해튼 미드타운 경제활력을 유지하는데 도움이 된다고 생각하고, 도시 공무원들은 연극극장이 자기 부동산에 대한 "개발권"을 팔 수 있도록 허용하는 계획을 고려하고 있다. 이 개발권의 구매자는 인근 부지에서 건물을 더 높게 올릴 수 있다. 이로써 연극극장은 보존되고, 지역의 전체적 개발 밀도는 유지되는 것이다(New York Times, 1983.9.19. p. 1). 많은 곳에서, 다양한 개인과 집단이 연극극장과 공연장의 건설과 복원을 성장의 도구로서 (종종 보조금을 지급하면서) 장려하고 있다. 도심 교회는 하늘을 보면서 재정적 이익을 고대하고 있다. 인근 필지 개발자에게 교회 위 공중 사용권을 팔려고 하는 것이다.

만국박람회와 같은 일회성 행사 역시 성장동맹의 공식에 들어가 있다. 하지만 실제 효과는 기대 이하일 가능성이 크다(131-132쪽):

> 연례 축제와 행렬 혹은 일회성의 만국박람회나 올림픽 경기와 같은 지역 볼거리를 주관하는 위원회 역시 성장동맹에 관해선 다른 종류의 문화기관이다. 관광객을 유인하고 성장을 촉진하려는 상공회의소나 관광부서와, 이런 위원회는 노력을 같이 한다. 산업전시회, 음악축제, 또 여러 가지의 지역 연례행사는, 세수 확보의 단기적 방안으로 간주된다. 또 외부 기업을 끌어들인다는 장기목적을 달성하는 방안으로도 간주된다. 나중에 투자를 할 수 있는 외부인들에게, 이런 행사들은 지역에 대한 자랑을 하는 것이다 …
>
> 이런 대규모 행사의 단기적 결과는 몇십억 달러가 지역경제에 투입된 것을 의미할 수 있다. 하지만 (교통체증, 높은 물가, 공공서비스 제공에서의 손실이라는 형태의) 일반 시민이 떠안는 비용은 아주 축소되어서 이야기된다(Clayton, 1984; Shlay & Gilroth, 1984). 이런

> 행사를 여는 데 필요한 공적 보조금을 얻어내기 위해, 주관하는 사람들은 "공동체"가 이익을 볼 것이라고 주장한다. 또 이들은 흘러내리는 경제효과가 꽤나 있다고 보이게 하기 위해 수입 전망치를 부풀린다(Hayes, 1984).
>
> 1983년 낙스빌 만국박람회는 만국박람회 중에서 드물게 실제로 장부상 흑자를 기록했다. 하지만 낙스빌의 시 재정에는 5,700만 달러의 빚을 남겼다(Schmidt, 1984). 이 빚을 갚기 위해 재산세를 8퍼센트나 올려야 했다. 1984년 뉴올리언스 만국박람회는 1억 달러의 손실을 보았다(Hill, 1984).
>
> 로스앤젤레스 올림픽과 같은 다른 큰 행사는 이윤을 내었다. 하지만 이런 경우에도 (동네가 없어지는 것)과 같은 비용은 계산되지 않았다.

2.5.3 프로스포츠

프로스포츠 시작부터가 부동산 개발과 관련이 있다(132쪽):

> 미국에서 가장 인기 있는 야구는 놀이공원에서 시작되었다. 구단주 중에서 많은 이는, 자신들이 팔려고 하는 토지구획으로 방문객을 유인하려고 구단을 이용한 부동산 투기꾼들이었다. 구단주가 역시 소유하고 있는 전철선을 이용해서 관중들은 놀이공원으로 오곤 했다(Roderick, 1984).

체육시설 건설은 도심 경제 활성화 방안으로도 사용된다. 이 과정에서 공적 자금이 낭비되기도 한다(132-133쪽):

> 최근에는 야구와 미식축구 구장 그리고 하키와 농구 경기장이, 피츠버그 하트퍼드 미니애폴리스 그리고 다른 도시들의 도심재생 사업

에서의 강조점으로, 지역 정부에 의해 활용되었다(Roderick, 1984). 뉴올리언스는 슈퍼돔 개발을 "관광산업 중심의 도심 미래 발전전략"(Smith & Keller, 1983: 134)에 활용하였다. (예측된 3,500만 달러가 아니라) 1억 6,500만 달러가 결국 소요되었다. 매년 많은 운영 적자가 났고, 이는 모두 주 정부가 떠안았다.

플로리다 세인트피터즈버그는 뉴올리언스의 사례를 따라가고 있는 듯하다. 이 도시는 새 구장을 짓기 위해 5,960만 달러를 투자하기로 했다. 메이저 리그 팀을 수용하기에는 안타깝게도 인구수가 부족한 도시에, 이러한 구장은 메이저 리그 팀 유치 가능성을 줄 수 있다는 희망 때문이었다. 여태까지 이 사업 때문에 (주로 흑인인) 400 가구가 살던 집은 떠나야 했다. 그리고 도시는 큰 빚을 졌다.

프로 스포츠구단도 분명히 큰 사업체이다(133쪽):

지역 구단은 그 자체로서 하나의 산업이다. 애틀랜타의 프로 운동 구단들은 지역 경제에 매년 6,000만 달러 이상의 가치를 가지고 있는 것으로 예측된다(Rice, 1983: 38).

2.5.4 노조

노조는 지역개발에 있어서는 자본가의 열정적 동반자이다. 지역개발은 더 많은 노조원과 노조의 더 큰 힘을 의미한다(132-133쪽):

다른 문제에 대해서는 자본가와 가끔씩 갈등을 빚지만, 노조 지도자들은 성장동맹에 있어서는 일반조합원들에게 미치는 그 장기적 결과에 대해서 신중하게 생각하지 않고 자본가의 열정적 동업자가 된다. 특히나 건설업의 경우는, "일자리를 만들기 때문에" 노조 지도부는 가치중립적 성장을 지지한다. 건설업 노조의 대변인은 특히나 성장에 대해 열을 올린다.

노조 지도부는 상징적 행사에 활용되기도 한다. 성장이 위기를 맞이할 때 구원투수로도 등장한다(133쪽):

> 노조 지도자는 성장을 축하하는 자리(리본을 자르는 행사, 정부 계약 발표, 도시재개발 착공식)에 활용될 수 있다.

> 가치중립적 성장이 위협받을 때, 사업가들은 흔히 노조의 지원을 구한다. 토지이용 규제가 지역 실업의 원인이라고 주장하면서 3,000명의 노조원이 도심을 행진하자, 1975년 샌디에이고에서는 성장규제가 어려워졌다(Corso, 1983: 339).

> 성장을 반대하는 이들을 "귀족적"이라고 하거나 "이기적"이라고 부르기 위해, 성장동맹이 누군가를 필요로 할 때는 노조지도자가 적격이다.

> 캘리포니아 리버사이드에서 열린 성장규제에 대한 회의에서 나온 보고서에서, Neiman & Loveridge(1981: 764-5)는 친성장 연합이 "지역의 노조 대부분이 B 법안(Measure B)을 반대하고 또 이 법안이 리버사이드에 입지하려는 기업들을 쫓아버리고 … 그래서 이 법안이 통과되면 수천 명의 유권자가 일자리를 잃을 것이라고 반복해서 이야기했다"고 보고했다.

2.5.5 자영 전문직과 소매업자

소매업자에게 지역 성장은 더 큰 매출을 의미한다. 의사나 변호사는 부동산에 간접 투자하는 경우가 많다(136-137쪽):

> 소매업자는 고객을 필요로 한다. 이들은 종종 어떤 지역에서의 전체적 성장을 자기 사업에서의 매상과 이익 증대와 동일시하게 되는 것

이다 …

> 대조적으로, 상당한 지역 시장 점유율을 가지고 있는 규모가 더 크고 지역에 기반을 둔 가맹점은 지역 성장과 직접적 이해관계를 가진다. 멀리 떨어진 지역을 공략하는 것보다, 자기 시장에서(기존 가게들이 언론 홍보와 다른 간접비를 나누어 감당할 수 있는) 성장하는 것이 더 비용이 적게 든다 …
>
> 의사와 변호사와 같은 돈 잘 버는 전문직 종사자는 때때로 중개인과 금융상담사가 이들을 위해 만든 금융상품(주로 별로 수익률이 높지 않은)에 투자한다. 우리가 보통 장소 사업가와 연상시키는 그러한 성장과 관련된 이해관계를, 이러한 전문직 종사자가 가지게 되는 것이다.

2.5.6 기업자본가

부동산과 보통 무관한 대기업 자본가도, 부동산 성장 분위기를 선호한다. 개발을 선호하는 패거리가 도움이 되기 때문이다. 지역 정부 협조와 혜택을 받게 도와준다(138-139쪽):

> 장소와의 애착이 기본적으로 사용가치인 다른 이와 마찬가지로, 대부분 자본가는 어떤 지역의 토지이용 심화와 별 직접적 이해관계를 가지지 않는다. 이들은 부동산 임대료가 아닌 수익을 추구한다 …
>
> 이에도 불구하고, 기업인은 (공장을 둘러싼 지역의 실제 성장과는 달리) 성장동맹 이념이 유지되는 것이 자신에게 이익이 된다. 이 이념은 지역에서 자신들이 존경받을 수 있도록 도와준다. 이들의 사회적 가치는 종종 "연봉"으로 규정된다. 이들의 연봉은 이들 기업의 필요와 일치하는 토지이용이나 예산 정책을 얻는 데 도움을 준다.

부동산 임대업자가 지역을 지배하는 이상, 자본가와 이들이 부리는 관리인은 직접적 역할을 맡을 필요가 없다 …

이들에게 도움이 되도록 지역의 정책이 철저히 결정되어서 이들이 굳이 나설 필요가 없다는 것을, 이는 의미할 수 있다. 일반적인 좋은 관리인처럼, 이들은 다른 사람을 통해 일해나간다. 이들이 상대적으로 보이지 않는다는 것은, 이들이 가진 효율성을 보여줄 수 있다.

3

미국 교외확산, 그리고 똑똑한 성장

3.1 멍청한 성장 = 교외확산

똑똑한 성장 이론의 입장에서 보자면, 멍청한 성장dumb growth은 교외확산urban sprawl이다.

도시확산 혹은 도시확장 이라고들 번역한다. urban 단어를 직역하여 '도시'라고 한다.

저자는 urban 단어를 의역한다. 도시가 아니라 교외라고 표현한다. urban을 suburban으로 바꾸어 번역한 셈이다.

도시에서 교외로 확산된다는 맥락으로 번역해야 한국어에서는 이해가 된다. 영어에서는 출발지로서 '도시 urban'를 지목하는데, 한국어에서는 그러한 생각 방식이 이해하기 어렵다.

비유로 설명해보자! 영어의 'come'을 한국어로 꼭 '오다'로 직역하지 않는 것과 비슷하다. come의 경우 '어떠한 목적지에 도달'이라는 맥락이 강하기 때문이다. 그래서 한국어로 꼭 '오다'라고 직역할 필요는 없다. 그래서 'urban sprawl'을 '교외확산'이라 저자는 표현한다.

교외확산에 대해 몇 가지만 열거한다. 넓은 잔디 마당이 있는 교외집을 찾아, 중산층이 빠져나간다. 기존 대도시에는 저소득층이 남겨진다. 범죄 문제가 심각해진다. 도시 재정 상태가 나빠진다. 재산세로 유지되는 교육, 소방, 치안 서비스 질이 떨어진다.

교외 개발은 비용을 유발하기도 한다. 개발과정에서 엄청난 규모의 녹지를 훼손한다. 자동차를 타고 멀리 도심으로 출퇴근하는 것은 큰 환경 비용를 동반한다. 출퇴근 시간 도로 정체가 말해주듯이, 계속되는 교외확산은 교외에 살고 있는 사람들의 삶의 질을 떨어뜨린다.

3.2 미국에서의 교외

여기서 다루는 미국 교외는 두 가지 역사적 유형이다. 하나는 과거이며, 다른 하나는 현재진행형이다.

19세기 중반에서 20세기 초반까지가 전차 교외streetcar suburb 시대이다. 자동차 교외automotive suburb는 현재진행형이다.

Gillham(2002)은 1920년대를 자동차 교외의 시작점으로 본다. 사람에 따라, 자동차 교외의 시점은 1920년대 혹은 1930년대로 이야기된다.

대량생산 자동차의 대명사인 'T형 모델model T' 생산을 보면 이렇게 의견이 갈리는 이유를 이해할 수 있다.

T형 모델은 1908년에서 1927년까지 생산된다. 판매 대수와 가격을 보면, 추세를 이해할 수 있다. 1909년에는 10,666대 $825이다. 1925년에는 1,911,705대 $260이다. 1922년 이후부터 100만 대 이상 팔리기 시작한다.[12] 1927년에서 1931년까지 팔린 A형 포드 경우에는 가격대가 $500에서 시작하고 5년 동안 총 4,858,644대가 팔린다. 따라

12 https://en.wikipedia.org/wiki/Ford_Model_T

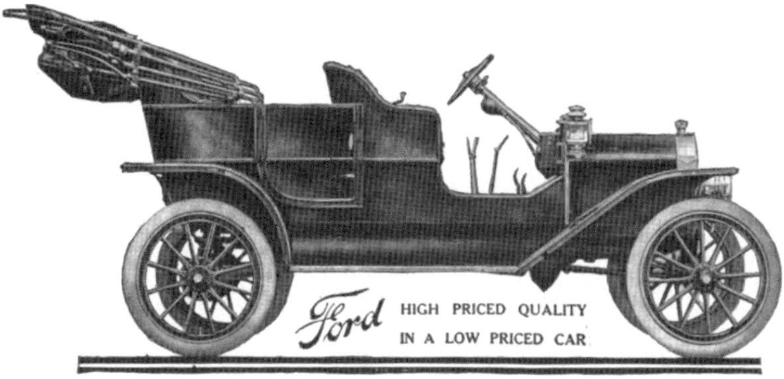

〈그림 3.1〉 T형 포드

서 1920년대 후반부터 자동차 판매가 본격화된 것이다.[13]

1930년대에는 대표적 포드의 경쟁자인 GM이 다양한 완성차 브랜드를 소비자에게 제공하기 시작한다. 현대적 자동차 판매가 시작된 셈이다.

이런 이유로 1920년대 1930년대 두 시점 다 근거가 있다.

헨리 포드가 역사상 첫 번째 대량생산 자동차 모델(Model T)을 내놓은 것이 1908년이다. 장인들의 수제 생산과는 비교되지 않는 생산성을 보이는 이동하는 조립공정은 이 자동차 모델의 값을 1910년에 $950에서 1924년에는 $290로 낮추었다. 포드는 하루에 9,000대의 차를 1925년에는 쏟아낸다(Gillham, 2002: 29).

자동차 이외에도, 자동차 교외를 가능하게 한 요인이 있다. 미국 정부의 주택금융 지원, 합판과 석고보드로 대표되는 건축 기술의 발달, 도로망 구축이다.

미국 장기주택금융은 한국에 비해 70년 이전에 '모기지 대출mortgage loan'을 시작한다. 관련 입법National Housing Act에 Franklin D. Roosevelt

13 https://en.wikipedia.org/wiki/Ford_Model_A_

대통령이 서명한 것이 1934년이다. 이 법안에 의해서, 한국주택금융공사에 해당하는 미국 기관이 설립된다. FHAFederal Housing Administration이다.

한국에서는 2004년 한국주택금융공사의 설립에 의해 이러한 대출이 가능해진다. 한국주택금융공사 홈페이지[14] 내용은, 1930년대 미국 FHA 업무와 비슷하다

> 시중은행들이 취급해오던 '단기, 변동금리, 만기일시상환' 방식의 주택담보대출 관행에서 벗어나 '만기 10년 이상의 장기, 고정금리, 원(리)금 분할 상환' 방식의 선진국형 모기지론을 본격 도입함으로써 국민들의 내집 마련을 획기적으로 지원하고, 금리변동 리스크에 대한 체계적 관리를 통해 전체 금융시장의 안정성을 크게 높이는 역할을 하고 있습니다.

주택담보대출 등장의 첫 번째 이유는, 위기 극복이다. 1930년대 초반에 불어닥친 대공황 이전 단독주택 대출은 보통 5년에서 10년 정도가 지나면 만기 상환해야 했다. 대출은 변동금리가 대부분이었고, 담보인정비율loan-to-value ratio: LTV은 보통 50% 이하이다.

대공황이 닥치면서 주택 가격이 최고가 대비 절반까지 떨어지자, 문제가 드러난다. 대출은행이 만기연장을 거부하기 시작한다. 현금도 주택자산도 없어서 대출상환을 못하게 된 집주인들은 주택 압류 당하기 시작한다. 1931년에서 1935년 사이의 주택 압류 건수는 연평균 250,000건 정도를 기록한다. 공황이 제일 심각할 때는 주택의 10% 정도가 압류 중인 경우도 있다. 은행 역시 담보 물건의 경매처분이 손실로 이어지기 때문에 신규대출을 꺼리게 된다.

14 http://www.khfc.co.kr/intro/khfc_is.jsp 2009년 11월 14일 접근

이러한 상황을 극복하기 위해, 정부가 채권관리에 나선다. 고정이율에 20년 장기로 원리금 분할 상환할 수 있는 대출을 시중은행이 취급할 수 있도록 한다(Green & Wachter, 2005: 94-96).

또 제2차 대전이 끝나가는 1944년 입법Servicemen's Readjustment Act이 있다. 전쟁에서 돌아오는 참전용사들이 구입하는 집, 농장, 사업체에 대한 대출을 정부가 보증해주기 시작한다. 참전용사들이 상환을 못할 경우 정부부서Department of Veterans Affairs가 이를 대신 상환할 것을 금융기관에 약속한다.[15] 이러한 조치는 교외에 지어지는 집 소유를 쉽게 한다.

합판과 석고보드로 대표되는 건축 기술의 발달도 중요하다. 제 2차 세계대전 이후 교외 주택의 대량생산을 가능하게 한다.

뉴욕 교외에 있는 레빗타운Levittown 경우가 대표적이다<그림 3.8>. 건축회사의 이름이 Levitt & Sons 동네 이름의 유래이다. 레빗, 그리고 그의 두 아들은 전쟁 중 군대 건물이 조립식 자재를 사용해서 지어지는 것을 관찰한다. 그리고 교외 주택 건설에 이 새 방식을 적용한다.

1948년 7월에는 하루에 30채씩을 지어나가는 속도전을 보인다. 이러한 주택들은 FHA를 통해 계약금 없이 30년 동안 장기대출을 통해 소비자에게 팔려나갔다. 9.8m × 7.6m 크기의 단층 주택은 1949년에 $7,900으로 책정된다. 매달 월세 내는 돈으로 주택 구매가 가능해진 것이다.[16]

미국 교외는 도로망과 함께 본격적으로 뻗어 나간다. 도시 문제 전문가 150명을 대상으로 하는 한 조사에 의하면, 20세기 미국 대도시

15 wikipedia /VA loan/ 2009.10.02 접근

16 wikipedia /Levittown, New York/ 2009.10.02 접근

발달에 가장 영향을 크게 미친 요인은 1950년대부터의 고속도로 건설이다.[17]

더 좋은 길은 더 멀리 떨어져 있는 집을 가능하게 한다. 고속도로 건설은 트럭 운송이 가능한 교외를 의미한다. 이는 직장의 교외 이전을 부추긴다. 1963년에 절반 이상의 산업 일자리가 교외에 입지하게 되고, 1981년에 그 비중은 2/3로 늘어난다(Gillham, 2002: 39).

회사도 1950년 이후부터는 대도시로부터 교외로 옮겨가기 시작한다. 크래프트Kraft 합병으로도 유명한 종합식품업체 제너럴 푸드General Foods가 1954년 맨해튼에서 뉴욕 교외로 옮긴다. 석유회사 텍사코Texaco, 걸프 오일Gulf Oil, 아이비엠IBM, 복사기 회사 제록스Xerox 등 많은 회사가 교외로 나간다(Gillham, 2002: 41).

〈그림 3.2〉 아이젠하워 대통령과 미국 고속도로

17 원출처: Robert Fishman. 2000. "The American City in the 21st Century" in ULI, ULI on the Future: Cities in the 21st Century Washington D.C. Porter et al(2002: 48-9)에서 인용.

1953년 취임한 아이젠하워 대통령은, 장군 시절 독일 고속도로를 보고 놀란다. 미국 고속도로 건설을 추진한다. 연방정부가 돈을 쏟아부을 수 있도록, 1956년 법을 통과시킨다(Federal Aid Highway Act of 1956).

<그림 3.2>에서와 같이, 대통령 이름이 명칭에 들어간다(Dwight D. Eisenhower National System of Interstate and Defense Highways). 보통 부르는 이름은 물론 따로 있다(Interstate Highway System).

<그림 3.3>에 나오는 노선이 대부분 새로 지어지는 도로이다.

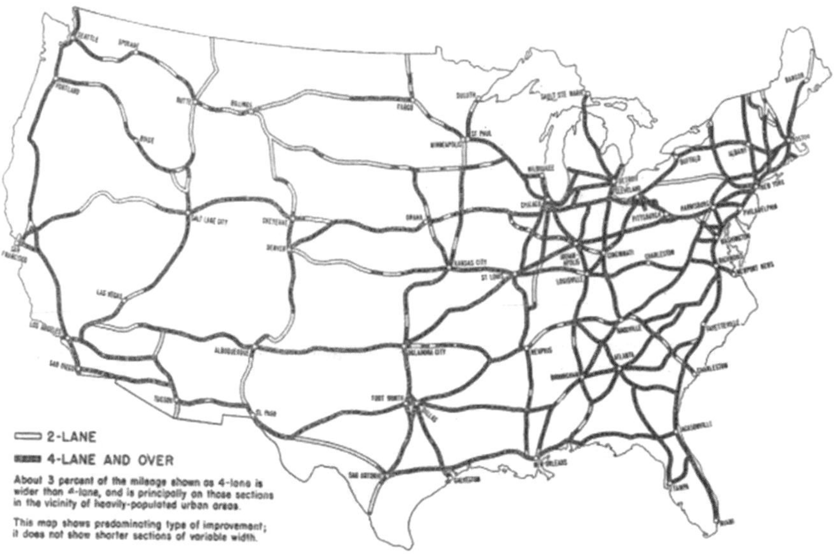

〈그림 3.3〉 1955년 작성된 미국 고속도로 수요 예측

3.3 단조롭고 고립되고 또 배제시키는 교외

미국 교외확산의 모습을 살펴보도록 한다. 〈그림 3.4〉는 미국 교외의 전형적 모습이다.

첫째는 고립된 생활환경이다. 교외의 주택단지는 막다른 길로 이루어진 경우가 많다. 〈그림 3.4〉에 나오는 둥그렇게 처리된 막다른 길을 cul de sac[kΛldəsǽk]이라 부른다.

둘째는 주거용으로만 단일하게 나오는 토지용도이다. 지자체에서 건축 조례를 통해서 단독주택만 짓도록 하는 것이다.

배타적 토지이용exlcusionary zoning 사례이다. 가난한 사람이 많이 사는 연립주택이나 아파트가 들어서지 못하게 하는 것이다.

〈그림 3.4〉 미국 교외 주택용지의 고립된 구획

토지이용규제zoning 역사는 이러한 배타성을 증명해준다. Fischel(2004)은 몇 가지 시기를 대비하면서 이러한 전개를 펼쳐 보인다. 전차교외 시절에는 단독주택만을 허용하는 규제가 별 필요가 없었다. 전차 역 부근에 아파트가 들어서 있고, 이러한 아파트에 차를 소유할 수 없는 저소득층이 주로 살았다. 중산층은 정차역에서 몇 블록 떨어진 곳에 단독주택을 가지고 살면 되었다. 전자의 수송량이 많지 않기 때문에 소매상 정도나 전차 역 주변에 위치하고 공장이나 대형상업시설은 도시에 머물러 있었다. 또 잘사는 동네들은 전차 노선이 지나가지 못하게 정치력을 행사할 수도 있었다.

자동차 교외가 단독주택 위주의 토지이용규제를 마련하기 시작한 것은 1920년대부터이다. 자가용 보다는 트럭과 버스가 저소득층과 상공업 시설의 입지를 손쉽게 했기 때문이다.

〈그림 3.5〉 토지이용: 상공업과 주거

1960년대 고속도로가 제대로 건설되자, 상공업 시설이 교외로 옮겨가기 시작한다. 일자리가 교외로 옮겨가자, 차를 가지기 시작한 저소득층이 교외로 더 옮겨 오기 시작한다.

이때부터 교외는 큰 단독주택만을 허용하는 등의 기존 규제를 강화하거나 개발 자체를 어렵게 하기 시작한다. 자신 주택자산 가치를 지키려는 의도이다.

여기서 하나 살펴보자! 대도시를 제외하면, 미국 주거지역은 대부분 단독주택만 허용한다. 이렇게 '단독주택single-family detached home'만 허용하는 경우를, single-family zoning 이라 부른다.

이러한 단독주택 토지 용도 규제는, 자동차 시대의 도래 뿐 아니라 인종차별과 역사를 같이 가져간다. 1916년 캘리포니아 버클리 엘름우드Elmwood 동네에서 처음 생겨난 것으로 일반적으로 이해한다.[18]

흑인이 주택 구매 못하도록 단독주택을 고집하는 것이다. 단독주택에 이런 저런 규제가 추가적으로 붙기 때문이다. 제일 대표적인 것이, 너무 작은 집을 지을 수 없도록 하는 것이다. '최소 대지minimum lot sizes'라고 불린다. 한 집의 대지가 최소 어느 정도 이상이어야 하는 것이다.

애플 본사가 있는 캘리포니아 도시 쿠퍼티노Cupertino 예를 들어보자. 단독주택 용지의 경우 최소 대지가 '5,000 제곱 피트square feet'이다.[19] 465 제곱미터다. 140평이다.

더 심한 경우도 있다. 캘리포니아 애서튼Atherton[æθərtən] 경우는 1 acre이다. 1,224평이다.

---

18 https://en.wikipedia.org/wiki/Single-family_zoning

19 CHAPTER 19.28: SINGLE-FAMILY RESIDENTIAL (R-1) ZONES https://codelibrary.amlegal.com/codes/cupertino/latest/cupertino_ca/0-0-0-93873 2021.8.27. 접근.

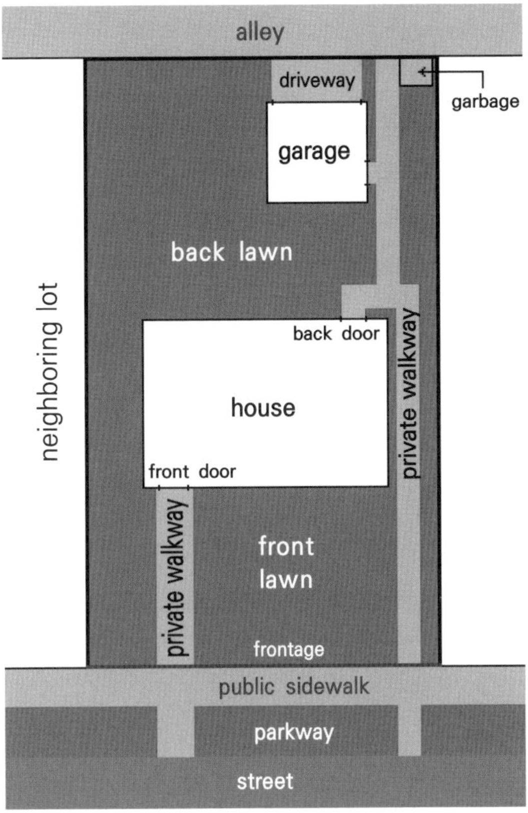

〈그림 3.6〉 대지[20]

20 https://upload.wikimedia.org/wikipedia/commons/b/bc/Lot_map.PNG
Diagram of an example house Lot as seen from above, showing front and back yards, positions of structures on the lot, and immediate surroundings. The lot boundaries are outlined in black except for the frontage, which is shown in red. In this example, the immediate surroundings include a sidewalk, parkway, and section of street out in front and a section of alley in back. Lot structures include a house, private walkways, and in back - a detached garage with driveway access to the alley and an a small area for garbage.

H Padleckas created this image file in early September 2006 especially for use in the article "Lot (real estate)" in Wikipedia. H Padleckas 11:22, 16 September 2006 (UTC)

스탠퍼드 대학 근처 위치한 미국에서 고급 주택가이다. 2010년 인구조사 기준, 가구소득 중위수가 25만 달러를 넘어선다(https://en.wikipedia.org/wiki/Atherton,_California).

단독주택 이외의 건물을 허용하는 구역도, 허용 범위가 대체로 한정적이다. 벽을 공유하는 공용주택이나 몇 층짜리 아파트 정도이다. 미국에서는, 대도시 도심에서나 주상복합 고층 건물을 볼 수 있다.

3.4 똑똑한 성장

이 부분은 Porter et al(2002: 13-28)이 저술하고 Urban Land Institute[21]에서 출판한 책 내용을 중심으로 서술한다. Making Smart Growth Work라는 제목이다.

다음의 다섯 가지가 주요 원칙이다.[22]

- ✔ 고밀도 복합용도 개발 Compact, multiuse Development
- ✔ 공지보존空地保存 Open-space conservation
- ✔ 교통수단 선택권 다양화 Expanded mobility
- ✔ 더 살기좋게 만들기 Enhanced livability

21 1936년에 설립 45,000명이 넘는 회원의 비영리단체이다. 회원 10% 이상이 정계, 학계, 민관협력 분야에서 일한다. 나머지는 부동산 중개업이나 도시개발 관련 산업에 종사하고 있다. 워싱턴, 홍콩, 런던에 각각 지역 사무실을 두고 있다. - Wikipedia 2021/8/01 접근.

22 여기에 나온 원칙 중 하나는 저자의 판단으로 빼버린다. 6장 '교외 녹지에서의 똑똑한 성장 Growing smart in suburban greenfield'이다. 똑똑한 성장 논의에서 벗어난 내용이다. 앞서 언급하였듯이, 똑똑한 성장 핵심은 '보존과 개발의 조화'에 있다. 본질적으로 서로 모순되는 두 가지를 합쳐둔 것이다. 6장 내용은, 보존개발 두 가지를 같이 가지고 간다는 처음부터 정해둔 범위를 명백히 넘어선다.

✔ 재개발과 충전개발[23] Infill and Redevelopment

대체로 이야기는 비슷하다. 미국도시계획협회APA: American Planning Association 똑똑한 성장이다.[24]

- ✔ 각 정부, 비영리단체, 민간부문 모두는 스마트 성장을 지지하는 정책을 수립하고 시행하는데 중요한 역할을 담당해야 함
- ✔ 주 정부 및 연방정부의 정책과 프로그램은 도시로의 재투자, 컴팩트한 개발, 토지보전을 위한 것이어야 함
- ✔ 각 단계의 계획절차와 규제는 다양성과 형평성, 그리고 스마트원칙들을 촉진시키는 것이어야 함
- ✔ 모든 단계의 정부에서 수립하는 계획과정에 시민의 참여를 증진시켜야 함
- ✔ 교통수단의 선택을 증진시키기 위한 다양한 교통시스템 구축: 토지이용과 교통계획간의 통합을 통해 자동차의 수용력을 높이고, 대중교통, 자전거, 도보 등 교통선택의 폭 확대
- ✔ 지역차원에서의 커뮤니티 조성: 스마트성장은 대도시내 근린, 자치단체의 독립성을 인정하므로 균형되고 통합적인 지역개발을 촉진
- ✔ 스마트성장을 적용하기 위해서는 폭넓게 다양한 접근방법 채택: 관습, 정책, 법규, 자연조건 등이 도시마다 다르므로 지역여건에 적합한 해결대안과 계획이 필요

23 영어로는 'infill development'이다. 개발이 되지 않은 빈터, 이전의 공업용지나 군사용지, 철거 후 방치된 곳과 같은 도심 빈 공간을 개발하는 사업을 언급한다(Porter et al, 2002: 123). 한자로는 '충전개발(充塡開發)'이다. 가끔씩 사용되는 '충진' '충진개발'이라는 표현은 '메울 전(塡)'을 '진'으로 잘못 사용하는 것으로 추정된다.

24 http://www.apa.org; 윤혜정, 2002: 10.

- ✔ 토지와 기반시설의 효율적인 이용: 고밀도 개발, 충전개발, 재개발, 기존 건물의 재활용 등을 통해 토지자원의 효율성을 높이고 보다 컴팩트한 도시지역 조성
- ✔ 쇠퇴한 기존도시의 활성화: 기존 도시중심에 대한 재투자, 이전적지의 재사용, 낡은 건물의 신규개발 등

미국도시계획협회를 포함하는 Smart Growth America(SGA)라는 협의체가 있다. 미국 연방정부 조직, 공익기업, Urban Land Institute와 같은 비영리단체, 전미주택사업자협회와 같은 이익집단 등 60여개 단체가 추가된다. SGA 똑똑한 성장 10대 원칙은 다음과 같다.[25]

- ✔ 혼합토지이용
- ✔ 컴팩트한 건물디자인
- ✔ 주거기회와 선택의 범위 확대
- ✔ 보행가능한 근린주구 건설
- ✔ 장소성이 살아있는 개성있고 매력적인 커뮤니티 육성
- ✔ 오픈스페이스, 농지, 자연경관, 취약한 환경지역 보존
- ✔ 기존 커뮤니티를 위한 개발강화와 관리
- ✔ 다양한 교통선택기회 제공
- ✔ 예측가능하고, 공평하며, 비용효율적인 개발결정
- ✔ 개발결정에 있어 커뮤니티와 이해관계자간의 협력

Porter et al(2002)로 돌아가, 원칙을 하나씩 살펴본다.

25 www.smartgrowthamerica.org, www.smartgrowth.org; 윤혜정, 2002: 10.

3.4.1 고밀도 복합용도 개발

1930년대까지는 본격적 교외확산이라는 것을 찾을 수 없다(Porter et al, 2002: 14):

> 미국에서 식민지가 처음 만들어지고 1930년대까지는, 마을과 도시 건물이 대체적으로 밀집 개발된 형태이다. 토지이용 형태도 주거와 상업이 혼재하는 복합용도개발 형태이다. 밀집된 덩어리 형태 개발이, 치안 확보에 용이하다. 사람들이 걸어다니기 때문에, 이런 밀집된 형태는 여러가지를 활성화 시킨다. 상거래, 행정, 사교, 종교 및 문화 활동이 다 활성화된다.

1930년대부터 자동차 시대가 되면서, 교외확산이 생겨난다(14쪽):

> 하지만 자동차 소유로 인해 도로만 있으면 어디서나 살 수 있게 되기 전까지는, 도시 주민은 직장이 가까운 큰 도시에 거주한다. 산업지구 근처에는 노동자 동네가 여기저기 자리잡는다. 소매상은 주거용 건물 1층에서 장사를 한다. 상가나 철로의 근처에는, 부자가 자기들만의 동네를 여기저기 이루면서 산다.
>
> 자동차를 살 수 있는 선택지가 늘어남과 동시에, 많은 도시는 주거만 가능하도록 토지 용도 규제를 시작한다. 공장의 소음/매연 그리고 번화가의 번잡함/이런저런 불미스러운 일, 이런 걸 미연에 막고 싶은 것이다.

고밀도 복합용도 개발은 단독주택 중심 주택단지로부터의 탈피를 의미한다. 〈그림 3.7〉은 고밀도 복합용도 개발이 잘 이루어진 사례를 보여준다. 그림의 알링턴Arlington[ɑ́ːrliŋtən] 사례는 미국 전형적인

〈그림 3.7〉 Arlington 지역의 대중교통과 고밀도 개발

교외와는 다른 모습을 보인다. Arlington은 2002년 똑똑한 성장 우수사례로 뽑힌다.[26]

복합용도개발 기법 몇 가지이다(13-28쪽):

- ✔ 건물내 다양한 용도의 배치
- ✔ 소매, 기업/개인 서비스, 공공, 문화 등 용도를 시내에 섞어 배치
- ✔ 업무지구에 주거 및 소매 기능 추가
- ✔ 상업지구에 주거용 건물 건설
- ✔ 업무지구나 상업지구를 건설하면서 인근 주거지와의 통행로 연결

26 United States Environmental Protection Agency

복합용도개발과 밀집개발이 가지는 장점이다(13-28쪽):

✔ 농지 숲 등의 공지 보존 통한 생태계 복원 거주민 삶의 질 향상
✔ 인구밀도 높아지면 학교, 전기, 도로 등 기반시설 건설비용 감소
✔ 일터, 학교, 가게 등 일상 목적지 거리 줄면서 통근시간 감소
✔ 사람들이 손쉽게 만나게 됨으로써 이웃이 가까워짐
✔ 사람들로 하여금 걷고, 자전거 타고, 대중교통 사용하도록 유도
✔ 다양한 사람들이 요구하는 다양한 서비스 한곳에서 제공
✔ 지역정체성을 가진 장소 구현이 가능

3.4.2 공지보존(空地保存)

개발되지 않고 비어있는 땅이 중요한 이유이다(Porter et al, 2002: 31-32):

✔ 습지: 다양한 종의 서식지, 홍수피해 감소, 수질개선
✔ 범람지: 홍수피해 감소, 경기장 건설 등 여가활동에 활용
✔ 녹지: 다양한 종의 서식지, 환경적 미적 가치
✔ 농지: 곡물생산, 미적가치, 농업관련 체험활동의 기회 제공
✔ 도심공지: 여가활동이나 공공활동을 위해 활용

미국도시계획협회는 '녹색기반시설green infrastructure'이라고 불리는 체계적인 접근을 강조한다(32-33쪽):

> 서로 관련된 빈 땅을 하나의 전체적 체제로 만들고 또 사람이 만든 구조물과 같이 엮음으로써, 똑똑한 성장에서 공지의 가치는 크게 올라갈 수 있다. 도로 기반시설, 수자원 기반시설, 하수 기반시설과 같

은 맥락이다. 똑똑한 성장 입장에 보자면, 녹색 기반시설은 공동체 삶을 지탱하는 기본적 체제이다.

미국도시계획협회는 녹색기반시설 정의를 이렇게 내린다. 자연 그대로의 땅, 보존지역, 사람이 쓰고 있는 땅이 합쳐져 연결망이 된다. 연결망을 다음에 기여한다. 자연 생태계를 지키고, 공기의 질을 유지하고, 수자원을 유지하고, 미국 공동체와 주민의 건강과 삶의 질을 향상시킨다.

미국 플로리다 탬파 근처의 Villa Rosa라는 동네의 개발을 예로 들고 있다. 한 건설회사 Westfield Development Corporation 주도로 플로리다 탬파 근처 631 에이커 (1 acre = 1,224평) 땅을 녹색기반시설 개념으로 개발한다. 주택단지 여러 곳을 주변과 연결시킨다. 생태통로, 습지, 빽빽한 침엽수 숲, 연못, 사람들이 놀러 나오는 공간을 택지와 결합한다(33쪽).

3.4.3 교통수단 다양화

똑똑한 성장이 제시하는 대안이다(Porter et al, 2002: 53):

- ✔ 대도시권역 내부와 대도시간을 체계적으로 연결하는 고속도로와 간선도로
- ✔ 고속도로와 연계된 지역의 도로망
- ✔ 고속도로 운행 줄여줄 지역도로, 대중교통망, 산책 및 자전거도로
- ✔ 한번 가서 여러 일을 볼 수 있는 복합용도이며 걷기도 쉬운 지역 중심지
- ✔ 교통수단들이 적절히 균형 잡히게 하는 규제

이러한 대안이 나오는 맥락을 이해해보자. 먼저 똑똑한 성장이 보기에, 미국 교통 관할은 너무 제각각이다(46쪽):

> 고속도로는 대체로 주정부가 건설한다. 대체로 연방정부 돈을 가지고 건설한다.
>
> 지방에 건설되는 새 도로 경우는, 또 다르다. '교외 동네subdivision'와 상업지구를 만드는 업자가 계획하고 건설한다. 그러고는 대체로 '군county' 같은 지자체에 넘겨진다.
>
> 대체로 주차장은 업자가 짓는다. 지방정부나 '하나의 정해진 과세를 위해 설정된 지역taxing district'이 주차공간이 부족한 도심에 주차장을 건설하는 경우도 있다.
>
> 대중교통은 대체로 지역 교통을 책임지는 기관에서 제공한다. 연방정부 돈이 들어오면, 교외 지자체도 버스 운행을 한다. 사람과 자전거가 다니는 길은, 대체로 교외 동네와 사업지구를 만드는 업자가 만든다.

따라서 무엇이라고 얘기하기가 힘들어진다(46쪽):

> 공적 차원 사적 차원 그리고 주, 광역, 지역 정부가 관여한다. 이런 저런 다른 교통 체제에 관여한다. 각자 따로 따로 논다는 이야기이다. 이렇게 되면, 수요가 어느 정도 있는지 판단이 어려워진다.

모순이 생겨난다(47쪽):

> 대도시권 이동은 대부분 광역적인데, 거의 모든 개발은 지역에서 진

> 행된다. 하지만 교통을 광역 문제로 삼고 토지 용도를 지역 문제로 두면, 일이 꼬인다. 광역 단위 상업시설 승인이 이를 보여준다. 위치한 곳에는 세금 혜택을 주지만, 주변 지자체에게는 교통 체증을 안겨준다.

책에서 제시하는 성공적 예는 샌디에이고San Diago Association of Governments SANDAG 경우이다. 지역 부가가치세를 고속도로와 대중교통에 쓴다.

책에서는 구체적 내용이 나와있지 않아, 독자가 홈페이지https://www.sandag.org/ 검색을 통해 판단할 것을 권유한다.

하여튼 이렇게 꼬인 교통 문제를 해결해 보려는 시도가 똑똑한 성장이다.

3.4.4 더 살기 좋게 만들기

거주민이 더 살기 좋게 만들기 위해서는, 거주민들의 필요성에 맞추어야 한다. 삶에 필요한 다양한 요소들을 내놓아야 한다.

주변적 인간들을 위한 주택이 필요하다는 것을 강조한다. 생각보다 많은 주민들이 주변적인 삶을 산다(Porter et al, 2002: 70):

> 거주비의 문제는 가난하지 않은 사회구성원들의 삶에도 깊숙이 관여한다. 막 직장생활을 시작하고 대학등록금 대출금을 상환하는 젊은이, 교사 간호사 소방관과 같은 그리 많지 않은 월급을 받는 전문직 종사자, 노인복지제도와 연금에 의지하는 늙은이가 이러한 예이다.
>
> 이러한 이들의 주거수요를 주택시장이 감당하지 못한다는 것을 지역 공동체가 인식하고 문제해결을 위한 조치를 취할 것을 똑똑한 성장론은 촉구한다.

똑똑한 성장론은 생애주기를 고려한 거주형태를 제안한다(70쪽):

> 삶의 다양한 시기를 살고 있는 사람들이 필요로 하는 거주환경을 제공함으로써, 지역민들이 품위있게 나이들 수 있게 할 수 있다. 상이한 소득수준의 사람들을 위한 주거환경과 생애주기에 맞는 주거환경이라는 두 개의 개념은 다양한 주거형태제공을 의미한다.
>
> 임대주택과 자기소유주택, 처음 장만하는 수준의 집과 넓혀가는 집, 가족이 살기 좋은 집과 개인이 다른 사람들과 같이 사는 집과 같은 다양성이 핵심이다.
>
> 예를 들어, 처음 필요한 주택은 주로 임대해서 거주하면 된다. 처음으로 구매하는 집과 넓혀가는 집은 동네에 있는 다양한 거주지들 사이에서 선택하면 된다. 자식을 떠나보냈거나 연로한 주민들은 그 동네에 있는 연립주택이나 노인요양소를 선택함으로써 지역공동체에 남아 있을 수 있다.

좋은 학교가 좋은 동네를 만든다. 학교는 지역과 연계되어야 한다(73-75쪽):

> 살기좋은 동네에서는, 학교가 보통 큰 역할을 한다. 학교는 회의가 열리는 곳이다. 투표도 하러 간다. 음악과 연극을 보러 가기도 한다. 스포츠 행사가 열리기도 한다. 아이가 있는 가족에게, 학교는 사회적 상호작용의 중심지이다 … 그래서 학교 주변에 공원과 놀이 시설을 배치하는 설계를 하기도 한다 … 학교 시설을 지역 녹지 체계와 연결시키기도 한다. 지역 녹지라는 자원을 학교 교육에 활용하기도 한다. 연결된 녹지는 환경 교육을 위한 살아있는 교실이 된다.

일거리가 있어야 살기 좋다는 상식을 현실로 만들어야 한다. 현재 가지고 있는 자산에 기초한 지역경제 활성화를 이야기한다. 클리블랜드 도심에 있는 쇼핑센터Lee-Harvard shopping center 재단장이 하나의 예이다. 시청과 여러 지역단체가 합심해서 쇼핑센터를 다시 활성화 시킨다(75쪽).

일자리 창출을 위해 그 외에도 다음과 같은 전략을 제시한다(76쪽):

- ✔ 주민 대상 직업훈련
- ✔ 지자체가 가지고 있는 땅을 이용한 개발
- ✔ 시작하는 사업체를 위한 저렴한 공간 제공
- ✔ 구직 도움 서비스 제공

3.4.5 재개발과 충전개발

똑똑한 성장 재개발 사례는 미국 메릴랜드 도심 재개발사업이다. Bethesda[bəθézdə] 이다. 이름은 신약성경에 나오는 예루살렘의 '베데스다 연못Pool of Bethesda'에서 유래한다. 수도 워싱턴 북서쪽에 위치한 교외 시가지이다.

도심 서쪽 다섯개의 블록이 서로 붙어있는 'Bethesda Row'는 이전에는 철물점, 시멘트 공장, 구멍가게 등이 위치해 있는 주목받지 못하는 곳이었다.

상가 전문 부동산개발회사인Federal Realty Investment Trust에 의해 1998년부터 건설이 추진된 이 상업지구는 성공적이다. 멀리 떨어져 있는 사람까지 찾아오게 만든다(O'Neill, 2000: 83).

첫 번째 이유는 걷기 좋은 환경이다. 돌로 만든 길이 걷고 싶게 만든다.

〈그림 3.8〉 Bethesda Row

두 번째 장점은 공동체 공간 조성이다. 반즈 앤 노블Barnes & Nobles 서점 앞에 광장과 분수를 배치한다.

공동체 활동을 쉽게 할 수 있는 공간으로 만든 것이다.[27]

마지막으로는 지역민 입장 생각이다. 사업이 시작될 때, 주민들은 자신들의 가게가 없어질 것을 걱정한다. 미국 교외 어느 쇼핑몰에서나 볼 수 있는 것처럼, 전국적 가맹점으로 채워질 것을 우려한다. 투자회사는 지역가게와 전국적 체인들을 섞어서 상가를 조성한다 (O'Neill, 2000: 86).

충전개발充塡開發; infill development은 재개발과 조금 다른 의미이다. 개발이 되지 않은 빈터, 이전의 공업용지나 군사용지, 철거 후 방치된 곳과 같은 도심 빈 공간을 개발하는 사업이다.

27 http://www.epa.gov/smartgrowth/case/bethesda.htm 2009/09/18 접근

〈그림 3.9〉 Bethesda 공동체 공간

수도 워싱턴 버라이존 센터Verizon Center(2006년까지는 MCI Center)는 똑똑한 성장에 기반한 충전개발 사례이다.

이 건물의 신축은 공공부문과 민간부문이 협력하여 충전개발을 한다. 또 대중교통과 도보 이동에 중점을 둔다.

이 사업은 워싱턴 도심의 쇠퇴로 1970년대에 교외로 구장을 옮긴 두 팀이 도시로 돌아오는 의미를 지닌다.

건물터가 도심인 차이나타운에 위치해 있다. 또 방치된 공공기관 건물과 세탁공장터를 개발하는 사업이다.

기존 기름오염의 정화와 철거는 워싱턴 시 정부가 맡는다. 시 정부는 건물에서 전철역까지를 연결하는 새로운 도보 통행로를 만든다. 운동경기를 보러오는 관람객들의 60-65%는 대중교통수단을 활용한다.

건축은 프로하키팀인 Washington Capitals와 프로농구팀인 Washington Lizards 구단주인 Abe Pollin이 맡았다. 1995년에 건설이 시작되어서

〈그림 3.10〉 충전개발의 예: Verizon Center (구 MCI Center)

1997년에 완공된다(O'Neill, 2002: 62-63).

이 사업은 인근 지역의 개발을 촉진시킨다. 스포츠와 공연 뿐 아니라, 상업지구로서 입지를 굳힌다.[28]

이 개발은 '충전개발'이라는 정의 그대로 의미를 가진다. 도심의 버려진 동네를 활성화 한 것이다(Benfield, 2001: 44):

> 사실 MCI 센터는 1968년 마틴 루터 킹 목사 살해를 계기로 한 폭동으로 황폐화된 곳이다. 그 이전에는 번화한 도심 상점거리이다. 가게가 다 교외로 옮겨가 버린 것이다. 1980년대를 기점으로 도심 나아지긴 한다. 하지만 새로운 개발은 더 서쪽에서 이루어진다. MCI 센터가 자리잡은 동네는 방치된 상태로 있었다. MCI 센터 건립이 이 지역 분위기를 바꾸는 역할을 한다. 현재는 수도 워싱턴에서 가장 좋은 사무실 그리고 상가 입지이다.

28 www.wikipedia.org 〈Verizon Center〉 2009/09/11 접근.

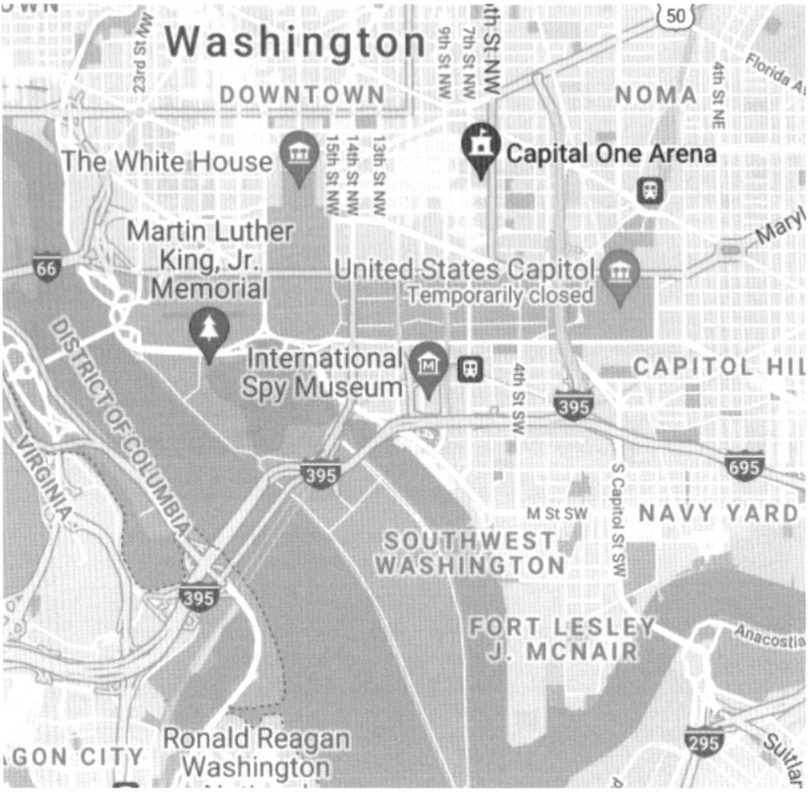

〈그림 3.11〉 Capital One Arena 위치도

참고로, 2017년부터는 Capital One Arena로 불린다.

3.5 교외확산, 전원도시 운동

여기서 다시 교외확산으로 돌아가서, 이론적 근거를 살펴본다. 전원도시 운동garden city movement 이다.

도시의 삶의 질이 낮은 상황에서 나온 움직임이다. 혼잡, 전염병

만연, 공장 매연, 범죄 등등의 문제가 심각한 때에, 대안으로 나온 것이 전원도시이다.

농촌 도시라는 이분법에서 벗어난 나름대로 참신한 접근이다.

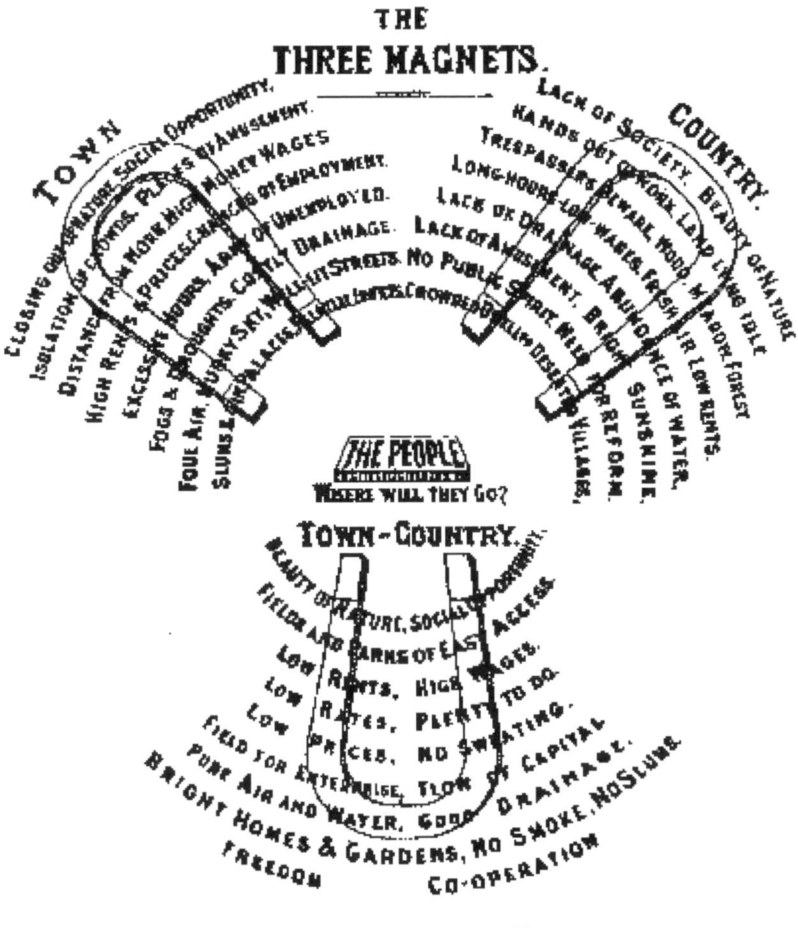

〈그림 3.12〉 세 개의 자석[29]

29 https://commons.wikimedia.org/wiki/File:Howard-three-magnets.png

세 개의 자석 그림은 에베네저 하워드Ebenezer Howard 책 '내일의 정원도시Garden Cities of To-morrow'에서 나온다. 원래 1898년 발간된 책이다.

그림 설명은 다음과 같다. 2006년 조재성, 권원용 번역판에서 인용한다(Howard, 2006: 23-5):

> 문제는 근로 계층이 농촌에 살면서 농업 이외의 일에 종사하는 것이 현재에도 불가능하고 앞으로도 영원히 그럴 것인 양, 과밀하고 비위생적인 도시들이 경제학의 결정판인 양, 농촌과 산업이 뚜렷하게 대비되는 현재의 산업 형태가 앞으로도 지속될 것인 양 일반적으로 간주되고 있다는 사실이다.
>
> 이러한 오류는 여론에 표현된 대안들 이외의 다른 대안의 가능성을 무시한다는 공통점을 갖고 있다. 실제로는 항상 가정된 것처럼 2개의 대안 - 도시생활과 농촌생활 - 만 존재하는 것이 아니라, 농촌의 아름다움과 환희, 그리고 가장 원기 왕성하게 활동하는 도시 생활의 장점이 완벽하고 조화롭게 결합된 세 번째의 대안이 마련되어야만 한다. 그리고 이러한 삶을 영위할 수 있는 확실한 방법은 우리 모두가 분투해서 자석을 만들어내는 것이다.
>
> 이 자석은 우리의 혼잡한 도시에서 다정한 어머니처럼 행복과 부와 권력이 있는 대지의 한복판으로 사람들을 자발적으로 이동시키는 자석을 의미한다.
>
> 그러므로 도시와 농촌은 두 개의 자석으로 간주되는데, 각각은 사람들을 양자의 성격을 갖고 있는 새로운 형태의 삶이 참가하는 경쟁으로 끌어들이도록 노력한다.
>
> 이것은 ' 세 개의 자석The three magnets' 그림으로 묘사되는데, '도

시Town'와 '농촌Country'은 장점과 단점을 동시에 갖고 있는 것으로 보이는 반면 '도시-농촌Town-Country'은 각각의 단점에서 자유로워 보인다.

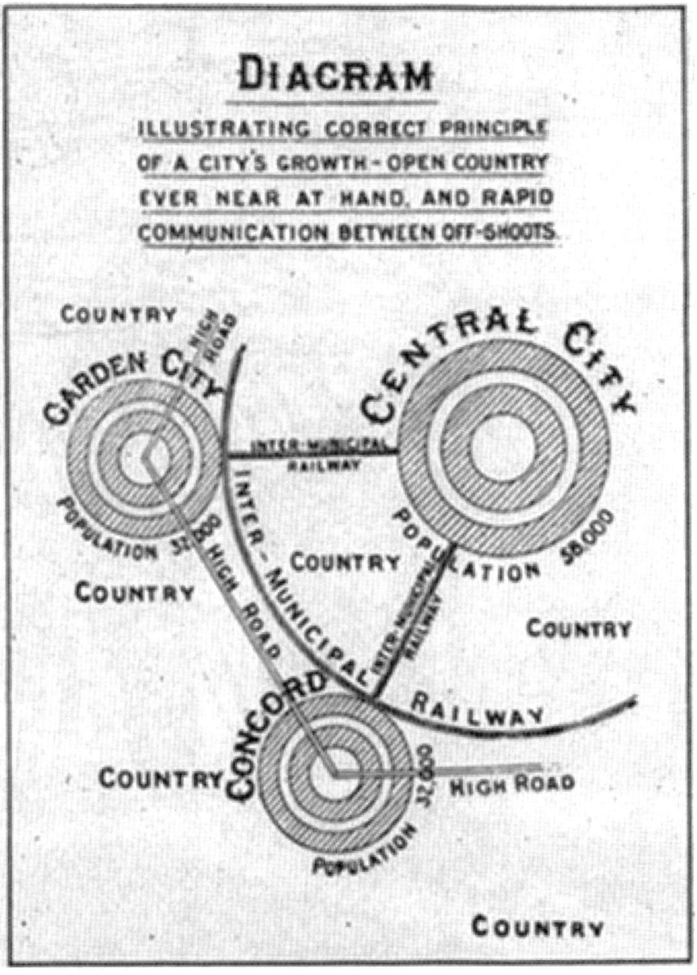

〈그림 3.13〉 도시성장의 정확한 원리[30]

30 https://commons.wikimedia.org/wiki/File:Lorategi-hiriaren_diagrama_1902.jpg

전원도시 구체적 모습이다(160-163쪽):

> 잠시 오스트레일리아의 한 도시의 경우를 생각해 보자. 이 도시는 어느 정도 필자가 지향하는 원칙을 잘 보여준다. 161쪽의 약도에 자 나타나듯, 아델레이드Adelaide 시는 사방이 '공원 부지'로 둘러싸여 있다. 도시는 건축이 완료되었다. 그렇다면 도시는 어떻게 성장할 것인가? 도시는 '공원 부지'를 건너뛰어 북부 아델레이드를 건설함으로써 성장한다. 그것은 바로 이것이 전원도시가 추구하는, 하지만 개선을 통해 지향하는 원칙이 될 것이다.
>
> 이제 이 개념도가 이해되리라 생각된다. 전원도시는 완성되었고, 인구는 3만 2,000명에 도달했다. 그럼 이제 어떻게 성장할 것인가? 아마도 국회의 입법 권한을 빌려 도시의 '농촌' 지역 너머 약간 떨어진 곳에 다른 도시를 건축함으로써 성장하며, 따라서 신도시는 그 도시 고유의 농촌 부지를 갖게 될 것이다 …
>
> 따라서 전체적으로 한 그룹에 속한 각 도시의 거주민들은 비록 소도시에 살지만, 어떤 의미로는 매우 아름다운 거대도시 안에 살기 때문에 그에 따른 모든 혜택을 누릴 수 있다. 동시에 단지 말끔한 공원과 정원 뿐 아니라, 걸어서든 수송 수단을 이용해서든 수 분 안에 도달하여 들판과 산울타리와 삼림 지대 같은 전원의 모든 신선한 즐거움을 만끽할 수 있다.
>
> 이렇게 되기까지 우리는 우리의 도시들을 에워싼 농촌 구역 벨트를 보존하는 성장 원칙을 끝까지 고수한다.
>
> 그리고 이 아름다운 도시군의 건축된 부지는 그곳 주민들이 그들 모두의 능력을 결집하여 소유하고 있기 때문에 공공 건물, 교회, 학교와 대학들, 도서관, 미술관, 극장 등은 대지가 개인의 볼모가 된 이

세상의 다른 어떤 도시들도 감히 제공할 수 없는 장대한 규모를 지니게 된다 …

우선 외곽 고리상의 모든 도시들을 연결하는 총 길이 20 마일의 도시 간 철도가 환상형으로 부설될 것이며, 따라서 한 도시로부터 가장 먼 이웃 도시로 가기 위해서는 단지 10 마일, 시간상으로는 12분만 가면 된다. 이 기차는 도시 간에는 정차하지 않을 것이며, 이 목적을 위한 교통수단은 간선로를 따라 놓이게 될 기사 전차 선로에 의해 제공될 것이다. 한편 각 도시는 이 간선로의 수만큼 도시군 내의 각기 다른 도시들과 직접 연결되는 하나의 직선 도로로 연결된다.

또한 각 도시와 중앙 도시를 직접 연결하는 철도 체계가 있어서 각 도시로부터 중앙 도시 중심부까지의 거리는 3과 1/4 마일에 불과하며, 이는 5분이면 충분히 도달할 수 있는 거리이다.

3.6 신도시주의, 도시확산

똑똑한 성장과 비슷한 이론이 또 있다. 신도시주의 New Urbanism 이다.

신도시주의 핵심을 살펴본다(Michigan Land Use Institute, 1995). 첫 번째는 압축된 형태의 걸어다닐 수 있는 동네이다. 자전거와 대중교통이 주요 교통수단이 된다.

두 번째는 고밀도 복합개발된 주거지이다. 단독주택, 아파트, 연립주택이 어울려 있다. 보통 주거지보다 훨씬 고밀도로 개발된다.

세 번째는 공적공간으로서의 주민센터 존재이다. 공원이나 광장이 공공/상업 건물로 연결되는 식이다.

네 번째는 자영업, 사무실, 학교, 시민회관을 포함하는 동네 디자인이다. 각 건물이 서로 1/4 마일 이상 떨어져서는 안 된다. 1/4 마일은 402 미터 이다.

다섯 번째는 모든 도로는 연결되어 있어야 한다. 골목 만드는 것을 권장한다. 교외 단독주택 동네에 주로 있는 막다른 길cul de sac 은 없어야 한다.

다음 책에 나오는 교외확산 비판을 살펴본다.

- Katz, Peter. 2007(2006).『뉴어버니즘』임희지, 정재용, 장경철 역. 아이싱크 커뮤니케이션즈. *The New Urbanism: Toward and Architecture of Community* McGrew Hill.

미국 교외확산은 단편적으로 진행되었다(Katz, 2007: 28-29):

> 제 2차 세계대전 이후로 교외는 보다 다양한 성격들을 받아들여 왔다. 한때 중심도시와 구별되던 도시기능은 고객과 노동시장을 따라 변하기 시작했다. 산업활동 역시 넓은 대지에 낮은 건물로 펼쳐진다는 점과 빠르게 확장되는 광역 고속도로 네트워크에 접하기 쉽다는 점 때문에 이끌려 들어갔다. 1950년대 초반부터 지역쇼핑센터가 교외에서 번성하기 시작했다.
>
> 1970년대에는, 기업들이 교외를 새로운 인력시장으로 인정하게 되면서, 화이트칼라의 '배후 오피스back-offce'들로 의해 교외에 새로운 주택수요가 생겨났다. 교외는 일자리가 없는 여성들로 넘쳐났고 그들 대부분은 잘 교육받았으며, 노조의 구성원도 아니었지만 직업을 갖기를 원했다.

그럼에도 불구하고 이러한 개발은 단편적으로 발생했다. 은행가들, 건설업자들, 그리고 계획가들은 분리된 용도와 계층적이고 자동차 중심적인 교통 네트워크의 틀을 이러한 새로운 개발유형으로 확장시키는 기준들을 발전시켰다. 능률적인 토지이용 허가과정은 각 상가계획과 주거계획을 그들 주변의 개발과는 거의 관계가 없는 그 자체로만 고려되는 것으로 만들었다.

결과적으로 쇼핑몰, 사무실 그리고 주거지역들은 쉽게 간선도로나 고속도로의 입체교차로 근처의 보다 덜 밀집된 지역으로 뛰뛰기leapfrog식 개발을 하였고, 주변 환경과 시작적, 공간적 관계가 거의 없는 상태가 되었다.

그리고 결과적으로 이런 저런 문제점을 가져온다(29쪽):

교외생활의 초석인 주택소유권은 증가하는 세대수를 따라잡을 수 없었다. 대부분의 가정은 전통적인 단독 세대를 표현하는 일하는 남편과 주부 그리고 두 아이들이라는 전형과 부합하지 않았고, 대형 필지의 주택은 점점 더 현대사회와 어울리지 않게 되었다.

저밀도 단독주택지 개발을 위한 기반시설 투자비는 너무 엄청나다. 북부 캘리포니아에서는 이상적인 세 개의 침실, 두 개의 욕실과 세대의 주차가 가능한 차고를 가진 1,000 m² 대지는 건축비를 제외하고도 3만달러 가량이 들어가며, 이것은 맞벌이 부부조차도 감당할 수 없는 것이 현실이다. 더욱 어려운 점은 터무니 없는 자동차 비용이다. 두 대의 차를 유지하는데는 1년에 10,000 달러 이상의 비용을 지불해야 한다.

저밀도로 확산된 교외개발은 교외가 약속한 질을 손상시키고 있다. 첫째, 갈수록 많은 여가시간을 통근하는데 사용하고 있다. 하루 한 시간의 통근시간은 일주일이면 10 시간을 소비하게 한다. 주택과 직장이 떨어져 입지해 발생하는 교통정체는 사람들의 통근하는데 2시간 또는 그 이상의 시간을 소모하게 한다.

둘째, 차에 대한 의존은 운전을 못하거나 차를 소유할 수 없는 사람들에게 엄청난 영향을 준다. 어린이들은 누군가 운전해 주지 않고서는 학교를 가거나 다른 활동들에 참여할 수 없다. 독립적인 사회생활을 위해 차를 필요로 하는 십대들은 차를 구입하기 위해 방과 후에 공부와 사회봉사활동을 할 수 있는 시간을 낭비하면서 직업을 갖는다. 운전면허를 상실한 나이든 사람들은 더 이상 상점에 갈 수도, 의사를 방문할 수도 없다.

셋째, 교외가 오염된 산업도시에 대해 건전한 대책을 제공해 왔다고 하지만, 자동차들은 현재 특히 LA, 덴버나 휴스턴 같은 대도시의 교외에서 무시무시한 대기오염을 만들어내고 있다.

끝으로, 갈수록 많은 지역에서 매력적인 시골풍경이 사라져 가고 있다. 심지어 존 스타인벡John Steinbeck 이야기에 등장하는 살리나스 계곡Salinas Valley 마저 위협받고 있다.

가장 문제가 되는 것은 교외확산과 도시재개발이 도시생활에 가져왔던 영향이다. 사회학자들은 물리적 설계가 사회적 조건을 만들어내거나 반영하는 범위에 대해서 논쟁한다. 그러나 최근의 대도시 정주 패턴은 사회적, 계층적, 그리고 인종적 분리를 더 악화시켜왔고 서로 다른 배경과 견해를 가진 사람들이 서로를 만날 수 있는 공동의 장의 중요성을 떨어뜨렸다. 그들은 도시사회와 경제적 쇠퇴를 개선하지 못하고 더 악화시켰고, 도시문제의 새로운 상징을 만들었다. 사람들을 주택과 자동차로부터 소외시키고 균질적인 고립지대 속으로 세대를 분리시켰다. 그 결과, 20세기 후반의 대도시 교외는 매우 적극적으로 변화하는 도시의 생동감을 대신하지도 못했고, 갈수록 다양성이 증가하는 우리 사회가 필수적으로 요구하는 도시의 책임을 담당하지 도 못했다.

3.7 아름다움 추구하는 신도시주의

똑똑한 성장보다는 신도시주의가 더 아름다움을 추구한다고, 저자는 생각한다. 건축, 조경, 디자인 전문가가 많이 참여한 결과물일 수도 있다.

● Congress of the new urbanism. 2000. 『뉴 어바니즘 헌장』 안건혁, 온영태 공역. 한울.

도시 디자인 운동으로서 면모가 확실히 있다(Congress of the new urbanism, 2000):

> 우리는 응집력 있는 대도시권의 기존 도심 및 타운의 복원과 팽창하는 교외를 제대로 된 근린주구近隣住區와 다양한 지구地區로 이루어진 커뮤니티로 재형성하고, 자연환경을 보존하며 우리의 건조유산을 보전하기 위해 매진하고자 한다.
>
> 우리는 물리적 해법만으로 사회경제적 문제를 해결할 수는 없지만, 물리적 틀을 긴밀하게 뒷받침시키지 않는다면 경제적 활력, 안정된 커뮤니티, 그리고 건강한 환경을 지속시킬 수 없다는 인식을 가지고 있다.
>
> 우리는 다음과 같은 원칙을 지키기 위해서 공공정책과 개발행위의

개혁을 주창한다.

- 근린주구는 용도와 인구에 있어서 다양해야 한다.
- 커뮤니티 설계에 있어서 자동차뿐만 아니라 보행자와 대중교통도 중요하게 다루어져야 한다.
- 도시와 타운은 어디서든지 접근이 가능하고, 물리적으로 규정된 공공공간公共空間과 커뮤니티 시설에 의해 형태를 갖추어야 한다.
- 도시적 장소는 그 지역의 역사, 기후, 생태, 그리고 건축관행을 존중하는 건축 및 조경설계에 의해 틀이 짜여야 한다.

우리는 공공과 민간부문의 지도자, 커뮤니티 운동가, 그리고 여러 분야의 전문가들로 이루어진 광범위한 시민계층을 대표한다. 우리는, 시민이 참여하는 계획 및 설계를 통해 건축의 예술성과 커뮤니티 형성작업의 관계를 재정립하기 위해, 협회를 조직했다.

〈그림 3.14〉 신도시주의 Seaside, Florida[31]

우리는 우리의 주거住居, 블록, 가로街路, 공원, 근린주구, 지구, 타운, 도시, 지역, 그리고 물적物的 환경을 개선하는데 헌신하고자 한다.

저자가 판단하기에, 신도시주의는 똑똑한 성장과 비슷하면서도 또 다르게 더 미를 추구하는 면이 있다.

〈그림 3.15〉 신도시주의 Beach Drive, St. Petersburg, Florida[32]

31 https://commons.wikimedia.org/wiki/File:Seaside,_Florida.jpg

32 https://commons.wikimedia.org/wiki/File:St_petersburg_florida_downtown.JPG

〈그림 3.16〉 신도시주의 Post Office in Celebration[33]

33 https://commons.wikimedia.org/wiki/File:Post_office_in_celebration.JPG

4

근대화론, '집중된 분산'이라는 개입, 종속이론

근대화 이론은 서구 사회를 따라 하기만 하면, 더 좋아진다는 전제를 깔고 있다. 서구인이 유럽 중심 세계관을 가지고 만든 이론이기 때문이다. 산업혁명과 프랑스 혁명을 새로운 세계로의 관문으로 여긴다. 전통과 근대라는 이분법이 성립하는 원천이다.

그래서 현실적으로 낙관적이다. 대부분 가난한 나라에게 선진국처럼 하면 된다는 믿음을 심어준다.

월트 휘트먼 로스토우Walt Whitman Rostow 경제성장 단계는 이러한 측면을 잘 보여준다(Rostow, 1960: 9-10):

- ✔ 전통적 사회
- ✔ 변화의 기반이 마련되어 가고 있는 과도적 사회
- ✔ '도약'에의 결정적 과정에 처해 있는 사회
- ✔ 새 방법과 전망이 경제 전반에 보편화하고 있는 성숙과정 사회
- ✔ 고도의 대량소비의 단계에 달한 사회

4.1 근대화론

근대화론의 이런 낙관적 진화론은 도시화에도 적용된다. Adna Weber(1967)의 책*The Growth of Cities in the Nineteenth Century* 경우가 대표적이다. '시골the country'보다 진화론적으로 나은 공간이 '현대 도시the modern city' 이다.

자연스러운 힘이, 사람들을 시골에서 현대 도시로 이끈다. 바로 '자율적 시장self - regulating market' 이다.

시장의 힘은 자연스럽다(Weber, 1967; Timberlake, 1985: 4-5):

> 경제발전 혹은 고립된 사회경제 집단의 통합은, 상업도시로 인구가 집중하게 한다. 유사하게 … 마을 경제로부터 세계 경제로 가는 산업사회의 성장과정의 한 측면인 시장의 확대는, 제조업 집중과 산업도시 혹은 상업도시로의 인구 집중을 가져온다.

도시로 인구가 집중되는 현상은, 이러한 시장경제의 결과물이다. 농업에서 기계를 사용하게 된다. 이에 따라 사람들은 도시로 이주한다.

도시가 주변을 장악하는 방식에 있어서도, 전통과 현대는 차이가 있다. 현대에서는 시장이 중요하다. 산업화이전에는, 도시가 주변을 힘과 조직력으로 지배한다. 산업화가 되면 달라진다. 한 도시가 주변지역에 대해 가지는 지배력은 생산 효율성이다(Keyfitz, 1965).

통신과 교통의 발달 역시, 돈의 지배를 부추긴다.

> 통신수단이 발전되고 이동이 자유로워짐에 따라, 세계는 거미망 형태에 기초해 조직된다. 경계는 모두 다 점차 의미를 상실한다. 이는 지

> 역적이건 국가적이건 마찬가지이다. 테두리가 아닌 경로에, 사람들의 관심이 더 집중된다.
>
> 경쟁은 더 이상 문화나 정치 영역 간에 벌어지지 않는다. 지역과 중심지 간에 현대 경쟁은 이루어진다.
>
> 정치적 경계는 계속 관심의 대상이다. 하지만, 이에도 불구하고 이 관심의 현대적 의미는 군대 이동에 대한 것이 아니다. 상품 이동에 대한 것이다(McKenzie, 1927: 32).

Sjoberg(1967: 215)는 세 단계로 도시화를 나눈다. 산업화 이전 시대, 전환기, 산업화 시대이다. 하지만 강조하는 바는 마찬가지이다. 상업과 산업이다(Sjoberg, 1967: 229):

> 산업화 이전 도시와 비교하자면, 산업도시는 종교나 행정 시설보다는 상업이나 산업 시설 주위에 더 집중하는 경향이 있다.
>
> 물리적 뿐 아니라 상징적으로도 그렇다. 전형적 산업도시의 경우에는, 상업과 산업 용도의 고층 건물이 종교와 행정 시설을 압도한다.

이런 근대론자는 도시의 형태와 기능을 간단하게 설명한다. 시장과 기술에 대한 적응 결과이다(Smith, 1988: 4).

자유로운 시장의 힘이 가장 효율적이다. 정부개입은, 불필요하거나 낭비적이다(Kasarda, 1980: 340; Smith, 1988: 4에서 인용).

특히나 미국에서는 시장 중심 시각이 지배적이다. 정책 개입 목적은 시장 선도가 아니라 부작용 감소로 이해된다(Gurr & King, 1987: 7).

시장에 대한 맹목적 신앙이 없는 미국 도시 연구자에게서도, 시장에 대한 믿음은 흔히 나타난다.

미국 대도시 쇠퇴를 다룬 Bradbury, Downs & Small(1981: 19)은 시장의 힘이 이상적인 결과를 가져온다는 가정에 반대한다.

하지만 미국 교외화와 도심 거주지 쇠퇴를 '흘러내림trickle-down' 결과로 본다(Bradbury, Downs & Small, 1981: 165). 교외에 새로 생기는 고급주택지를 중산층과 상층이 차지하고, 도심에 비어있는 열악한 주택지에 하층이 '흘러들어' 간다.

"시장의 힘은 너무 강력해서 이를 무시하는 정책을 시도하는 것은 바보짓이다(Bradbury, Downs & Small, 1981: 166)"라고 얘기하기도 한다.

시장이 모든 것을 공간적으로 분배한다. 경제 성장 초기에는 자원이 한 도시로 몰리면서 규모의 경제가 형성된다. 인구집중이 심화된다(El-Shakhs, 1972). 하지만 이후 어떤 시기에 다다르면, 교통 통신 생산 소비 각각에서의 변화로 경제활동이 분산화된다. 도시들 사이에 존재하는 종주성宗主性; primacy 역시 감소한다. 이것 역시 흘러내림trickle-down 이다. 인구집중이 발전 초기에 증가하며 절정에 달했다가 경제가 성숙함에 따라 서서히 감소한다.

풀어서 설명해보자! 성장 초기에는 한 도시에 자원이 집중된다. 기술과 생산을 위한 경제적 수단의 발전은, 공간적으로 집중된다. 이렇게 중심으로 끌어당기는 힘은, 조그마한 지역 단위 뿐 아니라 전국 단위로도 작동한다. 기존 설비를 갖추고 있고, 외부 경제[34] 효과를 누

---

34 外部經濟 external economies
시장거래를 통하지 않은 생산자나 소비자의 경제활동이 직·간접적으로 제3자의 경제활동 및 생활에 영향을 미치는 것으로 그 영향이 이익이면 외부경제, 손해면 외부불경제라고 한다.
외부경제로는 기업 밖의 요인인 비용의 절약을 통한 관련 산업의 발달, 입지조건의 변화, 산업의 집중으로 인한 수송비 인하 등을 들 수 있다. 반면, 산업발전과 더불어 증가하는 대기오염과 소음 등의 공해가 사회에 입히는 불이익이 커지면

리고, 또 정치력을 가지기 때문이다. 이래서 제일 큰 도시가 더 커진다. 종주성이 커지는 것이다.

하지만 어느 단계에서 분산기제가 작용한다. 교통 통신의 발전과 생산요인의 변화가 일어난다. 대도시 높은 임금이 가져 오는 경제적 비효율성이 하나의 예이다. 이는 경제활동의 공간적 분산으로 이어진다. 따라서 지역격차가 줄어든다.

4.2 John Friedmann 집중된 분산

존 프리드먼 경우는 독창적이다. 여기서는 1965년 저서를 인용한다.

- Friedmann, John. 1965. *Regional Development Policy* MIT Press: Cambridge, MA.

먼저 근대화 이론을 따르는 이와 마찬가지로, 시장을 전제로 한다. 지방 거점도시를 육성하는 '집중된 분산concentrated dispersion'을 정책 대안으로 제시한다. 이유는 바로 경쟁적 시장을 전제로 하기 때문이다. 국가나 지역 모두 경쟁에 직면해 있기 때문에, 공간적 평등을 지향하는 정책도 효율성을 따져 실행해야 한다.

서 외부불경제의 주요 요인으로 부각되고 있다. 외부경제효과가 발생하는 경우 시장기구가 완벽하게 작용한다 해도 이상적인 자원의 배분을 실현할 수 없다.
외부경제의 예로는 과수원과 양봉업자 간의 관계를 들 수 있으며, 외부불경제의 예로는 공해를 배출하는 공장 옆에서 농사를 짓는 경우와 같은 대기오염이나 지구온난화로 인한 피해, 공공장소에서의 흡연 등을 들 수 있다. - 시사상식사전, pmg 지식엔진연구소, 박문각.

한데 근대화 이야기와 달리 비관적이다. 시간이 지나면 시장이 자연히 불평등을 해소하지는 않는다고 믿기 때문에, 비관적이다.

기존 '중심지-주변부center-periphery' 공간 이론을 검토하면서, 몇 가지 자신의 비관적 생각을 밝힌다.

첫째, 중심지 주변부 관계는 기본적으로 '식민지적colonial' 관계이다(12쪽). 이러한 식민지적 관계는 주변부로부터의 '사회해체dispalcement'를 가져온다(12쪽).

둘째, 주변부가 주로 농산물과 같은 1차 산업 생산물을 공급하는 한 지역간 거래 조건은 중심 도시에 유리하다. 중심지 생산 공산품은 점점 더 비싸게 거래된다. 멀리서 생산되는 농산물에 비해 상대적으로 그러하다(13쪽).

이러한 경향이 존재하는 곳에서는, 상황이 더 나빠질 수도 있다. 국내 공장을 돕기 위해 수입 공산품에 관세를 높게 물릴 수도 있고, 정부 통제나 보조금 지급을 통해서 주식이 되는 농산품 가격을 인위적으로 낮게 유지할 수도 있기 때문이다(13쪽).

셋째, 심화되는 지역 불균형이 가져오는 정치적 압박으로 인해서, 자원이 주변부로 흘러가게 하는 경우가 생긴다. 한데 이러한 경우에는 중심지 성장을 지체시키고, 또 결과적으로 나라 전체에 부정적 영향을 미칠 수 있다.

그리고 지역 불평등 해소를 위한 노력을 주장한다. '집중된 분산' 같은 효율적 정책을 국가가 실행해야 한다.

이런 정책 제안은 국가 개발 단계와 지역 정책 도식화를 기반으로 한다.

존 프리드먼은 시장을 그대로 두면 안 된다고 주장한다. 완전한 정보 획득과 자본과 노동의 자유로운 이동이라는 전제하에 규제되지 않는 시장 경제는 균형 상태로 돌아간다는 학설, 다시 말하자면 가만

〈표 4.1〉 국가 개발 단계와 지역 정책

경제유형	1950~55 GNP에서 공업 비중 /해당 국가	국가경제 성장에 있어 지역정책의 중요성	정책강조점
공업화 이전	0~10% /탕가니카 (현 탄자니아) 파라과이 볼리비아 아프가니스탄 캄보디아 버마(현 미얀마)	지역정책 언급이 부적절[35]	경제개발 전제조건 조성
전환기	10~25% 베네수엘라 브라질 콜롬비아 터키 인도 파키스탄 이라크 멕시코	중요	공업화로의 전환을 버티고 나갈 공간적 조직을 조성
공업화 과정	25~50% 프랑스 이탈리아 서독(현 독일) 일본 이스라엘 영국 캐나다 호주	조금 남아있음[36]	침체지역 문제, 지역 재개발, 공동 시장 조직을 위한 공간적 조정
공업화 이후	비율 하락 미국	다른 새 주제가	도심 재개발, 대도시 권역 내부에서 중요해짐 공간적 질서와 순환, 빈 땅 지키기와 아름다운 도시 풍경 만들기

놔두면 자본은 국가 전체의 생산을 줄이지 않고도 고생산성 지역에서 저생산성 지역으로 흘러간다는 이야기는, 잘못된 것이다.

역사적 경험은 그 반대로 나타난다(14쪽):

> 불균형은 전환기 사회에 처음부터 박혀 있다. 기술 혁명은 계속 이어진다. 수요 그리고 공급 변화는 굉장히 빠르고 또 그 결과는 얼마나 큰 결과를 초래한다. '제한적marginal'이라고 부를 수 없는 수준의 파급효과를 보인다. 반박할 수 없는 사실은 다음과 같다. 한 국가의 경제 개발에서 지역간 격차가 좁혀지는 일은 저절로는 일어나지 않는다.

이론처럼 저절로 불평등이 해소되지 않는 이유는 다음과 같다(14-17쪽).

> ✔ '수확체감의 법칙diminishing returns'이 중심지에 적용되지 않는다. 세계에서 제일 큰 대도시권에서도 계속 성장이 일어난다. 이론이 맞아들어가지 않는 것이다. 한 나라의 주변부에서 새롭고 더 생산성이 높은 기회를 찾을만한 가능성이 별로 없다.
>
> ✔ 주변부에서 투자 기회를 잘 찾지 못한다.
> 주변부에 비해 중심지 가능성을 투자가가 더 높게 보는 경향이 있다. 주변부에 대한 지식 부족이 흔하다. 중심지에서의 새 투자가 더 쉽다. 대도시 환경을 기업이 더 선호한다. (도시 생활에서 벗어나 쉬는 경우를 제외하고는) 주변부에는 우연히 관심을 가져서 투자하는 경우가 없다.

35 inappropiate

36 vestigial

✔ 중심지 생산 물건에 대한 수출 수요

지역 수출에 대한 수요 때문에, 중심지 성장이 이루어질 수도 있다. 주변부에서 나는 농산품에 대한 수요보다 중심지에서 생산되는 공산품 수요가 더 빨리 늘어날 수 있다. 이런 경우는 이론과 반대로 현실이 진행된다. 고임금을 받는 중심지에 자본과 임금이 더 빨리 늘어난다. 중심지 주변부 격차는 더 심해진다.

✔ 국가 전체 시장과 중심지 시장의 일치화

중심지가 등장하면, 현대적 물품을 다루는 국가 전체 시장은 중심지에 집중된다. 이러면 시장 수요를 노리는 산업과 서비스가 또 다시 중심지에 몰린다. 누적적 성장의 순환이 시작된다. 반대로 주변부에는 원자재 접근성이 필요한 기업만 입지한다. 한 나라가 성장을 계속할수록, 이러한 기업이 차지하는 비중은 떨어진다. 생산액과 고용이라는 측면에서 그러하다.

✔ 중심지에 '4차 서비스quaternery services' 업종이 자리잡는다.

금융, 교육, 연구, 정책수립, 통제와 같은 다양한 분야 서비스는 언제나 그리고 거의 대부분 중심지에 입지한다. 중앙정부의 서비스 역시 마찬가지이다. 이러한 서비스 집중은, 공업 발전을 촉진한다. 뿐만 아니라 중심지를 기술 혁명의 영구적 핵심 공간으로 만들어 버린다. 주변부에 막 입지한 경쟁사보다, 중심지에 막 입지한 기업이 유리해진다. 이는 다시 자본이 중심지나 중심지 인근에 자리잡도록 한다.

✔ 중심지는 다양한 인구 구성이 가지는 장점을 누린다.

중심지에는 외국인이 많다. 이들은 새로 사업을 시작하려는 열의가 높다. 외국인 뿐 아니라 국내 여러 곳에서 온 사람이 중심지에 모여 있다. 이러한 문화적 이질성은 '혁신innovation' 그리고 '위험감수risk taking'로 이어진다.

✔ 계속되는 사회경제적 변화에, 주변부는 적응을 잘 못한다.

주변부에서 빠져 나가는 사람들은, 사실 제일 필요한 사람들이다. 가장 젊고, 가장 사업에 뛰어들 태세가 되어 있고, 제일 교육을 많이 받은 이들이 빠져나간다. 전통적 가치를 가진 사람이 쭉 계속 주변부 공동체를 이끌게 된다.

현대적 기업에 투자할 지역 자본이 별로 없다.

큰 규모의 일을 벌리기에는, 주변부는 너무 가난하다. 그리고 지방정부는 보통 중앙정부가 잘 봐주기만 바란다.

지역의 문제를 국가 전체의 관점에서 볼 수 있는 능력과 또 그렇게 보려는 의지가 부족하다. 엉뚱한 투자를 한다. 지역의 방향을 효과적으로 조정해 상승효과를 가져올 기회를 놓친다.

프리드먼 책 마지막에 나오는 요약 일부를 인용한다(99-101쪽). 맥락 이해를 위해서이다.

1. 공업화로 전환하는 국가경제에서, 보통 지역 정책이 문제로 제기된다.

2. 중심지-주변부 (공간적 불균형) 모형으로, 이런 나라 경제의 공간구조가 잘 설명된다. 하나의 강력한 중심 지역이, 나머지 공간 경제를 곁가지로 만들어 버린다. 자원도 메마르고, 인력도 부족하고, 자본도 없는 상태로 만들어 버린다.

3. 이러한 불균형은 구조적 현상이다. 그렇기 때문에, 시장의 자동적 작동은 공간적 균형을 회복시키지 못한다. 처음부터 있는 구조적 불균형을 더 심화시킨다. 평형을 유지시키는 힘이 작동하는 곳에서조차, 지역 격차가 해소되어 균형을 이루는데에는 실제로 몇 세대가 걸릴 수도 있다.

4. 지속적 중심지-주변부 관계는 그 나라에 해를 끼친다. 지역간 극단적 복지 수준의 격차를 만들어낸다. 새로운 산업이 비효율적 입지에 들어서게 한다. 정치 불안을 야기한다. 하나의 중심지로의 빠르고 거대한 도시화가 일어난다. 이런 현상은 국내 소비 시장 발달을 저해한다.

5. 공간 경제는 어떠한 형태이든 상호작용하는 관계 체제로 보아야 한다. 중심지-주변부 모형은 이를 증명한다. 국토 전체에 걸친 상호의존성을 감안해서, 한 지역의 개발도 바라보아야 한다.

6. 체제로서의 공간경제 때문에 그리고 상식적 시간틀 내에서는 그냥의 균형 복원력으로 불균형을 해소하기 어렵기 때문에, 전환기 경제에서는 반드시 국가 차원에서 지역 계획 정책이 이루어져야 한다.

7. 지역 정책을 세우는 가장 큰 목적은 경제성장이다. 편중되지 않은 다양한 투자 사업을 벌리고 또 이를 지역 고유의 지리적 맥락에 맞추어 전개해야 한다. 그래야 효과적 정책 목표 달성이 가능하다.

8. 사회간접 자본 분야에서 공공투자를 이끌어 내는 방식으로 주로 진행된다. 경제활동 방향을 이끌기도 하고, 가계 단위 정착 입지를 결정하기도 한다.

…

15. 주변부에 새로운 핵심지역을 활성화시키는 것이 해답일 수 있다. 전환기 공간 경제의 구조적 불균형을 줄일 수 있다.

4.3 착취와 불평등 도시화: 종속이론

종속이론을 이해하는 데에는 준비가 필요하다. 우리는 시장 작동에 대해 당연시한다. 이러한 태도를 잠시 버려야 한다.

다른 곳을 바라보는 것이 도움이 될 수 있다. 공정무역fair trade 입장을 보자.

가난한 나라에서 수출되는 커피, 차, 과일이 너무 싸다. 즉 가격이 공정하지 않다. 공정하지 않은 것은 가격 뿐 아니다.

가난한 나라 생산자의 삶도 공정하지 않다. 학교와 병원도 없고, 제초제와 농약에 시달리며 산다.

경제학을 한번 보자. 당연하게 받아들이는 데이비드 리카르도David Ricardo 비교우위 개념이 있다. 종속이론은 이를 부정한다.

Andre Gunder Frank(1983: 20-2) 입장이다:

> 포르투갈은 포도주를, 영국은 직물을 생산했다고 하자. 이 때 생산물의 교환이 자원의 교환을 초래함은 사실이지만, 모든 생산물이 자원 및 생산능력에 미치는 영향에 있어서 동일하지 않은 것 또한 사실이다. 우리가 아는 바와 같이 직물생산은 공업능력을 증대시키는 한편 포도주 생산은 농업능력을 증대시킨다. 그 결과 영국은 공업화되었고 포르투갈은 그렇지 못했다.
>
> 그러나 리카르도가 말한 것이 절대적 우위가 아니라 상대적 우위였던 만큼, 이 이론이 어떻게든 관계가 있기 위해서는 두 국가는 각각 두 상품 모두의 생산능력을 가져야만 했다.
>
> 나로서는 영국이 포도주를 생산했는지 모르겠으나 포르투갈이 직물을 생산하고 있었음은 분명히 알고 있었다. 리카르도 식의 정책이 메

> 투엔Methuen 협정과 그 이전의 세 차례 영국·포르투갈 무역협정으로 나타난 결과, 포르투갈은 공업화에 역행, 더욱 저개발화 되었으며 동시에 영국에서는 반대의 현상이 일어났던 것이다.
>
> 문제는 여기에서 그치지 않고 더욱 심각해졌다. 리카르도의 이론은 두 가지 산업, 즉 포도주 생산과 직물생산만이 있는 것으로 가정했다. 그리고 그가 교환, 즉 무역이란 비용도 들지 않고 직접적인 이윤도 없는 것이라고 전제하지만 사실은 그렇지 않다. 포도주·직물무역과 관련된 운송에서부터 재정 그리고 판매에 이르기까지 모든 것이 영국인들의 수중에 있었다. 그들은 포르투갈과 브라질에서 포르투갈 산 양모·원료·포도주 통을 매점했다. (이 모든 일이 벌어졌던 시기를 주목하는 것도 의미가 있다. 메투엔 조약은 1703년에 맺어졌다. 초기의 세차례 무역협정이 있을 때마다 영국은 포르투갈에 대한 권력을 더욱 강화시켰으며 이들 중 맨 처음의 협정이 1647년까지 거슬러 올라가고 리카르도가 처음 '비교 우위의 법칙'을 주장한 해는 1817년이었다.)
>
> 이러한 영국 · 포르투갈의 관계가 원인이 되어서 포르투갈의 개발수준이 영국의 그것에 미치지 못하게 되었다는 상대적 의미에서의 결과가 초래되었을 뿐만 아니라 더욱 중요하게는 오늘날 이른바 저개발이라고 하는 것의 구조가 대부분 이때 형성되었다.

경제발전 단계도 한번 바라보자. 후진국에서 선진국 발전 전제는 보통 당연시된다.

종속이론은 이것도 부정한다(Frank, 1972: 3):

> 경제발전이 연결된 몇 개의 자본주의 단계를 거쳐 이루어진다고들 이야기한다. 오늘날 저개발 국가는 선진국이 아주 옛날에 넘어선 단계에 있다고들 이야기한다. 역사의 처음 단계라고 얘기한다.

하지만 역사를 조금만 공부해도 이런 인식이 잘못되었다는 것을 알 수 있다. 저개발은 원초적이거나 전통적이지 않다. 저개발 국가의 과거 그리고 현재는, 선진국 과거와 전혀 다르다.

현재 선진국은 저개발 경험이 없다. 개발되지 않은 적은 물론 있다.

저개발국 국가 자체의 문제 때문에 현재 그 상태라고도, 많이들 이야기한다. 정치, 경제, 사회, 문화 특성이나 구조가 언급된다.

하지만 역사는 달리 판단한다. 변두리 저개발국과 대도시 선진국 둘 사이의 관계가 저개발 원인이다. 이 관계의 과거와 계속되는 현재가 원인이다. 이 관계는 경제적이기도 하고 또 다른 측면을 가지고 있기도 하다. 자본주의 체계 전 세계 전체 구조 그리고 발달 과정을 보아야 한다. 선진국 저개발국 관계는, 이 전체를 이루는 핵심적 일부이다.

이제는 마음의 준비가 되었을 것이다. 본격적으로 종속이론 주장을 살펴본다.

'중심지-위성metropolis-satellite' 관계가 있다. 여러 중심지-위성 관계가 전세계 자본주의 경제 전체를 구성한다(Frank, 1972: 5-6):

남미 지역의 수도나 무역 도시와 이 곳으로부터의 수출은 위성 역할을 한다. 이베리아 반도 중심지의 위성이다.

한데 남미 한 국가의 수도나 무역도시는 동시에 중심지 역할을 한다. 중심지에서 떨어져 있는 곳에서의 생산과 그곳 사람에게는 중심지이다.

중심지-위성 관계에 대해서는 세 가지 가설을 제시한다(Frank, 1972: 9,10,13):

> 1. 각 국가의 (혹은 그에 종속된) 중심지는 위성 지위 때문에 발전이 제한된다. 어느 곳의 위성도 아닌 세계적 중심지의 발전과는 대조적이다.
>
> 2. 중심지와 관계가 가장 약할 때, 위성은 가장 큰 경제 발전을 경험한다.
>
> 3. 현재 가장 낙후된 곳은 과거 중심지와 가장 관계가 밀접하였던 곳이다. 예전에 중심지에 원자재나 자본을 가장 많이 공급하던 곳이다. 이런 저런 이유로 중심지로부터 버림받은 곳이다.

종속dependency 성격에 대해서도 설명한다. 크리스토퍼 콜럼부스 이후로 유럽인이 들이닥치자, 중상주의적 자본주의가 시작된다. 금 은 채굴에 원주민이 동원된다.

이러한 상황에서의 종속적 행태가 저개발을 낳게 한다(Frank, 1972: 22-3):

> 남미 중심지 거주 자본가 손에 남아 있는 여유 자금은 그러면 어떻게 되는가? 이러한 식민지 경제에서는, 수출이 남는 장사이다. 따라서 남미 국가 내부에서는 불균등한 소득 분배가 일어난다. 그러면 내수 구매력이 약하다. 내수 시장을 노리는 제조업에서 이윤이 잘 나지 않는다. 그러면 국내 자본가는 남는 돈을 수출에 재투자한다. 혹은 수입에 투자한다. 자본가 자신이 소비하는 사치재를 수입해 들어온다. 선진국 중심지에 있는 자본가와는 행태가 다른 것이다. 남미 자본가는 생산에 투자를 하지 않는다. 성장이 꾸준히 일어날 수 있는 사회

> 적 조직을 만들지도 않는다. 선진국 동업자가 식민지 관계를 유지하는 한, 남미 자본가는 저발전 악순환을 스스로 계속 유지시킨다. 시공간적 예외는 있지만, 이러한 식민지 관계는 지금까지도 계속된다.

이제 이러한 '종속적 도시화' 개념을 활용한 연구를 하나 살펴보자. David Smith(1985)는 필리핀 이야기를 한다. 지배엘리트 거주의 마닐라 집중을 다룬다. 이를 시대적 산업변화와 병렬시킨다.

19세기초부터 '수출입항Entrepôt'으로서의 입지에 기반한다. 마닐라 성장이 본격화된다. 유럽 제국주의 국가로의 농산물 수출 기능에 기반한다.

종속적 도시화 모습의 전형이 마닐라 같은 동남아 도시이다(Smith, 1985: 216):

> 동남아 이런 도시에서는, 상류층과 일반인 사이의 경제 격차가 엄청나다. 도시 기능은 원자재를 보내는 것이다. 그 대신 고가 사치재 수입이 조금 일어난다. 권력을 가진자에게 일반인의 구매력이나 생활수준은 관심 밖이다. 이런 경제적 종속과 주변화는, 자본주의 작동에 매달리는 자리잡은 도시 특권층을 만들어낸다 …
>
> 자리잡은 도시 특권층은, 도시 그리고 공간 형태에 큰 영향을 미친다. 의사결정이 이들 손에 달려있기 때문이다 …
>
> 결과는 '하나의 점에서 여러 갈래로 뻗어나가는dendritic' 교통망이다 …
>
> 세계체제에서 동남아 역할 역시 집중과 도시간 격차를 부추긴다 … ISI〈import substitution industrialization 수입 대체 산업화〉는 가장 큰 도시에 잘 맞아 들어간다. 숫자는 작아도 말을 잘 듣는 노동자

가 있고, 어느 정도 기술 훈련이 되어 있고, 부유한 소비자가 몰려있기 때문이다.

다시 한번 정리해보자! 사실 서구에서의 도시화 역시 자본가 계급과 함께 시작된다(Castells, 1973: 13-14). 중세에서 도시는 해방을 의미한다. 봉건주의와 중앙집권과의 투쟁의 장소이다. 자유를 얻어 나가는 상업 자본가 계급의 공간이다. 이어서 공장을 돌리는 산업자본가의 도시지배가 이어진다.

종속이론에 의하면, 전 세계 차원에서도 마찬가지이다. 서구의 대도시가 착취하고, 나머지 제삼세계가 당하는 구조이다.

Frank(1972: 59-60)는 아르헨티나와 우루과이 예를 든다. 영국이 국제 지배질서를 장악하는 상황에서, 남미의 농산물과 천연자원이 필요해진다. 대신 영국에서 만들어진 공산품과 사치품이, 남미의 교역항으로 향한다.

여기서 독자가 하나 알아둘 것이 있다. Frank를 포함한 종속이론가는 이러한 교환이 불평등하다고 주장한다. 구체적 근거는 제시하지 않지만, 서구와의 교역이 단절된 세계대전 기간에 남미의 경제가 건강한 산업화를 이룬 사실과 같은 정황을 제시한다.

다시 이러한 종속이 가져오는 공간적 파급효과를 살펴보자! 종속적 관계는 다층적으로 계속 이어진다. 라틴아메리카의 가장 낙후된 촌락이 위성satellite이라면 주변의 지방도시는 중심지metropolis이다. 촌락에 대한 착취의 중심지이다. 예를 들어, 지대를 받거나 일차상품의 집결지 역할을 한다. 이런 관계는 지방도시와 국내 주요 도시간에도 형성된다. 더 나아가 국내 주요 도시와 세계적 도시와도 위성-대도시 관계는 유지된다.

쉽게 설명하자면 이러하다! 세계적 자본주의와 연결됨으로써 전통적 사회에서는 변화가 일어난다. 런던이나 뉴욕에서 필요로 하는 농산품이나 자원을 생산하는데 혈안이 된다. 이러한 물품은 교역항으로 집결된다. 교역항이 자리잡은 도시는 농장의 주인이나 광산의 주인과 같은 지배층의 터전으로 성장한다. 외국인도 특별한 사람으로써 좋은 자리를 차지한다. 이러한 높은 사람들을 위한 서비스 산업도 이 교역항 도시에서 발달한다. 도시 규모가 커지면서, 내수 시장을 노린 제조업도 이 도시에 자리잡는다. 촌으로부터 이 도시로 이어지는 거미망 형태의 교통망이 생겨난다.

London(1979) 역시 방콕에서의 지배엘리트 거주가 착취구조와 연결될 뿐 아니라 기능적 집중을 가져온다고 이야기한다.

5

세계적 불평등? 세계도시, 세계체제

John Friedmann 세계도시 가설로 시작한다. 공간에 있어서, 이제 세계화된 불평등 양상을 이야기한다.

1986년 Development and Change 학술지에 "The World City Hypothesis" 제목으로 발표된 논문이다.

5.1 John Friedmann 세계도시 가설

그의 세계도시 가설은 7가지로 구성된다.

- ✔ 세계 경제와의 연결이 결정적이다. 하나의 도시가 어떻게 구조적으로 변할지를 결정한다. 세계경제와 결합된 방식과 정도, 그리고 새로운 공간적 노동분업에서 한 도시에 주어진 역할 이 두 가지가 결정적이다.

- ✔ 국제적 자본이 세계도시를 활용한다. 조직의 거점으로 활용한다. 상품을 생산하고 소비하는 곳으로도 쓰인다.

✔ 세계적 통제 기능은 세계도시에 직접적으로 반영된다. 생산 및 고용이 어떻게 구조화되고 또 어떻게 변화하는지가 직접적으로 반영된다.

✔ 기업 본사, 국제 금융, 세계적 교통망 및 통신망, 고차원적 기업서비스가 대표적 세계적 통제 기능이다. 광고, 회계, 보험, 법률이 고차원적 기업서비스이다.

✔ 세계도시는 국제 자본의 터전이다. 국제 자본이 모이고 또 규모를 더 불리는 곳이다.

✔ 국내에서 그리고 다른 나라로부터 사람들이 몰려드는 곳이다.

✔ 세계도시가 되면서 산업 자본주의의 모순이 드러난다. 공간적 계급적 양극화가 한 예이다.

✔ 비용이 감당할 수 있는 한계를 초과한다. 세계도시로의 성장은 주거, 교육, 의료, 교통, 복지 분야에서의 사회적 비용을 수반한다. 국가의 재정적 능력을 넘어선다.

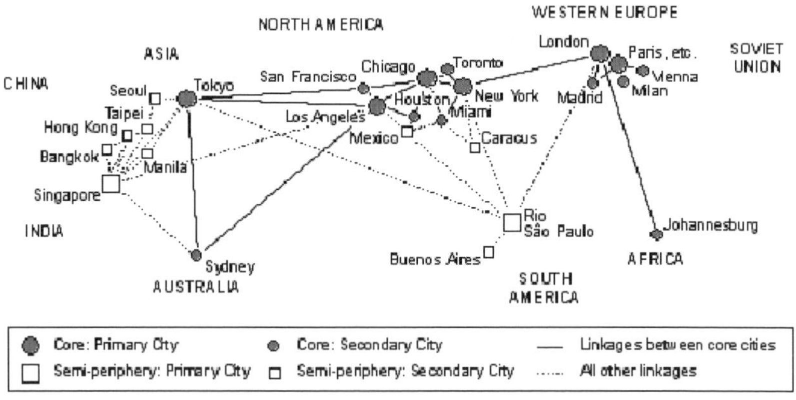

〈그림 5.1〉 John Friedmann 세계도시 지도

5.2 Saskia Sassen의 세계도시론

여기서는 Saskia Sassen 『경제의 세계화와 도시의 위기』 내용을 살펴본다.

원래 1994년에 나온 제목은 Cities in a World Economy, 남기범·유환종·홍인옥 1998년 번역본을 쓴다.

쇠퇴하는 제조업 자리를 차지하며, 1980년대부터 세계경제활동의 중심에 선 생산자서비스를 그는 주목한다. 생산자 서비스 범주의 핵심요소는 기업 시장과 소비자 시장을 함께 아우르는 넓은 산업 영역, 즉 보험, 은행, 금융, 부동산, 법률, 회계서비스이다(Sassen, 1998: 109).

이러한 생산자서비스의 증가는 자세히 살펴보면 세계화라는 현상과 직접적으로 연결되어 있다(Sassen, 1998: 126-127):

> 현대 대기업의 발달과 대기업의 세계시장 및 외국으로의 대대적인 진출은 기업 조직의 측면에서 기획, 내부경영, 제품개발 및 연구기능을 점차 중요하고 복잡하게 만들었다. 생산라인의 다각화와 기업합병 그리고 경제활동의 초국적화는 모두 고도의 전문기술을 필요로 한다 …
>
> 다입지적인 제조업, 서비스, 은행의 발달은 범세계적인 공장, 서비스 지점 및 지사들의 네트워크를 관리하고 통제하기 위해서 광범위한 전문 서비스 활동에 대한 수요를 증폭시켰다. 비록 이러한 활동들이 어느 정도까지는 기업내에서 수행될 수 있다 하더라도, 대부분은 그렇지 못한 실정이다 …
>
> 이는 소규모 기업들도 경영컨설팅이나 국제법률서비스 등을 구매할 수 있으며, 또한 세계 도처에 있는 기업이나 정부들도 구매할 수 있

다는 것을 의미한다. 이러한 접근성은 주요 대도시에서 생산자서비스 시장이 형성되는 데 기여하게 된다.

생산자서비스는 몇 개 도시에 집중된다(114-116쪽):

> 오늘날 전세계에 걸쳐 주요 국제 금융 중심지의 도심에는 금융과 특정 생산자 서비스가 고도로 집중되는 경향이 나타나고 있다.
>
> 토론토와 시드니로부터 프랑크푸르트와 취리히에 이르기까지, 모든 곳에서 금융지구의 전문화가 증가하고 있다.
>
> 이러한 경향이 미국과 같이 다극적인 도시체계에서도 분명히 나타나고 있다는 사실을 주목할 가치가 있다. 뉴욕시는 다른 부문에서는 상당한 쇠퇴를 겪으면서도, 금융의 집중이란 측면에서 최상위의 자리매김을 하였다 …
>
> 이러한 도시들은 전문화 경향과 함께, 수출지향적 서비스의 주요 생산지로 부상하였다. 뉴욕과 런던은 회계, 광고, 경영컨설팅, 국제법률 서비스 및 기타 사업 서비스의 선두적인 생산지이자 수출지이다.

생산자서비스의 증가는 새로운 형태의 불평등을 낳았다. 비서직과 빌딩 청소업자, 소프트웨어를 배달하는 운송업자, 다양한 기능공과 보수 작업자, 빌딩의 유지·보수, 페인트 작업, 개·보수에 관련된 다양한 직종(Sassen, 1998: 223)이 발달한다.

5.3 세계체제: Immanuel Wallerstein

이제 다음의 책에서 Wallerstein 주장을 살펴본다.

- 월러스틴, 이매뉴얼. 2005(2004). 『월러스틴의 세계체제 분석』 이광근 역. 당대. Immanuel Wallerstein. *World-systems analysis: An introduction* Duke University Press.

분석 단위를 기존 민족국가에서 하나의 세계로 바꾸는 것이 Wallerstein 방식이다(48쪽):

> 하나의 관점으로서 세계체제 분석이 출현한 것은 바로 이 시기, 곧 1970년대 초반이었다. 세계체제 분석은 분석단위, 사회의 시간성 그리고 상이한 사회과학 전공학문들 사이에 가로놓여 있는 장벽들에 대한 논의들을 일관된 논리를 통해서 통합하고자 하는 시도였다.
>
> 세계체제 분석은 무엇보다도 당시의 표준적인 분석단위였던 민족국가들을 '세계체제' 분석단위로 대체하고자 하였다.

세계체제론은 앞서 언급한 종속이론 맥락의 개념을 가져온다. 불평등 교환이라는 맥락이다(38-40쪽):

> 핵심부-주변부 개념은 제3세계 학자들이 기여한 중대 성과였다. 물론 1920년대의 독일 지리학자들이나 30년대의 루마니아 사회학자들은 이와 비슷한 개념을 쓰기도 하였다 …

> 그러나 이 주제가 사회과학자들 사이에서 초점으로 부각되었던 것은 전적으로 50년대에 ECLA: The United Nationas Economic Commission for Latin America를 이끌던 라울 프레비시Raúl Prebisch와 그를 따르던 라틴아메리카 판 '청년터키당' 덕분이었다. 이들은 국제무역은 결코 평등한 관계에서 이루어지는 무역이 아니라고 주장하였다. 곧 어떤 국가들(핵심부)은 경제적으로 다른 국가들보다 강하고, 따라서 이들은 무역을 통해 잉여가치가 약한 국가들(주변부)로부터 핵심부로 흘러가게 할 수 있다는 것이다. 나중에 이 과정은 '불평등 교환unequal exchange'이라고 불리게 되었다 …
>
> '종속'이론은 바로 이 모델 내부의 논쟁을 통해 그들 특유의 수정된 핵심부-주변부 분석을 발전시켜 나갔다. 이들 대부분은 정치적 혁명이 실질적인 평등의 실현을 위한 선결과제라고 주장하였다.

그래서 종속이론은 이 개념을 근대 자본주의 세계체제에 다른 개념과 연결해서 활용한다(49-51쪽):

> 물론 실제로 이 개념은 하나의 '세계경제' 형태를 띠는 '근대 세계체제'에 처음 적용되었다. 이 개념은 지중해에 관한 책에서 브로델이 사용한 용법을 차용하여, ECLA의 핵심부-주변부 분석과 결합시킨 것이다. 이를 통해 우리는 다음과 같이 주장하였다.
>
> 근대 세계경제는 하나의 자본주의 세계경제이다. 이 자본주의 세계경제는 역사상 최초의 세계경제가 아니라 그토록 오랜 시기동안 살아남고 번창할 수 있었던 첫 번째 세계경제이고, 그것은 이 세계경제가 자본주의적으로 되었기 때문에 가능하였다. 만약 자본주의적인 어떤 영역이 하나의 국가가 아니라 하나의 세계경제라면, 돕이 말하

> 는 봉건제에서 자본주의로의 내인론적 설명은 잘못된 것이다. 왜냐하면 이는 그 이행이 한 나라에서 일어나고 또 다음 나라에서 일어나는 식으로 동일한 세계체제에서 여러 번 일어났다는 것을 뜻하기 때문이다 …
>
> 프레비시의 범주들 또한 이에 통합되었다. 그리하여 하나의 자본주의 세계경제는 핵심부적 생산과정과 주변부적 생산과정간의 기축적 분업axial division of labor에 의해 하나의 세계로 인식되었고, 이 분업으로 인해 핵심부적 생산과정에 연루된 이들이 이득을 보는 불평등 교환이 나타났다는 주장이 제시되었다.
>
> 이러한 과정들은 특정 국가들로 군락이 형성되는 경향을 보였기 때문에, 약칭하여 핵심부 지역과 주변부 지역(심지어 때로는 핵심부 국가들과 주변부 국가들)으로 불리기도 하였다.
>
> 그러나 핵심부 혹은 주변부적인 것은 1차적으로 생산과정 자체이지 그 자체로 국가를 뜻하는 것은 아니라는 점을 명심해야 한다. 세계체제 분석에서 핵심부-주변부는 하나의 관계적 개념이지, 각각이 분리된 고유의 의미를 지니는 식으로 물화된 두 용어의 쌍이 아니다.

이 책은 기존 종속이론보다 한 걸음 더 나아간다. 왜 불평등 교환인지를 설명한다.

브로델 이론을 가져오면서, 독점에 주목한다(52-53쪽):

> 그렇다면 무엇이 어떤 생산과정은 핵심부적인 것으로 만들고, 어떤 것은 주변부적인 것으로 만드는가? 이에 대한 답은 특정한 생산과정이 상대적으로 얼마나 독점화되어 있는지, 아니면 반대로 상대적으로 얼마나 자유시장의 형태를 띠고 있는지에 달려 있다고 할 수 있다.

상대적으로 독점화되어 있는 과정은 자유시장 법칙을 따르는 과정에 비해 훨씬 많은 이윤을 거둘 수 있으며, 이에 따라 핵심부적 과정에 위치한 나라들일수록 그만큼 더 부유해졌다. 한 시장에서 여러 생산자들이 동일한 종류의 상품을 생산하고 경쟁하는 상황과 한 상품을 독점적으로 생산할 수 있는 상황 사이에는 명백하게 힘의 불평등이 존재한다.

따라서 핵심부와 주변부 간의 생산품 교환은 잉여가치(여기에서는 다수의 지역적 생산으로부터 얻은 실제 이익 중 상당 부분을 뜻한다)가 다수의 핵심부적 과정들을 보유한 국가들로 흘러 들어가는 궁극적 결과를 양산하였다.

두 가지 측면에서 브로델의 영향은 중대하였다. 첫째, 자본주의와 문명에 대한 후기 작업에서 브로델은 자유시장의 영역과 독점의 영역을 예리하게 구분하였다. 그는 독점의 영역만을 자본주의라고 불렀으며, 이는 결코 자유시장과 동일한 것이 아니라는 의미에서 자본주의는 바로 '반시장anti-market'이라고 주장하였다. 이 개념은 시장과 자본주의를 한데 묶어 이해한 (마르크스를 포함한) 고전경제학자들의 시각에 대한 실질적인 동시에 개념적이고 직접적인 공박이었다.

세계체제에 기반한 도시 이해는, 세계체제에서의 위치(중심지, 반주변부, 주변부)와 한 지역의 도시화를 연결시킨다.

David Smith(1985)는 필리핀과 한국을 비교한다. 한국의 지역격차는 필리핀에 비해서는 심각하지 않다. 이는 제조업을 키워 수출하는 산업화 양식을 반영한다.

5.4 세계화와 현재의 변화: Immanuel Wallerstein

Immanuel Wallerstein이 2000년 International Sociology에 게재한 논문 "Globalization or the age of transition" 내용이다.

15세기 세계적 자본주의의 성립 이래 세계화가 500년 동안 지속되어 왔다고 주장하는 세계체제론 역시 변화를 이야기한다.

현재를 '변환기the age of transition'로 본다. 1945년부터 글 쓴 2000년까지 시기를 하나의 긴 콘드라티예프[37] 주기로 본다.

성장기인 A국면은 1945년부터 1967-73년 사이이며, 쇠퇴기인 B국면은 1967-73년에서 글 쓴 시기까지이다.

세계대전이 끝난 1945년 미국은 안정된 세계질서를 위해 UN과 같은 국제기구를 창설하고 얄타Yalta 회담을 통해 소련과의 세계분할을 마친다. 또 미국산 제품의 소비처를 만들기 위해 마샬계획Marshall Plan으로 대표되는 우방에 대한 경제지원을 실시한다.

1960년대에 들어 서유럽과 일본은 미국과의 경제생산력 차이를 줄여간다. 자동차, 철강, 전자와 같은 주요 산업분야에서 이윤율이 하락한다. 1968년을 즈음해서는 서구와 일본을 비롯해 세계 여러 곳에서

37 Wallerstein(2005: 231)에 의하면 '콘드라티예프 주기(Kondrateiff cycle)'는 다음과 같이 정의된다:

"자본주의 세계경제의 팽창과 침체를 반복하는 기본적 주기이다. 이른바 A국면과 B국면으로 구성되는 하나의 주기는 보통 50~60년 동안 지속된다. 콘드라티예프 주기의 존재 자체에 대해서는 많은 경제학자들이 공박을 해왔다. 이 개념을 활용하는 학자들 사이에서도 무엇이 이 주기의 존재를 설명하는가, 특히 B국면에서 A국면으로의 전환을 어떻게 설명할 것인가를 둘러싸고 많은 논쟁이 있어 왔다. 콘드라티예프 주기는 1920년대에 이 주기들을 연구한 러시아 경제학자 니콜라이 콘드라티예프의 이름을 따서 명명되었다(그러나 그가 이 주기를 최초로 연구한 사람은 아니었다). 콘드라티예프 자신은 이 주기들을 긴 파동들(long waves)라고 불렀다."

미국의 세계주도에 대한 불만이 표출된 혁명이 일어난다. 1967-73이라는 기간을 정점으로 세계경제는 하강기에 접어든다.

1970년대는 실업율의 증대와 유가급등으로 표현될 수 있다. 1980년대는 라틴아메리카와 동유럽의 부채위기 그리고 동아시아의 눈부신 성장이 공존한다. 미국 레이건 대통령은 대출로 경기침체를 극복한다. 1990년대 일본 부동산 거품은 붕괴한다. 1990년대 말에는 동아시아 금융위기가 발생한다.

이러한 경기침체가 러시아와 브라질과 같은 곳으로 파생되고, 마침내 미국을 강타하면 콘드라티예프 주기 마지막 소국면을 맞이하게 된다.

이러한 변환기는 기존과는 다른 새로운 체제일 수 있다. 세계체제가 아닌 다른 역사적 체제일 수 있다. 다만 어떠한 결과가 나올 지는 아직 알 수 없다(Wallerstein, 2000: 263).

기존의 불평등한 체제를 유지하려는 세력과 민주적이고 평등한 새로운 체제를 만들려는 세력간의 정치적 갈등으로 이루어질 것이라는 점은 분명하다. 누가 누구를 동원할 수 있으며, 누가 상황을 더 잘 파악하고, 무엇이 실제 역사적인 대안들인가에 따라 달라질 것이다(Wallerstein, 2000: 263).

'1450년쯤에서 글 쓴 시점'까지의 세 가지 현실적 추세를 지목한다.

이 세 가지는 세계체제의 동력인 자본축적을 힘들게 한다. 따라서 변환기 도래를 초래한다.

첫째, 실질임금의 상승이다. 세계체제가 진행되면서 민주화가 진전된다. 노동자들은 고임금을 받으려 스스로를 조직화하고 행동에 나선다.

Wallerstein(2000: 259)에 따르면, 자신이 이 글을 쓰는 시점에서 25년 정도가 지나면 저임 노동자의 원천인 농촌지역이 세계적으로 거의 없어진다. 주로 침체기인 B국면 세계체제에서 임금인 싼 지역으로 생산지를 옮기는 자본가들의 전략이 먹혀들기 어렵다.

둘째, 원자재 비용 상승이다. 벌목할 나무와 오염시킬 강이 없어지면 처리비용은 기업이나 정부에게로 넘어간다. 결과적으로 자본축적을 어렵게 한다(Wallerstein, 2000: 261).

셋째, 세금증가이다. 치안수요 증가와 복지 요구 증대에 따른 관료조직 확대가 그 원인이다. 이런 추세에 의서 전세계적으로 자본축적이 어려워진다. 이에 불구하고, 국가의 해결 능력이 예전보다 없어진다. 치안과 같은 문제를 해결하지 못함으로써, 국가 정당성이 떨어지기 때문이다.

5.5 세계체제 논쟁: 언제부터?

세계도시 이론은 세계체제론에 기반을 둔다. 한데 세계체제의 구체적 내용에 대해서는 의견이 갈린다.

Janet Abu-Lughod(2006)은, 근대 서양 중심의 세계체제가 무장 포르투갈 선박이 인도양에 진출한 16세기부터 만들어졌다는 Wallerstein 주장을 반박한다. 그 이전인 13세기에도 여러개의 세계체제가 있었다는 것이다.

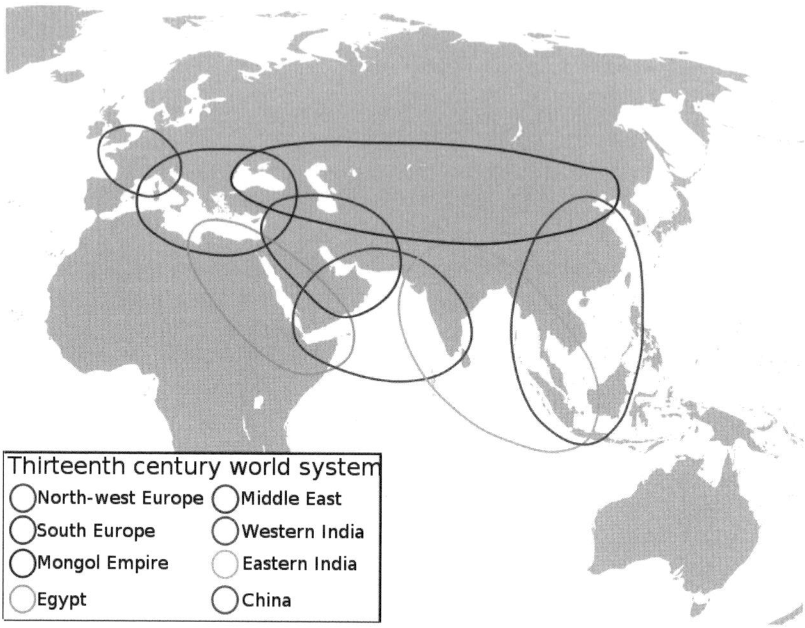

〈그림 5.2〉 13세기 세계체제[38]

세계체제는 가변적이다(Abu-Lughod, 2006: 396):

> 월러스틴이 설득력있게 주장했듯이(Wallerstein, 1974), 16세기 이래로 수세기에 걸쳐 점진적으로 출현했던 "근대" 세계체제는 특정한 지리적 구분과 대개 경계가 겹쳐 있던 상이한 생산방식(자본주의적, 반봉건적, 전자본주의적)에 준하여 위계에 따라서 조직되었다. 자본주의적 중핵 패권국은 북서 유럽에 위치했고, 농업적 반주변부는 지리적으로 동부와 남부 유럽에 집중되었으며, 그 밖에는 주변부에 위치했다. 그러나 이것이 세계체제가 택할 수 있을 만한 유일한 조직 형태는 아니다.

38 https://commons.wikimedia.org/wiki/File:Archaic_globalization.svg

> 앞에서 보았듯이, 13세기 세계체제는 아주 상이한 원리를 토대로 조직되었다. 단수의 패권국보다는 다수의 공존하던 "중핵" 세력들이 존재했고, 분쟁과 협력의 관계를 거치면서 13세기와 14세기 전반기 동안에 통합이 점점 더 강화되었다.
>
> 그 체제는 어느 단일한 패권국이 생산과 교역의 조건들을 타자에게 강제하지 않았다는 의미에서, 위계적이지 않았기 때문에 어떠한 지리적 실체도 중심에 위치하고 있었다고 말할 수 없다.

또 세계체제는 재구성된다(Abu-Lughod, 2006: 397,400):

> 체제를 조직하는 원리들의 가변성을 인정하는 것이 중요한 이유는 자명하게도 생명력이 있는 체제들이 역동적이기 때문이다. 체제들은 원리들의 변화에 따라서 재편성된다. 주요 생산 방식이 변환을 겪고 있는 사회들 내에서 그보다 오래된 사회 형태들이 생명을 연장해가듯이, 마찬가지로 하나의 주어진 조직 체제가 해체될 때에 오래된 부분들은 비록 그것들이 상이한 구조적 관계를 가지고 있을지라도 일반적으로 새것에 함께 통합된다 …
>
> 태고 이래로 유럽과 아시아의 대부분의 대륙을 통합하던 지리적으로 중심부인 "중핵 지역들"은 중앙 아시아와 인도양이었고, 나중에 거기에 지중해가 추가되었다. 이와 같은 중핵들은 고대 세계체제와 13세기 세계체제를 통해서 존속했다. 이 형태의 결정적인 재편은 북유럽이 대서양으로 진출하던 16세기에야 이루어졌는데, 그로 인해서 지중해는 오스만 제국의 세력도 뒤바꿔놓을 수 없는 침체상태로 남게 되었다(Braudel, 1972).

5.6 다국적 기업와 불평등: Stephen Hymer

여기서는 아래 두 학자의 1979년 책을 다룬다.

- Hymer, Stephen and Robert B. Cohen. 1979. *The multinational corporation : a radical approach* Cambridge ; New York: Cambridge University Press.

두 사람의 미래전망과 해결책부터 먼저보자!

> 미래는 어떠할 것인가? 현재 추세로는 더 다국적 기업 활동이 많아질 것 같다. 모든 큰 기업이 다국적 기업이 될 태세이다. 미국 뿐 아니라 유럽도 그러하다(62쪽).
>
> 다국적 기업은 어디든 자리잡고 또 어디든 연결시키려는 경향을 가지고 있다. 국가가 고립하거나 자립할 가능성을 없애버린다. 하나의 상호의존을 가져온다. 하지만 다국적 기업은 그냥 사적 제도일 뿐이다. 세상 전체를 보지 못한다. 국제사회의 협력이라는 문제에 대한 제대로 된 해결책을 제시 못한다. 평등보다는 위계질서를 만든다. 이익은 불평등하게 배분된다(72쪽) …
>
> 국가 계획을 수립하는 개별 정부와 전세계적으로 계획을 세우는 기업간의 큰 갈등이 생긴다. 예를 들어보자. 다국적 기업이 커지면서, 각 국가는 재정 통화 정책에서의 권한을 잃는다면(어떤 사람은 캐나다가 그러하다고 한다), 국가들 요구는 조정될까? 강력한 국가를 만들 수 있을 것인가? …
>
> 개발도상국이 이런 위기상황을 잘 활용하여 의사결정을 잘 해나갈

제도를 만들지는 예측하기 어렵다. 이전에는 개별 국가 중산층이 기회를 날려 버렸었다. 농업 부문을 쥐어짜서 공업을 발전시키는 방식이었기 때문이다. 국제 사회의 경제 양극화를 국내에 그대로 다시 만들었다. 필요한 것은 완전한 방향전환이다. 출발점은 하위 2/3에 속하는 사람들이다. 상위 1/3이 원하는 것이 아니다.

분석적으로 살펴보면, 결국 다국적 기업이 불평등의 주범이다(55쪽):

부 뿐만 아니라 가난도 체제가 만든다는, 즉 개발 뿐 아니라 저개발도 체제가 동시에 제조한다는 '불평등 개발의 법칙Law of Uneven Development'이 있다. 기업 진화의 마지막 단계는 이러한 법칙에 어떤 영향을 미치는가? 북대서양 다국적 기업 체제는, 기업 내부 수직적 노동분업에 상응하는 지리적 권역에 따라 다르게 작동하는 위계적 노동분업을 만들어 낸다.

20세기 미국 기업 구조의 변화와 주변 환경 변화는, 상품 판매와 원자재 확보라는 두 가지 형태의 해외 투자를 본격화시킨다(60-61쪽):

계속 변하는 시장에 대응하기 위해, 기업은 '사업별 조직multidivisional structure'을 갖춘다. 지엠General Motors 듀퐁Du Pont[39] 두 회사가 제일 먼저 여러 부문 조직을 가지게 된다. 1차 세계대전 직후이다. 1920년대와 1930년대에 몇몇 다른 기업도 다부문 조직을 가진다. 2차 세계대전 이후 호경기에는 거의 대부분 미국 거대 기업이 이러한

39 일반적으로 많이 쓰는 이름을 그대로 사용한다. 미국 발음은 t 발음 있는 [dju:pάnt]이다. 프랑스 출신이 세운 회사라 참고로 프랑스 발음을 알아보자. [dypɔ̃]이다.

구조를 채택한다.

진화의 이전 단계와 마찬가지로, 분화 통합 두 가지가 같이 일어난다. 기업은 몇 개의 사업부문으로 분산된다. 각 부문이 하나의 생산 라인을 갖추고 또 각자의 본부를 조직한다. 높은 단계에서는 각 부문 활동을 조정하고 기업 전체 계획을 맡는 '총괄본부general office'가 만들어진다.

새 형태는 엄청난 유연성을 보여준다. 분산 구조 덕분에, 하나의 새로운 부문을 만들면 새 시장에 진출할 수 있다. 나머지 부문은 영향받지 않는다. (그리고 정도는 덜 하지만 나머지 사업별 조직에 별 영향 없이 시장에서 빠져 나갈 수도 있다.) 같은 업종에서도, 경쟁하는 생산라인을 깔 수 있다. 경쟁이 있는 것처럼 보이게 하면서도 시장 점유율을 높이는 것이다. 가장 중요한 것은 전략을 담당할 두뇌 조직이 있다는 것이다. 이전보다 훨씬 광범위하게 계획할 수 있고 자본을 더 정밀하게 배분할 수 있다.

이러한 현대 기업은 이전과는 완전히 다르다. 조그만 작업장과는 비교할 수 없고, Alfred Marshall 방식의 기업과도 다르다. Alfred Marshall 방식의 기업가는 자신의 공장을 2층 사무실에서 통치한다. 20세기로 접어드는 시점에, 국가 기업 회장은 아마도 7층 정도 건물에 자리를 잡는다. 이전보다 더 넓은 시각과 큰 권한을 가진다. 오늘날 거대기업 임원은 고층건물 꼭대기에서 통치한다.

북미 대륙 통합이 끝나자마자, 미국 기업은 외국으로 진출한다. 한편으로 보자면, 새로운 관리 구조와 강해진 재정적 능력은 밖으로 나갈 힘을 제공한다. 국가 기업이 되는 과정에서, 국제적 기업이 되는 법을 배운다.

큰 규모와 '과점寡占oligopolistic'이라는 상황이, 외국으로 나갈 인센티브로 작동한다. 과점 기업간 경쟁에서도, 해외직접투자가 하나의 새로운 무기가 된다. (미국 법에 저촉되는) 카르텔cartel 가입 대신에, 외국에 있는 고객, 공급처, 경쟁기업에 투자한다.

예를 들어, 어떤 기업은 자신이 외국에서 나는 원자재의 과점적 구매자라는 것을 깨닫는다. 공급원 독점 상태를 두려워하게 된다. 외국 생산 기업에 직접투자를 한다. 원자재 공급 안정성을 확보한다. 다른 기업은 판매처를 확보하려 해외투자를 한다. 기술 진보와 차별화된 제품에 대한 안정적 수익을 최대화한다. 단순히 경쟁의 싹을 자르려고 해외투자를 하기도 한다.

더 구조화된 설명을 살펴보자! 기업 내부 구조이다(62-63쪽):

유용한 시작점은 Chandler & Redlich[40] 이다. 이들은 기업구조 진화를 분석한다. "세 가지 수준의 기업 행정, 세 가지 차원, 세 가지 수준의 업무, 세 가지 수준의 의사 결정 … 그리고 세 가지 수준의 정책"을 이야기한다.

제일 낮은 단계가 '수준 3Level III' 이다. 일상적 업무를 관리하는 것이다. 확립되어 있는 틀 안에서 일을 진행시키는 것이다.

현장 사무실과 본사가 분리하면서, '수준 2Level II'가 등장한다. 수준 3 업무를 하는 관리인 업무를 조율하는 기능이다.

40 Alfred D. Chandler and Fritz Redlich, "Recent Developments in American Business Administration and their Conceptualization," Business History Review, Spring 1961, pp. 103-28.

'수준 1 Level'이 최고 경영활동이다. 목표 설정과 계획 수립을 한다. 낮은 단계에서 하는 일을 틀을 만든다.

'Marshall 방식 기업Marshallian firm'을 보자. 세 가지 수준 모두 한 명의 기업가나 관리자가 담당한다. 국가적 기업의 경우 부분적 분업이 일어난다. 위 두 단계는 제일 아래 한 단계와 구분된다. 다국적 기업에 와서는 분화가 더 완전해진다. 1과 2는 완전히 분리된다. 수준 1은 '총괄 본부general office'에 집중된다. 여기서는 전술보다는 전략을 다룬다.

이러한 수준 구분은 공간과 연결된다(64쪽):

인력, 시장, 원자재를 찾아서 수준 3 활동은 전 세계로 퍼져나간다. 다국적 기업은 현재보다 훨씬 더 세계 구석구석에 빠진 곳 없이 이런 활동을 퍼트릴 것이다. 다국적 기업은 돈과 기술이 있다. 이 두 가지를 전 세계적 차원에서 합리적 활용할 능력도 있다. 저개발 국가에 공업화를 확산시킨다. 새로운 생산 중심지를 개발한다 (여기서 입지 토론은 잠시 미뤄둔다. 교통망에 달려 있고, 정부에 달려 있고, 기업 구조에 달려 있다는 식의 토론은 미룬다.)

사무직 인력, 통신망, 정보가 필요한 것이 수준 2 활동이다. 대도시에 집중된다. 필요한 것이 비슷하니, 여러 다른 업종 기업이 사무실을 같은 도시에 내곤 한다. 수준 2는 수준 2보다 훨씬 지리적으로 집중된다.

총괄본부인 수준 1 활동은 수준 2 경우보다 더 집중된다. 금융시장, 언론, 정부와 가까이 입지해야 하기 때문이다. 미국 거대 기업도 거의 대부분 그렇다. 총괄본부 혹은 많은 고위직 인사가, 뉴욕시나 인근 지역에 자리잡는다. 고위급 의사결정이 있을 때, 대면 접촉 필요성 때문이다.

이 공식을 세계 차원으로 적용해보자. 뉴욕, 런던, 파리, 본, 도쿄 같은 주요 도시에 다국적 기업의 높은 수준 사무실이 있을 것이다. 모스크바 그리고 아마 북경도 고차원 전략을 짜는 곳이다. 이보다 못한 다른 세계의 도시는 다른 일을 맡는다. 어떤 지역에 적용되는 하루하루 일상적 업무를 담당한다.

높은 곳에서 낮은 곳으로 가는 식의 체제가 잡힌다. 크고 중요한 곳은, 넓은 지역을 담당하는 본부가 입지한다. 작은 곳은 낮는 수준 활동에 국한된다. 기업은 도시의 핵심이다. 지리적 분화는, 기업 의사결정 위계질서를 반영한다. 도시나 지역의 직업 구조 역시 마찬가지이다. 국제적 경제체제에서의 기능을 반영한다. 주요 중심 도시나 그 인근에 모여드는 직군을 보자. 의사, 변호사, 과학자, 교육자, 정부 관료, 배우, 가정부, 헤어디자이너, 제일 돈을 많이 받는 기업 직원이다.

제품주기 이론을 앞서 언급한 적이 있다. 소비에서도 이에 따른 지역 분화가 일어난다(65쪽):

새로운 제품 개발에서 제일 먼저 혁신을 경험하는 것은 수도에 거주하는 시민이다. 마케팅 이론에서 '낙수효과trickle-down' 혹은 2단계론으로 불리는 것이다. 소득에서 여유가 있고 새로운 것을 경험할 의지가 있는 엄선된 집단에게, 신상품은 투입된다. 이 집단이 상품을 받아들이면, 보여주는 효과가 발생한다. 그 다음에는 낙수효과 혹은 분산이 일어난다. 남은 다른 사람에게 판매된다 …

국제 경제에서는 보여주는 효과가 국제화된다. 국제적 대도시에서 외딴 곳으로 낙수효과가 일어난다. 다국적 기업은 이런 과정을 더 빠르게 만든다. 미디어 활용과 마케팅을 통해서 과정이 촉진된다. 이러한 과정이, 직접 투자의 계기가 되기도 한다.

신제품 개발은 고정비용이다. 한번 지출이 일어나면, 끝난 일이다. 그래서 실제 생산 비용은 판매가보다 훨씬 낮다. 매출에서의 한계는 오르는 비용이 아니다. 포화된 시장 때문에 수요가 줄어들기 때문이다. 그래서 새로운 외국 시장에서의 이윤율이 더 높은 것이다. 제품을 광범위하게 판매하려고 하는 이유가, 여기에 있다. 저개발 국가의 시장 규모가 적어도 다국적 기업 관심이 높은 이유이다.

5.7 초국적 자본가 계급

Sklair(1996)에 의하면 세계화가 진행될수록 이러한 과정에 관여되어 있는 일부 상위계층들은 자기 나라의 다른 계층보다 다른 나라의 자신과 비슷한 계층과 더욱더 연대감을 가지게 된다.

이들 상위계층은 국제적인 감각에 기반한 지향을 가지고 있다. 세계 여러 나라에서 왔으며, 그들 자신들을 세계시민으로 간주하고 있다. 생활습관도 비슷하다.

Sklair(1996)는 오스트레일리아 초국적 자본가 계급을 네 개의 집단으로 나눈다.

- ✔ 다국적 기업과 그 현지 계열사의 간부들
- ✔ 세계화되어 가는 관료
- ✔ 자본주의적인 정치인과 전문가
- ✔ 상인 등 소비지향적인 엘리트

여기서는 2002년 저서를 추가적으로 살펴본다.

● Sklair, Leslie. 2002(1995). 『지구체계의 사회학』 정현주 역. 일신사.

마르크스 분석으로부터 벗어나는 것이 책의 시발점이다(97쪽):

> 초국적 자본가 계급은 전통적인 맑스주의적 의미의 자본가들로 구성되지 않는다. 생산수단의 직접소유나 통제는 더 이상 자본의 이익, 특히 자본의 전지구적 이익에 봉사하는 유일한 기준이 아니다.

초국적 자본가 계급은 다음과 같다(97쪽):

> 초국적 자본가 계급은 적어도 세 가지 측면에서 초국적이다. 그 구성원들은 일련의 문제를 지역적 관점이 아니라 지구적 관점에서 다루는 경향을 보인다. 그들은 많은 나라 사람들로 구성되는 경향이 있으며, 그들 중 많은 수가 자신들을 자신의 출생지 시민으로서 뿐만 아니라 '세계시민'으로 여기기 시작하고 있다. 또 그들은 유사한 생활양식 - 특히 상품과 서비스의 사치스런 소비양식 -을 공유하는 경향이 있다. 내가 제시한 정식에 따르면, 초국적 자본가 계급에는 다음과 같은 부류의 집단이 포함된다.
>
> 1. 초국적 기업 중역 및 현지 관계자
> 2. 지구화를 주도하는 국가관료
> 3. 자본주의 지향적인 정치인과 전문직 종사자
> 4. 소비주의 엘리트 (상인, 미디어)

5.8 세계도시와 국가

이렇게 세계화된 불평등 이론을 얘기하다보면 세계도시는 위치한 해당 국가와 관련이 없어지는 존재인가 하는 의문이 든다. John Friedmann 세계도시 가설 일부를 다시 살펴보면 더욱 그러하다.

- ✔ 세계 경제와의 연결이 결정적이다. 하나의 도시가 어떻게 구조적으로 변할지를 결정한다. 세계경제와 결합된 방식과 정도, 그리고 새로운 공간적 노동분업에서 한 도시에 주어진 역할 이 두 가지가 결정적이다.

- ✔ 세계도시는 국제 자본의 터전이다. 국제 자본이 모이고 또 규모를 더 불리는 곳이다.

이런 세계도시론 주류 해석과 달리, 국가를 중심에 둘 수도 있다. 뉴욕, 서울, 도쿄 세 도시를 각각 자리잡은 국가와 연결시킨다.

- Hill, Richard Child and June Woo Kim. 2000. "Global cities and developmental states: New York, Tokyo, and Seoul" *Urban Studies* 37,12: 2167-2195.

도쿄, 서울 두 도시는 같은 유형에 포함된다.
이 논문은 앞서 언급한 국가주의적 현실주의적 입장을 취한다.

〈표 5.1〉 세계도시 유형화

구분	시장과 자본가 중심형	국가와 정치관료 중심형
대표도시	뉴욕	도쿄
지역기반	서대서양	동태평양
주도적 집단	초국적 자본가 계급, 금융 초국적 기업, 수직적으로 통합된 기업	국가관료 엘리트, 은행을 통해 재계와 연결된 정부부처
주도집단의 경제이념	자유주의, 자율적 시장	발전주의, 전략적 국가이익
대외경제에서 주요목적	시장합리, 사유재산, 이윤극대화	계획합리, 국가의 힘, 시장점유율과 고용극대화
세계통제능력 도구	기업과 생산자서비스의 집적	정부부처, 공기업, 정책연계망
산업구조	제조업과 그 본사 도심에서 분산, 서비스업 강세	첨단제조업과 그 본사 도심집중, 서비스업 약세
직업구조	양극화, 중간층 없음 심한 불평등, 심한 주거공간분리	중간두터움, 극단적 상하계층 적음 약한 불평등, 약한 주거공간분리
외국인	약한 통제, 숫자 많음	강한 통제, 숫자 작음
문화	소비지향, 유피(yuppie), 소수민족	생산지향, 월급쟁이, 사무여직원
도시와 중앙정부	분리	통합
도시갈등 원인	단기이익, 시장급락, 양극화	국가의 자본통제, 과다규제, 중앙집중
비교우위	유연성, 유동성	안정성, 계획성

먼저 나라마다 경제력이 측정되는 기준 자체가 다르다. 장기적 관점의 일본과 분기별 순익을 강조하는 미국의 차이가 제시된다:

> … 하지만 도쿄는 기본적으로 국적 개념이 중요하지 않은 다국적 기업의 근거지가 아니다. 오히려 일본 다국적 기업의 세계 경영을 위한 일본의 근거지이다(Hill & Fujita, 1995). 기본적으로 도쿄라는 도시와 세계와의 관계는 시장 효율성에 기반하고 있지 않다. 세계

적 경제력을 통해서 나라의 자율권을 지키려는 전략적 고려에 기반한다(Johnson, 1995). 일본에서는 경제력이 다른 식으로 측정된다. 분기별 배당과 개인이 쌓아올린 재산이 아니라, 업종별 시장점유율을 신경쓴다(Matsumoto, 1991).

또 동시에 국가와 세계경제가 어떻게 연결되어 있는지도 이야기하고 있다. 도쿄 경우에는 재무성과 통산성의 존재감이 느껴진다.

도쿄는 기업에게 세계적 통제 능력을 제공한다. 하지만 사적 금융영역과 생산자 서비스업이 시장 작동으로 집중되어 있기 때문이 아니다. 도쿄의 세계적 통제 능력은 산업적 그리고 금융적 연결망에 존재한다. 연구기관, 은행, 기업간 연결망이다. 이러한 연결망은 재무성과 통산성이 이끌어 나간다(Johnson, 1978; Sakakibara, 1993; Mabuchi, 1995). 재투자와 고용을 강조한다. 고수익과 개인적 소비는 자제된다. 뉴욕시를 특징짓는 서비스업 성장이 정책적으로 억제된다(Fingleton, 1995).

뉴욕에서는 세계 경제 자체가 느껴진다. 영미 방식 법률에 따른 세계 경제 규칙이 실제 만들어지는 곳이 뉴욕이다.

뉴욕시 핵심 노동자층은 현재 국제 금융거래를 지원하기도 하도 만들어나가기도 한다. 대출, 주식거래, 신주발행 같은 거래를 무한대 수준 가까이 처리해낸다. 대부분 국제 금융거래는 미국이나 영국 법률에 기반해 이루어진다. 외국 은행은 뉴욕 (혹은 런던)에 자리를 잡고 있어야 한다고 생각한다. 왜냐하면 이러한 곳이 미국과 영국 법 전문가가 모여 있는 곳이기 때문이다. 예를 들어보자. 최근 멕시코 금융위기를 겪으며 협상은 멕시코시티와 워싱턴에서 이루어졌다. 하지만 돈을 둘러싼 협상과 새 금융상품 출시는 뉴욕시에서 이루어졌다(Rosen and Reagan, 1997: 49).

6

거대도시권megalopolis

프랑스 지리학자, 장 고트망Jean Gottmann 1961년 거대도시권 책을 다룬다.

● Gottman, Jean. 1961. *Magalopolis: The Urbanized Notrheastern Seaboard of the United* States Boston: MIT Press.

거대도시권megalopolis 표현이 이렇게 처음 사용된 곳은 미국 동북부 연안지역이다. Boston – New York City – Philadelphia – Baltimore – Washington DC 연결이 되는 거대한 미국 동북부 연안 지역을 Jean Gottmann은 하나의 권역으로 본다(3쪽):

> 미국의 동북부 연안 지역은 엄청난 발전을 이룩해 왔다. 도시와 교외 지역이 거의 연속적으로 뻗어 있다. 뉴햄프셔New Hampshire 남쪽에서 버지니아Virginia 북쪽까지 그리고 대서양 연안으로부터 애팔래치아 산기슭에 이른다.

이렇게 거대하고 새로운 도시권은 처음 나타나는 현상이며, 따라

서 기존 개념을 바꿀 필요를 제기한다(3-4쪽):

> 예전부터 미국에서는 도시화 과정이 분명히 진행되어 왔다. 이곳에서도 현재 꾸준히 작동 중이다. 다른 곳에서는 없는 생활 방식과 토지 이용을 보인다. 이렇게 인구가 많고 또 엄청난 밀도로 몰려있고 또 이렇게 넓게 펼쳐져 있는 곳은, 미국에서 유일하다. 미국이나 세계에 여기와 같은 중요성을 가지는 곳 역시 없다. 정치, 경제, 문화 영역에서 이 정도 크기의 지역이 이러한 정도의 압도적 우위를 가진 적은 드물다.
>
> 이 지역은 그야말로 자신의 '개성'을 가지게 된다. 지난 3 세기 동안 변화하고 진화한다. 주민에게는 늘 새로운 문제를 안겨준다. 미국 사회 전체에는 큰 영향을 미친다. 아직 덜 도시화된 미국이나 외국 지역에게는, 이러한 현대적 발전 추세와 혼잡 정도는 본보기이기도 하고 동시에 경고이기도 하다.
>
> 도시와 시골이라는 오랜 구분을 손봐야 한다는 것을, 이런 발전과 혼잡은 의미한다. 결과적으로는, 오래된 개념에 새로운 의미가 부여되어야 한다. 그리고 새로운 용어가 만들어져야 한다.

기존의 용어가 아닌 새로운 용어의 이름이 바로 거대도시권megalopolis이다(4쪽):

> 이곳에서 벌어지는 일의 과정 역시 중요하고 또 의미가 크다. 하지만 이 지역을 주변 다른 지역과 구분해서 떼어내기도 어렵다. 역사적으로 확립된 구분인 뉴잉글랜드New England 그리고 '중부 대서양 연안의 주Middle Atlantic states'를 가로지른다. 기존 정치적인 경계 구분과도 잘 맞아들어가지 않는다. 어떤 주는 전체가 다 포함되고 어떤 주는 일부가 들어간다. 그래서 새로운 이름이 필요하다.

> 이런 형태의 지역은 기존과는 다른 새로운 공간이다. 하지만 오래동안 우리가 목격해온 현상의 결과이기도 하다. 도시의 성장, 민간사회에서의 노동분업, 세계적 차원에서의 자원 개발과 같은 현상이다. 그래서 이름은 새로워야 한다. 동시에 또 지금 상황과 문제에 맥락을 이루는 인간의 욕구와 노력이라는 오랜 전통을 뜻해야 한다는 점에서 예전의 것이어야 한다. 그래서 이 연구에서는 거대도시권Megalopolis이라는 이름을 쓰기로 한다.

이 연구 이전에도 이 단어가 사용된 적이 있지만, 본격적으로 널리 퍼진 용어는 아니었다(4쪽):

> 매사추세츠Massachusetts 제임스 강James River 강변과 맨해턴 섬으로 유럽인 정착자가 처음 상륙하기 약 2,000년 전에, 그리스 펠로폰네소스 도시국가를 세우려던 옛날 사람들이 Megalopolis 단어를 사용한다. 위대한 미래를 꿈꾸고, 이곳이 그리스에서 가장 큰 도시가 될 것을 희망하기 때문이다. 이런 꿈은 실현되지 않는다. 현대 지도 그리스 펠로폰네소스 지역을 보면 Megalopolis 지명을 찾을 수 있다. 하지만 작은 강가에 있는 작은 도시일 뿐이다. 시간을 거치면서, 이 단어는 여러 사람들에 의해 여러 의미로 사용되어 온다. Webster 사전에도 등장한다. '아주 큰 도시'라는 의미이다. 하지만 그리 많이 사용된 단어는 아니다. 그래서 여기서는 미국 동북부 연안 지역과 같이 대도시권이 이리저리 특이하게 합쳐진 지리적 장소라는 의미로 지칭하는 새 의미로 사용한다. 그리스인 꿈이 실현된 셈이다.

〈그림 6.1〉과 〈그림 6.2〉는 이러한 거대도시권이 어떠한 모습인지 잘 보여준다.

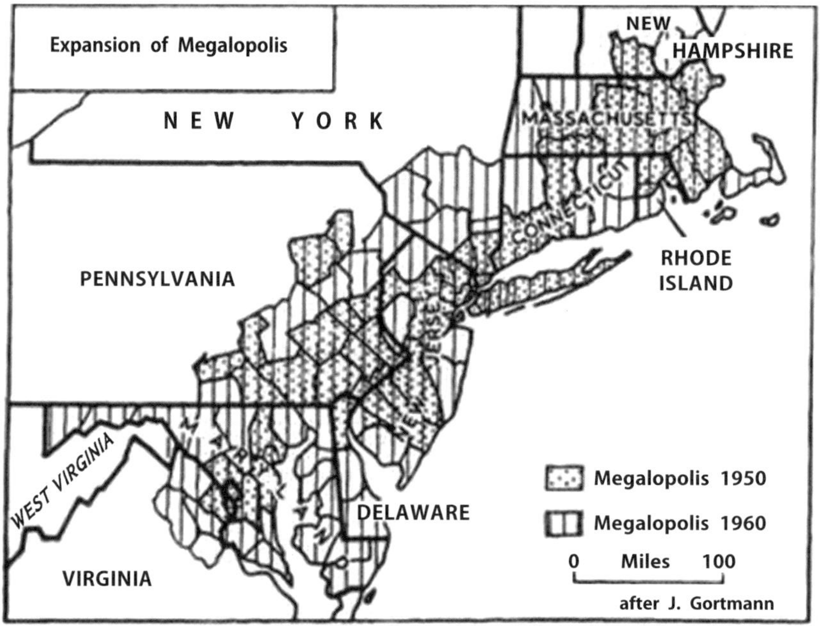

〈그림 6.1〉 미국 동북부 거대도시권41

41 출처: "Impact of changing urban milieu on world urbanization" http://www.yourarticlelibrary.com/urbanization/impact-of-changing-urban-milieu-on-world-urbanization/39950 2018.9.15. 접근 Jean Gottmann. 1961. Megalopolis Cambridge, MA: MIT Press 26쪽에 있는 Figure 3을 편집한 것으로 보임.

〈그림 6.2〉 미국 동북부 거대도시권 (한국어 지명)[42]

42 출처: 네이버 지식백과 www.terms.naver.com /메갈로폴리스/미국 국무부 주한 미국대사관 공보과 2004. http://infopedia.usembassy.or.kr /미국의 지리.

거대도시권의 경계에 대한 자세한 설명은 다음과 같다(Gottmann, 1961: 26-27):

> 인구밀도를 얘기하기 위해서는, 이 지역의 대체적 경계를 대략이라도 설정해야 한다. 1950년 대도시권 경제에서 서로 인접한 군county이 들어가야 한다. 대규모 중심도시들의 빽빽한 집합체가 포함되어야 한다. 그렇게 정의하자면 이렇다.
>
> 뉴햄프셔New Hampshire 남쪽에서 버지니아Virginia 북쪽까지 그리고 대서양 연안으로부터 애팔래치아 산기슭에 이른다. 뉴햄프셔 어디까지이고 또 산기슭 어디까지인지가 여기서 제시된다. 하나 하나 지도에 나타난다.
>
> 이 지역의 〈남북으로 뻗은〉 축은 대략 600 마일이다. 〈동서간〉 폭은 30에서 100마일 정도이다. 총면적은 53,575 제곱마일이다. 이는 38개의 주로 이루어진 미국 전체 면적의 1.8 퍼센트이다. 1950년대 이 거대도시권 인구는 3,190만에 육박한다. 이는 미국 전체의 2.1 퍼센트이다. 1960년도의 인구는 3,700만 정도이다.
>
> 이 도시권이 주 전체를 포함하는 곳은 다음과 같다. 매사추세츠Massachusetts, 로드 아일랜드Rhode Island, 코네티컷Connecticut, 뉴저지New Jersey, 댈라웨어Delaware, 컬럼비아 특별구District of Columbia 이다. 거의 전부가 포함되는 주는 Maryland 이다.
>
> 주 대부분이 포함되는 곳은 두 곳이다. 뉴욕New York State, 펜실베니아Pennsylvania 이다.
>
> 일부가 포함되는 주 역시 두 곳이다. 뉴햄프셔New Hampshire, 버지니아Virginia 이다.

6.1 대도시권 여러 개 = 거대도시권

도시를 넘어서는 평면적 교외확산을 보면 기존 대도시권metropolitan area 개념의 유용성을 알 수 있다(39쪽):

> 농사짓지 않는 이가 농지를 점유해나가는 것을 살펴보면, 분명히 알 수 있는 것이 있다. 거대도시권 내부와 주변에 엄청난 규모의 실제적 *de facto* 교외화가 이루어졌다. 이런 곳은 아직도 도시지역이라고 간주되지 않는다. 도시지역 바깥의 이러한 흩어진 농사짓지 않는 인구의 등장으로 인해서, 대도시권 개념의 유용성이 나온다.

이러한 대도시권을 여러개 붙여놓은 것이 거대도시권이다(39쪽):

> 이 동북부 해안 거대도시권을 지도에서 보면, 마찬가지로 농사를 짓지 않는 이가 농지에 있는 그런 여기저기 지역을 모아 놓은 것 같다. 하지만 엄청나게 큰 차원에서 모아 놓은 것이다. 여러 개의 인접한 대도시권을 합쳐놓은 그야말로 대도시권 수준을 뛰어넘는 교외확산super-metropolitan sprawl 현상이다.

6.2 거대도시권: 사람의 흐름

저자가 보기에, 거대도시권 이야기에서 '흐름'이라는 개념이 특히나 재미있다.

Jean Gottmann 본인은 여러 식으로 설명한다. 먼저 '사람 물결human tide' 표현이 나온다(39쪽):

> 인구조사를 할 때 (그러니까 여름이 아닌 때) 대도시권인 '군county' 가운데에는 '때에 따라 바뀌는 전이구역transitional zone'인 곳이 있다. 더 대도시권화 하는 과정이라고 표현해도 된다. 더 거대도시권화 하는 과정이라고 표현해도 된다. 인구가 집중해야 할 필요성이, 이러한 넓고 복잡한 '사람의 흐름human tides'을 낳은 것이다.

이 거대도시권 사람들은 대도시권을 넘어서서 흘러다니며 이동한다(30쪽):

> 지도에 나오는 인구 밀도 의미를 이해하려면, 인구조사의 한계를 이해해야 한다. 미국 인구조사는 어느 한날 어느 장소에 있는 사람들을 조사하는 기존 인구조사는 이러한 점을 이해하는 데 있어서 한계를 보인다. 사람들이 어디서 일하는지에 대해서는 아무도 모른다. 당연히 이 거대도시권의 거대한 연결망 속에서 사람들은 당연히 집 근처에서만 일하지는 않을 것이다. 다른 마을 정도가 아니라 군 심지어는 다른 주로 통근 하기도 한다.
>
> 이는 어느 정도는 높은 수준의 인구밀도와 토지이용에 기인한다. 거대도시권은 만든 상업적 산업적 문명화라는 것은, 그 원래 성격상 노동분업 확대constantly increasing division of labor among men 현상으로 이어진다. 이는 장소간의 심해지는 분화로 이어진다. 땅의 복잡한 노동분업complex division of labor of land 심화가 일어난다.
>
> 이는 낮 시간대와 밤 시간대의 인구 차이를 낳는다. 뉴욕과 이 거대도시권의 다른 주요 도시 어디로 사람들이 향하던 그러하다.
>
> 맨해튼의 예를 들어보자. 1950년 인구조사에 의하면 1,960,000명이 살고 있다. 이 중 923,000명이 살고 있는 이곳에 직장을 가지고 있다.

> 하지만 이 섬의 총 직장수는 2,571,000이다. 지역민은 평일 기준으로 먼저 1,600,000명의 일하러 오는 사람들과 같이 지낸다. 여기에다 상당수의 방문객, 관광객, 쇼핑객이 더해진다. 섬에 들어오는 사람의 숫자는 인구조사에 나오는 거주민 숫자에 달할 수 있다.

이러한 행정 범위를 넘어서는 이동은 제조업에서도 나타난다(33쪽):

> 중심도시나 업무지구에만 이러한 높은 밀도의 인구 흐름이 나타나는 것이 아니다. 제조업 공장이 많은 곳에서도 규칙적으로 나타나는 현상일 수 있다. 노동자는 공장 근처에서 살기도 하지만 먼 곳에서부터 출퇴근하기도 한다.

하루 하루 움직임이 아니라, 별장으로 가서 한 철을 보내는 계절적 흐름도 있다(33쪽):

> 가장 인상적 흐름은 다른 곳에서 찾을 수 있다. 하루 하루의 흐름이 아니라, 이는 계절적 흐름이다. 이 대도시권의 많은 가족은 여름에는 별장으로 옮겨간다. 별장에서 가장은 출퇴근하기도 한다. 산, 호수, 바닷가에서 … 주말을 보내기 위해서이다. 이러한 여름 휴양지에는 … 평소보다 훨씬 많은 사람들이 계절적으로 몰려든다.
>
> "Martha's Vineyard Island – 인구: 겨울에는 6,000명 그리고 여름에는 40,000명"이라는 기사 제목이 … Vineyard Gazetteer 첫 번째 면에 나오기도 한다. 6,000명이라는 숫자는 1960년 4월 1일 인구조사에서 나온 것이다. Barnstable, Dukes, Nantucket 세 '군 county' 모두 비슷하다. <Martha's vineyard 소속은 Dukes county이다.> 모두 이러한 휴양지가 위치해 있고 비슷한 인구 흐름을 보인다. 이들

은 다 대도시권standard metropolitan area, metropolitan state economic areas으로 포함되어 있지 않다.

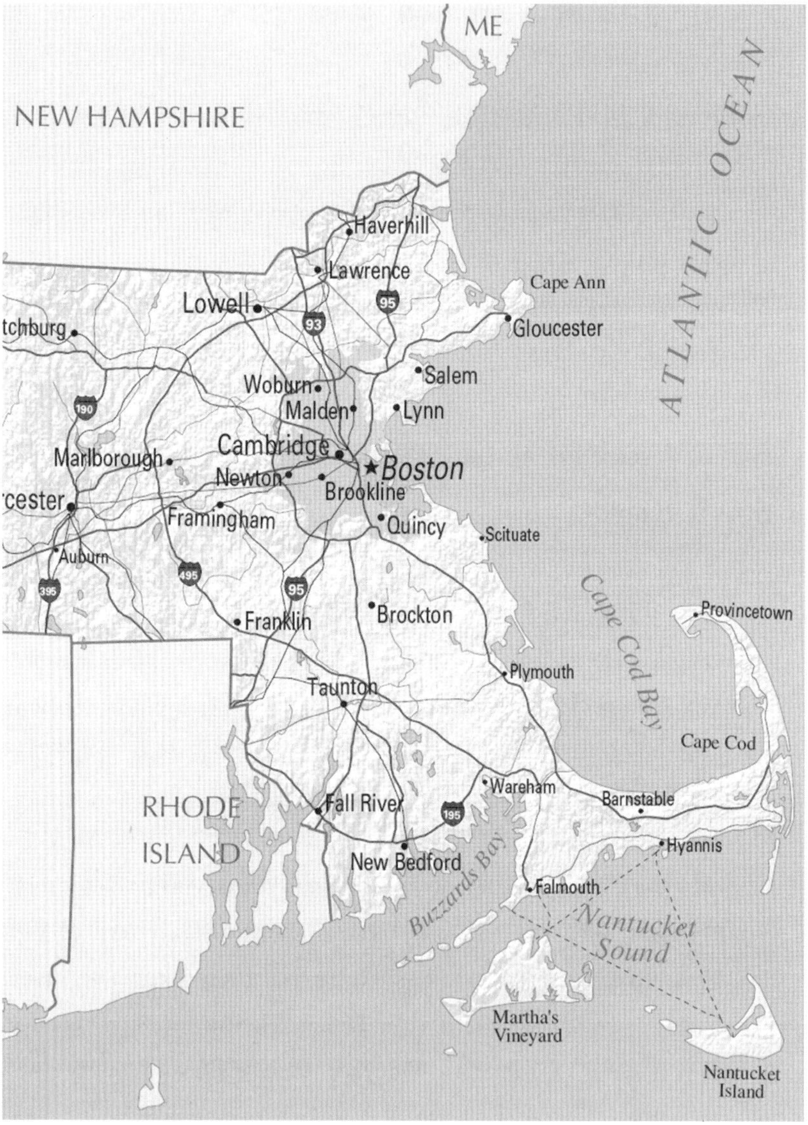

〈그림 6.3〉 Barnstable, Martha's vineyard, Nantucket

하지만 여름에는 이 세 곳 모두 거대도시권 중심도시의 교외임은 어떻게도 부정할 수 없다. 여름에 몰리는 인구로 이 지역 사람들의 한 해 소득과 직업 활동이 이루어진다. 이 책에서는 이 세 군을 거대도시권에 주저 없이 포함한다. 델라웨어 메릴랜드 바닷가 휴양지도 마찬가지로 포함시킬 것이다.

〈그림 6.3〉 Boston에서 동남쪽 해안가 도로를 따라 Plymouth 지나 나오는 곳이 Barnstable 이다. Martha's vineyard 와 Nantucket 둘은 지도 아래쪽에 있는 두 섬이다.

그림 출처는 National Atlas of the United State 이다.[43]

43 https://commons.wikimedia.org/wiki/File:Map_of_Massachusetts_NA.png

7

공항도시

공항도시는 aerotropolis 이다. 에어로트로폴리스, 공항복합도시, 공항기반도시 등 번역이 있다. 논의는 다음의 책을 기반으로 한다. 논지는 단순하다. https://aerotropolis.com/ 그림과 동영상을 보면 이해가 가장 쉽다. 공항을 중심으로 도시가 돌아가는 내용이다.

- Kasarda, John & Greg Lindsay. 2011. *Aerotropolis* NY: Farrar, Straus and Giroux.

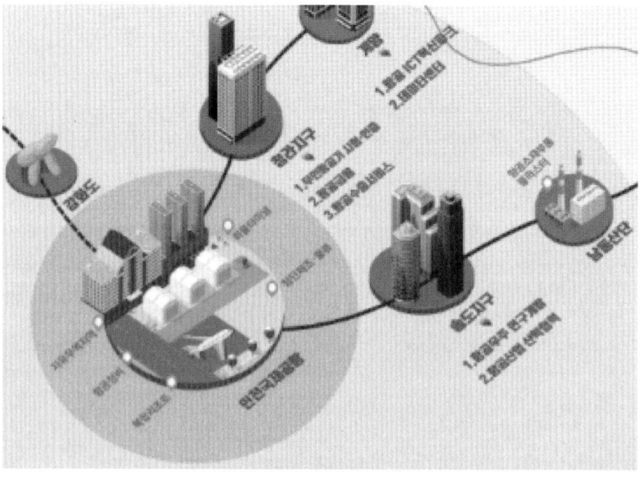

〈그림 7.1〉 인천국제공항 그리고 공항도시[45]

책에 나오는 그림은 〈그림 7.1〉과 유사하다. 단지 더 과장되어 있을 뿐이다. 공항 근처에 생각할 수 있는 모든 것이 자리잡고 있다. 심지어 다른 도시와 연결되는 철도 차량 기지도 공항 바로 옆에 자리잡고 있다.

한데 중요한 차이점이 있다. 공항을 관통해서 가는 공항철도 그림이 빠져있는 게 첫 번째이다. 공항을 중심으로 뻗어나가는 도로의 중요성과 이 도로 주변으로 이어지는 형태의 도시발전 모양이 두 번째이다. 흔히 회랑이나 복도라는 표현으로 쓰는 corridor 모양의 뻗어나가는 기세이다.

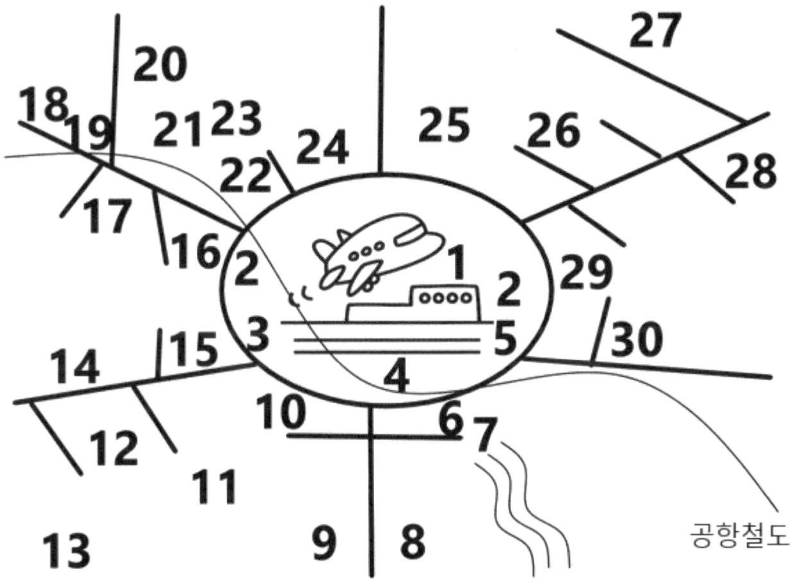

〈그림 7.2〉 John Kasarda 공항도시

44 출처: 2019.10.29. 인천광역시 항공과 보도자료 "인천! 공항경제권으로 공항의 패러다임을 바꾸다. – 인천미래정책포럼: 공항경제권 국제세미나 개최 –" 6쪽 사진의 일부

번호를 가능한대로 설명해본다.

1 = 공항터미널, 쇼핑센터 terminals & shopping arcades
2 = 사무실, 호텔 offices & hotels
3 = 특송화물 express couriers
4 = 항공화물 air cargo
5 = 항공정비 MRO
6 = 물류시설, 자유무역지구 logistics park & free trade zone
7 = 국제화물기지 International freight hub
8 = 공업지구 industrial park
9 = 운동경기시설 sports complex
10 = 전자상거래 배송 서비스
flow through & E-fulfillment services
11 = 대학교 university campus
12 = 의료 및 건강 관련 시설 medical & wellness cluster
13 = 첨단기술 연구단지 research & technology park
14 = 정보기술 연구시설
info-communications technology corridor
15 = 소매점/도매점, 마트 retail/wholesale merchandise mart
16 = 아웃렛 factory outlet
17 = 호텔, 유흥가 hotel and entertainment district
18 = 업무지구 business park
19 = 사무실 밀집지역 office corridor
20 = 주거, 상가 residential & shopping
21 = 호텔 hotel
22 = 초고층 건물 world trade complex
23 = 전시관 exhibition halls
24 = 행사관 convention center

25 = 적기생산방식 제조시설 just-in-time manufacturing

26 = 시제품 제작 기업 flex tech

27 = 상업 주거 혼합지 mixed use commercial/residential

28 = 특수 용도지 special use

29 = 물류기지 distribution center

30 = 보세구역 bonded warehouse district

공항도시 개념에 대해 어떻게 생각하던, 공항 영향력은 커지고 있다. Fedex 항공 물류 중심지 미국 테네시 맴피스Memphis 경우를 보자!

단순히 물류가 바뀌었다기 보다는, 세상이 돌아가는 원리가 달라진 것으로 이해하면 쉽다. 비행기에 태우는 화물이 어떤 성격인지를 생각해보자!

공항도시에 반대하는 입장도 살펴보고, 또 공항도시 논리에 대해 알아본다.

7.1 공항도시 반대, Logan & Molotch 성장동맹 반대

공항 건설은 대표적 성장동맹 사업이다. 교환가치를 추구한다. 공항도시 반대 운동은 성장동맹 반대로 이해할 수 있다고, 저자는 생각한다.

앞서 성장동맹을 언급한 바 있다. 다시 Logan & Molotch 책을 살펴보고, 공항도시 반대론으로 넘어간다.

● Logan, John R. and Harvey Luskin Molotch. 2013(2007). Urban fortunes : the political economy of place. Berkeley, CA: University of California Press. 김준우 옮김. 『황금도시: 장소의 정치경제학』 전남대학교출판부.

이 책 6장에는 '개발에 대한 지역의 저항'이라는 절이 있다. 먼저 사용가치의 수호에 대해 언급한다(287쪽):

> 지역의 사용가치만 신경쓰는 사람은 구조적으로 언제나 개발 반대에 나서기 쉽다. 한때는 사용가치 보호를 위해서 동네 보존이 최고의 도구였지만, (공기오염, 원자로 녹아내림 같은) 일상에의 새로운 위협은 좀 더 포괄적 대응을 필요로 한다. 잠재적 피해 규모가 커진 것과 산업 세력과 지역엘리트간 이해관계 불일치 증가가 결합되어서, 지역기업가와 환경운동가가 함께 하는 보다 폭넓은 연계가 가능해졌다.
>
> 필요하다면 임대수익과 수익을 희생하더라도 사용가치를 지키려는 노력이, 환경운동이다. 장소의 공유 자원에 대한 공동 통제 노력이 현재 미국 공동체 운동의 주요한 활력이다. 그리고 최소한 풀뿌리 조직화에 있어, 계급이나 인종만큼이나 중요한 기반이다. 지역서비스와 또 이와는 다른 형태의 관료적으로 생산되고 분배되는 "공동소비"의 질에 관심을 가지는 Castells의 "도시 사회운동"과, 우리는 다시 한번 이러한 저항 집단들을 구분시킨다. 저항활동을 불러일으키는 것은 내재적 공유경험이지만, 사적과 공적 생산에 동일하게 환경론자들은 불만을 제기한다.[45]

45 미국에서의 저항의 역동적 구심점을 잘 이해하기에는, Castells의 개념은 너무 구체적이고 또 교환과정으로부터 구조적으로 분리되어 있다(Molotch, 1984: Domhoff, 게재예정).

가장 심오하게는, 환경주의는 단순한 하나의 상품으로 지구가 계속 이용된다면 인류는 멸망할 것이라는 명쾌한 생각을 반영한다.

개발이 지역에 미치는 영향도 언급한다. 물, 대기, 농지, 야생서식지, 기후를 언급한다(296-300쪽):

1. 물

… 지역 수자원을 다 쓰고 나면, 물은 다른 곳에서부터 가져오거나 비싸고 복잡한 과정을 통해 만들어야 한다. 매립, 해수담수화, 인공강우와 같은 방법들이다. 멀리 떨어진 수원도 결국은 메마른다. 캘리포니아의 거대한 모노 호수는 거의 완전히 말랐다. 댐에 의존하는 것도 문제점이 있다. 토지의 손실과 자연대로의 강을 손대기 때문에 생기는 생물서식지 소멸과 미적 그리고 여가활용 가치의 감소라는 문제점이다. 또 공사규모가 커지면서 생태적 뿐 아니라 재정적 비용도 올라간다 …

2. 대기

"좋은 삶"으로 오라는 손짓을 사람들에게 보냈던 햇살이, 오염물질을 스모그로 바꾼다. 수자원이 부족하듯이, 번성하는 서부 지역에서는 좋은 공기도 부족하다. 개인 건강과 미적 가치에의 악영향과 물리적 피해는 명백하게 보고되었고 잘 알려졌다.[46] 관광업, 은퇴 관련 산업, 농업에서의 번영이 나쁜 공기 때문에 방해를 받을까 두려워하는 환경주의자와 기업가 단체간의 폭넓은 연합을, 실제로 스모그의 광범위한 영향이 종종 촉진하기도 하였다.

3. 농지

특히나 남서부에서는, 농경지가(관계 시설을 갖추어야 하기 때문에)

46 Downing, 1972; Love & Seskin, 1977; Waldbott, 1978.

큰 비용을 들여 개발되었다. 하지만 경작기간을 오래 가져갈 수 있고 농토가 비옥하다는 이유가, 이 땅을 세계에서 가장 생산성 높은 곳으로 만들었다. 도시화가 농지를 위협할 때마다, 공지가 없어지는 것에 대해 대중들은 언짢아하였다. 하지만 북동부와 북서부의 농지 손실은 생산성이 크지 않은 곳에서 발생한 반면, 캘리포니아 연안의 농지 손실은 좀 더 심각하다 …

4. 야생서식지
북부지역이 도시나 농업 용도로 발전되어 왔기 때문에, 야생 그대로 자연은 주로 서부나 남부에서 찾아볼 수 있다. 서식지가 가진 여가활동이나 미적 측면에서의 가치를, 일부 주민들은 자신의 여가활동과 연결함으로써 소중히 여기는 것 같다. 심지어 중요한 생물권 자원으로서 이런 서식지를 유지시킬 심오한 필요성을, 소수 주민들은 알고 있을 수도 있다 …

5. 기후
최소한 비가 거의 안 오는 남서부에는, 개발이 기후도 바꾼다. 인공 호수, 풀장, 저수지의 물을 채우고 농사를 짓기 위해 가져온 물은 습기를 높인다. 지역 식물들은 바뀌고, 알레르기로 고생하는 사람은 옮겨온 이유가 없어졌다 …

GAAMglobal anti-aerotropolis movement 홈페이지를 보면, 사용가치와 공항도시 반대가 연결된 것을 알 수 있다. 공항건설로 인해 원주민이 쫓겨나고, 환경이 파괴되는 현장 목소리가 나와 있다.

저자가 생각하기에, 성장동맹 반대 운동 가운데에서도 공항도시 반대 목소리에는 몇 가지 특성이 있을 수 있다.

첫 번째는 항공산업 반환경적 작동원리 자체에 대한 반대이다. 중력을 극복하고 날아올라야만 하는 업체의 고유성과 관련이 있다. 사실 현재의 제트 엔진은 환경재앙이나 다름없다.

두 번째는 많은 토지를 수용해야 하는 사실과 관련된 반대이다. 원주민, 수원, 농지, 동식물 등이 이 많은 땅 규모 만큼 관련되기 때문이다.

세 번째는 조류에 대한 관심이다. 날아오르는 항공업의 특성과 관련이 있다. 이는 사실 조류 자체의 보호에 그치지 않는다. 항공기 안전과도 직결된다.

네 번째는 군사적 위험에 대한 경계심이다.

군사공항으로 활용되는 공항은 일반공항과는 주변 주민의 피해 정도가 틀리다. 소음 수준부터 엄청난 차이를 보인다.

또한 군사공항은 전쟁이 날 경우 첫 번째 공격대상이기도 하다.

저자 생각으로는, 한국과 같이 군사적 동원에 대해 일반시민의 경계심이 큰 곳에서 더 두드러지는 현상이다. 군사 용도로 쓰지 않는다고 약속해도 언젠가는 군사 용도로 전환될 것이라는 불신이 있는 경우가 많다.

7.2 공항도시 논리

이 책은 논리적이려는 노력이 부족하다. 여기저기 보이는 논리의 조각을 살펴본다.

첫 번째는 속도의 중요성에 대한 강조이다. 11쪽을 살펴본다. 자동차 속도가 도래하면서 Joel Garreau 식의 '끝자락도시edge city'가 나타난다. 제트 엔진 속도가 나타나면서 생각하지 못하는 곳에 세계적 도시가 나타난다.

가장 빠른 교통수단인 제트비행기의 출도착지인 공항을 중심으로 발달하는 도시가 공항도시이다. 호텔, 사무실, 물류시설이 모인 중심지에서 60마일까지 뻗어나갈 수 있는 지역을 공항도시라 칭한다(174쪽).

두 번째는 공항 규모에 대한 강조이다. 그래서 활주로 숫자가 언제나 중요하다. 아주 많은 활주로를 가진 공항이 있는 도시가 공항도시처럼 저자에게는 보인다.

세 번째는 연결망에 대한 강조이다. 159~162쪽을 보면 생태학자 Amos Hawley 이야기를 인용한다. 일상생활에서의 1시간 범위의 활동범위, 접근성에 기초한 도시발전, 도로와 항로가 겹치는 접근성에 기초한 산업 번창 등을 언급한다.

Kasarda 자신의 이야기도 풀어놓는다. 8~9쪽을 보자! "개별 기업이 경쟁하는 것이 아니다. 공급망이 경쟁한다. 연결망과 체제가 경쟁한다."

네 번째는 연결망에서 서비스경제가 아닌 상품경제의 계속되는 중요성도 Kasarda는 언급한다(9쪽):

> 대부분의 서비스는 상품 결제와 관련되어 있다. 그리고 서비스를 제공하는 사람도 아이패드나 컴퓨터 같은 걸 필요로 한다. 아이패드나 컴퓨터를 만들려면 어디에선가 제조업 일자리가 필요하다. 요즘은 중국이다. 연예계, 교육, 의료를 제외하고 나면, 순수하게 서비스를 소비하는 건 별로 없다. 그리고 의료는 점점 더 환자에게 무언가 물건을 주는 것에 대한 것이 되어 간다.

신발을 주로 취급하는 회사 Zappos 이야기를 많이 하는 것도 이런 이유에서이다. 회사 물류창고가 공항 근처에 있는 것이 특징이다.

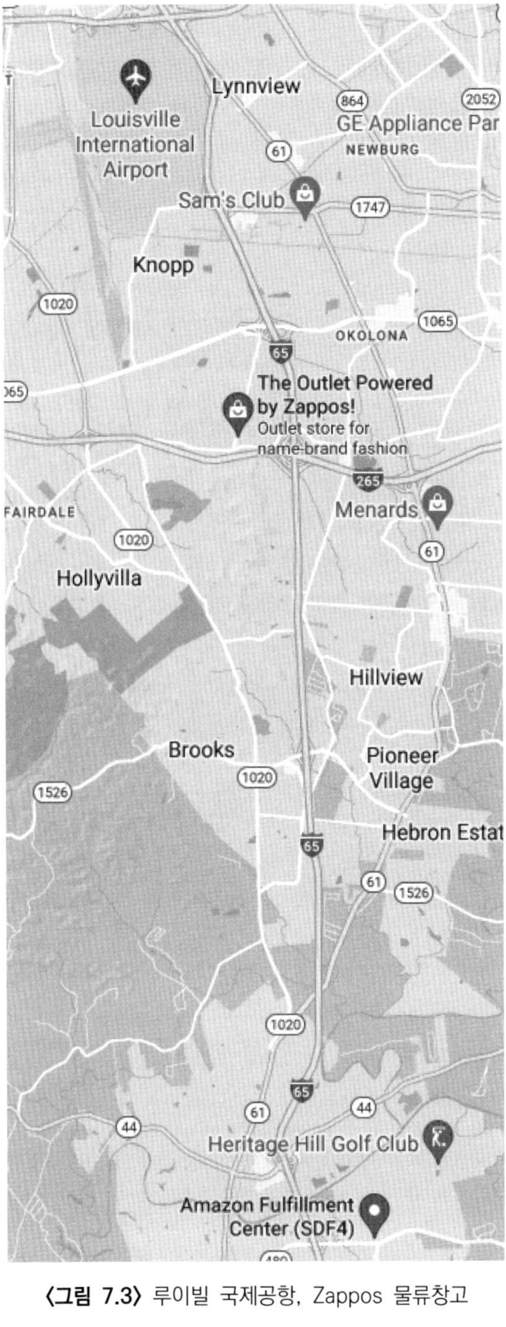

〈그림 7.3〉 루이빌 국제공항, Zappos 물류창고

참고로 제시하는 지도와 물류창고 사진은 일치하지 않을 수 있다. 2009년 아마존이 이 회사를 인수하여서 〈그림 7.3〉에는 Amozon이라는 명칭이 나온다.

〈그림 7.4〉 Zappos 물류창고[47]

47 https://commons.wikimedia.org/wiki/File:Zappos_fulfillment_center.jpg
This is a picture of the Amazon fulfillment center in Kentucky.
Date 21 February 2006
Source https://www.flickr.com/photos/61023128@N08/5568927353/
Author lizzielaroo

그래서 “공항도시는 물리적 인터넷이 도시라는 공간에 환생한 것이다(9쪽).”

물리적 인터넷이 공간에 환생하는 방식에 대한 묘사이다(9쪽):

> 이러한 상품 중에서 점점 더 많은 비중이, 무역과 현대 공급망으로 인해 국제적으로 조달된다. 부품은 여러 나라에서 생산되고 또 다른 나라에서 조립된다. 급해서이건, 창고에 썩히기에는 너무 비싸서이건, 꽃 약 같이 썩기 때문이건, 상품은 비행기로 운반된다. 이러한 모든 것이 물리적 인터넷을 거쳐간다. 비행기와 비행기 집결지의 연결망이다. 거의 인터넷만큼이나 빨리 상품과 사람을 처리한다. 중요한 건 이것이다. 인터넷 자체가 아마존에서 택배상자를 움직이게 하지는 않는다.

8

도시와 문화

8.1 문화와 전통

독자 이해를 돕기 위해, 문화에 대한 두 가지 관점을 살펴본다. 먼저 Raymond Williams 통찰을 살펴본다.

간단히 설명하자면, 소위 '문화전통'이나 '의미있는 과거'로 인식하고 있는 것들은 실제로 선택적이라는 것이다.

Raymond Williams 이해를 위해 박거용(1992: 276) 논문 내용을 인용한다. 먼저 마르크스적 문화 이해에서 전통 문화는 존재감이 없다고 지적한다:

> 마르크스주의적 문화이론에서는 '전통'개념이 근본적으로 무시되어왔다. 그것은 전통을 대개 상부구조로서 분석할 뿐만 아니라 한 사회적 구조의 비교적 무기력하고 유물화된 하나의 절편으로 이해해왔기 때문이기도 하다. "모든 전통에 공통적으로 해당되는 점은, 그것이 당대의 사회적이고 문화적인 조직의 한 측면으로서 특정 계급의 지배에 봉사한다는 점이다. 그것은 과거에 관한 한 가지 해석으로서, 그것의 의도는 과거와 현재를 연결시킴으로써 현재를 정당화하려는 것이다. 그것이 실제로 제공하는 것은, 어떤 의미의 예정된 연속성에

지나지 않는다"(Williams, Raymond. 1977. *Marxism and Literature* London: Oxford University. p.146).

하지만 Raymond Williams 시각에서 볼 때, 전통은 지배층이 주도하는 생각을 반영하기에 중요하다(박거용, 1992: 276):

> 전통을 살아남은 과거 정도로 보는 기존의 해석은 전통을 실제로 하나의 능동적 형성력으로 보는 합병적 해석이 강점을 보이는 바로 그 대목에서 약점을 드러낸다.
>
> 왜냐하면 사실상 전통은 지배적이고 헤게모니적인 압력과 제약을 가장 뚜렷이 표현하기 때문이다. 그래서 윌리엄즈는 가장 강력하고 실질적인 합병수단인 의도적인 선별적 전통개념을 제시한다. 물론 특정한 사회내에서, 선별성을 지배하는 것은 계급이익을 포함한 많은 종류의 특수한 이익들이다. 실제 사회상황이 동시대 선별을 대체로 지배하듯이, 사회의 발전, 즉 역사적 변화의 과정이 선별적 전통을 대체로 결정한다. 선별적 전통은 과거와 현재, 그리고 필요한 경우 미래도 포함한 전 영역으로부터 특정한 의미와 실천을 강조하기 위해 선별하며, 다른 특정한 의미와 실천을 무시하고 배제하는 방식이다. 중요한 것은 선별적 전통이 이러한 의미와 실천의 일부를 효과적인 지배문화내의 다른 요소들을 지지하거나 적어도 그 요소들과 모순되지 않는 형식으로 재선별, 재해석, 희석화, 또는 변형시킨다는 점이다. 다른 한편으로 우리의 경험을 선택, 폐기, 재해석, 변형하는 이 선별적 과정은 계속해서 활동하면서 자체를 조절, 적응시키는 활동까지도 한다(Williams, Raymond. 1980. "Base and Superstructure in Marxist Cultural Theory" *Problems in Materailism and Culture* London: Verso. p.39).

선별을 통해 문화적 전통이 만들어진다(박거용, 1992: 276):

> 선별적 전통은 어떤 추상적이고 강요된 이데올로기보다 더욱 실제적이고 유연하기 때문에, 그리고 선별, 재선별, 재해석할 뿐만 아니라 자체를 능동적으로 조절, 적응하는 작용까지 하기 때문에 현대의 복잡한 사회내에서 문화지형을 그리는 데 설득력을 갖는다. 그래서 선별적 전통은 헤게모니의 능동적 합병과정의 가장 중요한 기제이며 문화과정의 생산, 재생산의 중요한 틀이고 윌리엄즈의 문화유물론의 핵심이다.
>
> 선별적 전통이 이러한 두 가지 작용을 동시에 하기 때문에, 윌리엄즈는 비로소 특정한 효과적 지배문화속에 수용, 묵인될 수 있는 대안적 의미와 가치, 대안적 의견과 태도, 심지어는 대안적 세계관을 인지할 수 있게 된다고 본다. 윌리엄즈는 상부구조 개념이나 심지어는 헤게모니 개념을 지지하는 경우에도 이러한 대안적 체계의 존립 가능성을 지나치게 낮게 평가했다고 보며 이 평가절하가 문화과정을 단지 복잡한 것으로만 무관심하게 바라보도록 하는 길을 열어 놓았다고 비판한다.
>
> 선별과 자기조절 작용을 동시에 수행하는 선별적 전통은 효과적인 지배문화 안에서는 '전통' 또는 '유일한 의미깊은 과거'라는 명칭을 부여함으로써 그것을 사회 구성원에게 문화의 절대적 대상으로 당연시하도록 만든다. 선별적 전통을 이렇게 효과적으로 자연스럽게 절대적 대상으로 확립하기 위해서는 일정한 사회적 제도가 필요하다. 물론 사회적 제도는 정치, 경제, 문화 제도를 모두 포함한다.

문화라고 존재도 마찬가지이다(박거용, 1992: 277):

그리고 문화라는 개념이 18세기 말엽부터 진행되어 온 산업화뿐만 아니라 새로운 정치적, 사회적 발전물인 민주주의에 대한 반응이며, 더 나아가서 사회계급이라는 새로운 문제틀과 개인적이며 사적인 경험의 영역인 예술에 대한 반응의 복합체라는 점을 고려한다면 (Williams, Raymond. 1958. *Culture and Society 1780 ~1950* London: Chatto and Windus. p.13-19), 이 제도들 사이의 관계는 그것 자체로 매우 복잡하며 또 이러한 관계의 실체는 넓은 의미에서 문화의 성격에 대한 직접적 지침이 된다.

Williams(1980: 39; Leong, 1989: 514에서 재인용)에 의하면 "가능한 모든 현재와 과거로부터 어떠한 특정의 의미와 관습은 강조되어지기 위해서 선택된다. 그리고 어떤 다른 의미와 관습들은 무시되거나 배제된다 … 어떠한 의미와 관습은 재해석되거나 희석되거나, 아니면 지배적 문화를 지지하거나 최소한 모순되지 않게 변형된다[48]."

이 시점에서 Williams 자신의 책을 살펴보자! 다음 책에서는 마르크스주의와 문화를 연결한다. 어떻게 문화를 이해하는지, 문화 중에서도 전통에 대한 이해는 어떠한지를 알 수 있다.

- Raymond Williams. 2003(1977). 『문학과 문화이론』 박만준 역. 경문사. *Marxism and Literature* Oxford University.

그람시 헤게모니 개념을 자신의 방식으로 정의하는 것에서부터 논

48 From a whole possible area of past and present, certain meanings and practices are chosen for emphasis, certain other meanings and practices are neglected and excluded … Some of these meanings and practices are reinterpreted, diluted, or put into forms which support or at least do not contradict other elements within the effective dominant culture.

의를 시작한다(165쪽):

> 헤게모니는 언제나 하나의 능동적 과정이다. 그러나 이 말은 그것이 단순히 지배적인 양상들과 요소들로 이루어진 하나의 복합체라는 뜻은 아니다. 오히려 그 반대이다. 헤게모니는 언제나 분리되고 심지어는 동떨어진 의미나 가치, 그리고 실천들을 다소간 차이는 있으나 적절하게 조직하고 서로 연결시켜 나간다. 그리고 헤게모니는 특히 이들을 하나의 유의미한 문화와 하나의 효율적인 사회질서로 통합한다. 이것들은 그 자체가 바로 특수한 경제적 현실에 대한 실감나고 생동적인 해결책 - 가장 넓은 의미의 정치적 해결책 - 이다. 이러한 통합작용은 문화적인 면에서 매우 중요하다. 그것을 이해하기 위해서는, 그리고 더 나아가 그것이 작용하는 터전을 이해하기 위해서는, 모든 문화적 과정이 지니는 세 가지 측면을 구분할 필요가 있다. 그것들은 이른바 전통, 제도, 그리고 형성물이다.

이러한 개념설정을 기반으로, 전통에 대한 이해가 마르크스와는 다르다. 마르크스가 보는 것보다, 전통을 훨씬 더 강력한 존재로 인식한다(165-166쪽):

> 마르크스주의적 문화이론에서는 전통이라는 개념이 근본적으로 무시되어 왔다. 대체로 그것은 기껏해야 이차적인 요소에 지나지 않는 것으로, 즉 잘해야 보다 결정적인 다른 역사적 과정을 수정한 것으로 간주되는 것이 일반적이었다. 이것은 '전통'이 대개 상부구조로서 진단되기 때문이기도 하지만, 또한 그것이 흔히 한 사회적 구조의 비교적 무기력하고 역사화된 부분으로 이해되어 온 탓이기도 하다. 다시 말해서 전통이란 '살아남은 과거the surviving past'인 셈이다. 그러나 전통에 대한 이러한 해석은 실제로 전통을 하나의 능동적인 형성능력으로 보는 통합적 해석이 강점을 보이는 바로 그 대목에서 약점을

> 드러낸다. 왜냐하면 사실상 전통은 지배적이고 헤게모니적인 성격의 압력이나 제약의 가장 명확한 표현이기 때문이다. 그것은 언제나 무기력하고 역사화된 부분으로 남는 것이 아니라 그 이상이다. 사실 그것은 가장 강력하고 실천적인 통합수단이다.

선택 혹은 선별이라는 과정으로서의 전통이, 여기서 이런 맥락으로 나타난다(166쪽):

> 우리가 주목해야 하는 것은 단순한 의미의 '전통' 그 자체가 아니라 선별적 전통a selective tradition 이다. 왜냐하면 이러한 전통이야말로 형성이 이루어지는 과거와 형성 이전의 현재에 대한 의도적인 선별적 해석이며, 사회문화적인 정의와 정체성 설정과정에 강력한 작용을 하기 때문이다.

이러한 전통이 중요한 이유를 다시 설명하자면, 사회적 실체와 연결되어 있기 때문이다(167쪽):

> '개혁'이나 '동시대의 것'과 명백한 대조를 이루는 전통에 대한 소극적인 의미들이 존재하는 것은 사실이다. 이들은 종종 어떤 특정한 헤게모니의 발전적 전개로 말미암아 좌초해 버린 그 사회 내부의 집단에게 후퇴할 자리를 마련해 준다. 이제 그들에게 남은 일이라고는 고작 '전통의 가치'를 회고적으로 확인하는 것뿐이다. 또는 정반대의 입장에서 보면, '전통적 인습'이란 현행의 어떤 헤게모니적 전개에 의해 지금은 폐기되어야 마땅한 과거적 요소들로서 따로 분류될 수도 있다. 전통에 대한 공개적인 논의는 대부분 이 두 가지 입장 사이에서 전개된다. 그러나 한층 더 심오한 차원에서 본다면 전통의 헤게모니적 의미가 언제나 가장 적극적인 힘을 발휘한다. 왜냐하면 그것은 동시대의 질서에 대해 역사적 혹은 문화적 정당성을 부여하는 의도적

> 인 선별과정이자 연결과정이기 때문이다. 그것은 매우 강력한 과정이다. 왜냐하면 그것은 직접적으로 체험되는 수많은 실천적인 연속체들 - 가족, 신분, 제도, 언어 등 -과 결부되어 있기 때문이다.

두 번째로는 Clifford Geertz 관점이다. Greenwood 글에서 인용한다. 공식 의례를 통해서 문화는 유지된다(Greenwood, 1997: 139).

> Geertz 입장에서 보자면, 문화란 의미의 통합체제이다. 이러한 문화에 의해서 형성되고 유지되는 것이 실제라는 존재이다. 이 입장에서는 '정통성authenticity'을 강조한다. 삶의 경험에서 이러한 정통성이 부여하는 도덕적 느낌이 중요한 것이다. 사람의 삶에서 의미 체계란 원초적 중요성을 가지기 때문이다. 이러한 입장이 함축하는 바는 이러하다. 자신의 문화적 정통성을 부정하거나 붕괴시키거나 위협하는 것은 문화가 없어지게 할 수 있다. 그래서 공식적 의례라는 것은 아주 중요하다. 어떤 문화에 부여된 의미를 극적으로 새로 구현하고 평가하고 요약하는 것이다. 재확인, 정교화, 발전이라는 과정을 통해서 어떤 사람들을 어떤 문화에 묶어둔다(Geertz, 1957, 1966, 1972).

인도네시아 발리의 정치를 상징적 행위로 보는 그의 책 내용을 살펴보자!

- Clifford Geertz. 2017(1980). 『극장국가 느가라: 19세기 발리의 정치체제를 통해서 본 권력의 본질』 클리포드 기어츠. 김용진 역. 눌민. *The Theatre State in Nineteenth-Century Bali* Princeton University.

기어츠 입장에서는, 상징으로서의 정치는 실재한다(249-250쪽):

> 발리의 정치가 상징적 행위였다고 말한다고 해서 모든 것이 정신속

> 에 존재했다든가 모든 것이 춤과 향香으로 이루어져 있었다는 것을 의미하지는 않는다. 이 책에서 개관해본 발리 정치의 양상들, 예컨데 모범적 의례, 모델과 모방의 위계, 표현적 경쟁, 도상적 왕권, 구조적 다원주의, 개별화된 충성, 분산적 권위, 연맹을 통한 지배는 발리 섬 자체만큼이나 농밀하고 즉각적인 실재를 구성했다. 궁전을 건설하고 조약문의 초고를 쓰고 지대를 징수하고 교역권을 임대해주고 혼인을 주선하고 경쟁자를 해치우고 사원에 기부하고 화장에 쓰일 땔감을 쌓고 연회를 주최하고 신을 이미지화하면서 이 실재를 관통하여 지나온 남자들(그리고 배우자이자 책사이자 지위 표시물이었던 여자들)은 그들이 보유했던 수단을 가지고 그들이 개념화 할 수 있었던 목표를 추구했다. 자신 스스로를 모방하는 극장국가의 드라마는 결국 환상이나 거짓이 아니었으며 손재주나 속임수도 아니었다. 극장국가의 드라마는 실제로 그 곳에 존재했던 실재였다.

이러한 입장은 권력에 대한 이전 접근과는 사뭇 다르다. 기존 방식은 상징을 설명하지 못한다(221쪽):

> 국가가 과연 "무엇인지"에 대하여 16세기 이래 서구에서 발전되어 온 개념들이 있다. 영토 내에서 폭력을 독점하는 존재, 지배계급의 실행위원회, 인민 의지를 대표하는 대리인, 이해관계를 조정하기 위한 실용적 도구 등이 바로 그런 개념들이다. 그런데 이런 개념들은 앞서 언급한 종류의 힘, 즉 질서화하는 힘이 존재한다는 점을 제대로 풀어내지 못하는 한계가 있다. 국가를 이해하기 위한 서구의 선도적인 개념들 중 그 어떤 것도 국가권력이 가진 상징적 측면의 특징을 충분히 설명해내지 못했다. 정치적 삶에서 명령과 복종이라는 개념으로 쉽게 환원될 수 없는 권위의 차원들은 고작해야 비성장적인 생성물, 신비, 허구, 장식물 등으로 이루어진 막연한 세계로 표류해 가도록 방치되었을 뿐이다. 또한 월터 배젓Walter Bagehot이 정부의 고결

한 부문과 효율적인 부문이라고 명명한 것 사이의 연계에 대해서는 체계적인 오해가 있어왔다.

간단하게 말해서 이 오해란 정부의 고결한 부문의 기능은 정부의 효율적인 부문에 봉사하기 위함이라는 오해, 고결한 부문은 일종의 술책이므로 다소 교활하고 환상적일 뿐이라는 오해, 고결한 부문은 단지 지배의 평범한 목표들을 쉽게 달성하기 위해 고안되었을 뿐이라는 오해다. 신화, 휘장, 예법으로부터 궁전, 작위, 의식에 이르기까지, 정치적 상징학은 단지 상징 아래 혹은 위에 올라타서 숨겨진 목적을 이루어 내려는 도구로 취급되곤 했다. 이럴 경우 정치의 실제적인 업무인 사회적 지배와 정치적 상징성의 관련성은 모두 외재적인 것으로 취급되어 버린다.

8.2 진짜 문화? 관광과 문화

문화가 관광에 쓰일 때, 부정적 시각이 많다. 전통문화를 이루는 주민들이 자신 문화의 왜곡을 수동적으로 바라만 보게 된다는 것이다.

경제수준이 낮은 곳의 경우, 이런 시각은 더 강경하다. 현대 관광에서 관광객 존재 자체가 문제이다. 원래 지역문화는 방문객 입맛에 맞게 변질된다. 인도네시아 원주민은 아예 관광객 받기를 거부하기도 한다(Robinson, 1999: 22):

일부 인도네시아 술라웨시 토라자 원주민에게 관광 산업은 달갑지 않다. 1980년 후반부터 관광객 입맛에 맞게 장례를 바꾸는 것에 대해 분노가 끓어오른다. 일부 주민은 아예 관광객을 거부하기로 한다.

이런 문제가 바로 지역문화 관광화에 따른 딜레마이다(Robinson, 1999: 22):

> 관광객은 이국적인 볼거리와 체험거리를 찾고 돈뭉치를 내놓으려 한다. 다른 한편으로는 이러한 관광객 존재 자체가 지역 문화를 갉아먹는다. 관광업 특유의 급박한 시간제한에 맞추어서 전통을 바꾸어야 하기 때문이다.
>
> 결과적으로는 관광업의 구매력으로 인해 지역 공동체 자체가 위협받는다. 관광객이라고 좋은 것도 아니다. 맥락이 주는 깊이가 있고 진짜 문화적 통찰을 얻는 대신에 연출된 진짜를 체험한다.

〈그림 8.1〉 인도네시아 술라웨시 장례[49]

49 https://commons.wikimedia.org/wiki/File:Burial_Site_2.jpg Toraja burial site. Toraja

관광이 지역문화를 없애기도 한다. 스페인 서부 피레네 산맥에 사는 바스크 마을the Alarde in the town of Fuenterrabia에서는 축제가 없어진다. 상품화에 따른 문화적 몰락이다. 지방정부가 고유문화를 공연화하는 데에는 몇 분밖에 걸리지 않았지만, 그로 인해서 350년의 역사를 자랑하는 의식은 죽어버린다(Greenwood, 1997: 137).

Davidd J. Greenwood(1997: 131)는 자신의 논거를 Geertz 에게서 시작한다:

> Geertz에게 문화란 의미가 통합된 체제이다. 문화를 통해서 현실의 본질이 확립되고 유지된다. Geertz 문화 개념은 진정성authenticity을 강조한다. 문화가 인생 경험에 부여하는 도덕적 느낌을 강조한다. 인간 삶에 있어서 의미체제가 얼마나 기본적인지를 강조하기 때문이다. 이것이 의미하는 바를 생각해보자! 당사자가 생각하는 자기 문화 진정성을 부정하거나 무너뜨리거나 위협하는 경우를 생각해보자! 이런 것은 그 문화가 없어지게 할 수 있다. 공적 의례는 어떤 문화의 기초적 의미를 보여준다. 그 의미를 극적으로 확립하고, 평가하고, 요약한다. 공적 의례public ritual라는 것은 이러한 현실의 어떤 측면을 다시 재확인하고, 더 발전시키고, 정교하게 만든다. 공적 의례는 같은 문화에 있는 사람을 같이 뭉치게 한다(Geertz 1957, 1966, 1972).

is an ethnic group in West and South Sulawesi, Indonesia, Date 1986, Author: Peter Ruckstuhl.

9

기업에 종속된 미래

Logan & Molotch의 책 "Urban Fortunes: The Political Economy of Place"를 미래도시 관련해 참고하는 것은 내용이 가지는 통찰력 때문이다. 사실 이들이 미국도시 미래를 제시한 것은 오래전이다. 원래 1987년도에 출판되었기 때문이다.

현재의 기준에서 보았을 때도 이 책이 가지는 현실설명력이 그리 떨어지지 않는다고 저자는 생각한다. 2007년도에 발간된 20주년 기념판 서문에서 이들이 자신들의 이전 분석의 장단점을 다음과 같이 이야기한다(26-27쪽):

> 우리는 원문을 바꾸지 않았다. 우리가 생각하기에, 원문에 묘사된 추세는 거의 모든 경우에, 약화된 것이 아니라 강화되었다. 신자유주의 정책과 성장동맹 역학의 전 세계적 확산은 성장위주 제도가 어떻게 작동하는지에 대한 이해의 중요성을 더해준다. 미국 등의 국가로 유입되는 이주자의 폭발적 증가는, 미국의 빈민가ghetto와 집결지quarter를 구분한 우리 분석을 더 중요하게 만들었다. 이는 성장 경쟁에서 주민이 어떻게 성공하는가에 대한 추가적 관심을 불러일으킨다. 우리가 적절히 예측하지 못한 것은 신문사를 사들이고 있는 국제적 미디어 체인media chain이다. 이는 성장연합에서

> 지역신문 편집장 영향력을 약화시킬 수 있다. 어떤 경우에, 우리가 인용한 숫자가 너무 오래된 것이기도 하다. 하지만, 우리가 말한 요지는 유효하다. 예를 들어, 우리는 뉴욕시의 지배적 위상을 이야기하기 위해 1980년대 자료를 사용하였다. 최근 자료를 인용했다면, 우리의 주장이 좀 더 강력해졌을 것이다. 몇 군데 우리가 틀린 곳도 있다. 런던의 호황이 전국적으로 퍼질 것이라는 것을 우리는 예측하지 못했다. 미국이 전 세계로부터 석유를 수입함에 따라 휴스턴이 쇠퇴하리라는 우리의 생각 역시 틀렸다.

앞서 언급한 몇몇 미래 예측과 마찬가지로, 어두운 미래를 이들은 생각하고 있다. 이유는 미래가 기업에 종속되어 있기 때문이다.

현재 국제 노동분업은 이전과는 성격이 다르다(326-327쪽):

> (상대적으로 단순한) 예전 공간적 노동분업에서는 부자나라에 사는 사람들은 "자기 자신들의" 자본주의 기업의 후원하에, 가난한 나라로부터 원자재를 수입해서 완제품을 만들어냈다. 새 질서에서는, 제품들이 부자나라 바깥에서 만들어진다. 원자재와 완성품이라는 이분법은 더 이상 여러 나라 사람들이 무엇을 하는지 정의해주지 못한다. 기업의 주소란 것 역시, 우리가 보태어 이야기하자면, 애매모호한 문제가 되었다. 기업조직과 생산의 국제화는 모든 국가의 장소들로 하여금 새 역할을 받아들이게 압박하였다. 이 역할은 지역사람과 지역기관의 교환가치와 사용가치에 구체적 결과를 수반한다. 간단히 말하자면, 이제까지 알려지지 않은 정도로, 장소의 지역적 이해관계는 국제 공간관계의 바뀌어지는 질서에 의해 형태지어진다. 제삼세계 도시들에게 이런 "외국의" 사건에 대한 높은 지역적 의존도는 오래전부터 있어왔다. 이제는 심지어 미국을 포함한 산업사회에서도 이러한 의존은 현실이 되어가고 있다.

이러한 새 국제 무역질서는 더 큰 문제를 가져온다(327-333쪽):

해외무역의 내용도 역시 바뀌었는데, 이는 아마도 구체적인 미국도시와 지역에 더 직접적 영향을 끼쳐왔다. 공산품 수출이 줄어들고, 농산물 수출은 빠른 속도로 늘어왔다. 국제체제에서 "핵심" 국가를 정의하던 다양한 제품이, 이제는 수입되고 있다. 이는 공업 생산 중심지에 위치한 기업에, 큰 손실을 끼쳤다 …

미국의 저임금 지역을 선호해오던 소비재 제조업자들은, 외국의 더 임금 싼 곳을 찾아내고 있다. 연구개발 투자에 기반한 첨단기술분야에서는, 미국이 아직 상대적으로 성공적이었다. 컴퓨터, 군수물자, 그리고 다른 첨단 시스템의 수출은 상당했다. 하지만 회로판이나 반도체와 같은 일부 첨단 제품의 경우는, 대량생산이 해외로 옮겨가는 추세이다 …

국제무역의 빠른 확대는 몇몇 주요 도시, 특히 뉴욕 로스앤젤레스 샌프란시스코에, 사무서비스와 금융업의 성장을 가져왔다. 한데, 이런 경제적 성장은 순수 미국내 투자에 의한 것은 아니었다. 예를 들어, 외국은행들이 미국 시장에 많이 들어왔다 …

미국이 외국 사람들의 경제와 문화에 영향을 주고 때때로 통제해오던 수십년이 지난 후 보여주는, 이러한 복잡한 형태의 상품과 서비스 수출입은, 이제 미국이 외부에서부터의 영향을 크게 받는다는 것을 의미한다. 한때 미국 제조업자들이 세계 최고 위치에 있던 소비재 시장에서, 외국기업과 미국기업의 해외 자회사가 점점 더 큰 비중을 차지한다 …

이런 초국적화 과정의 중심적 특징은, "우리" 기업을 포함한 잠재적 모든 기업의 변화하는 특성이다. 초국적 기업은 점점 덜 "미국것"이 되어가고 있다. 그리고, 이 변화는 사람과 장소간 관계에 심대한 함의를 가진다 …

경제성장과 개인의 풍요를 당연히 연결된 것으로 보기가 쉽다. 미국 맥락에서는, 기업의 부가 지역 노동자까지도 포함하는 모든 이에게 혜택을 준다고 전제하기 쉽다. 부가 흘러내린다는 생각은 언제나 잘못된 것이다. 노동자들은 호전적 조직화와 정치적 투쟁을 통해, 자본으로부터 자기 몫을 얻어냈다. (지역이든 전국이든) 국가의 역할은 여기서 매우 중요하다. 한편으로는 지배적으로 통제하는 계급과 또 다른 한편으로는 대중적 압력간의 균형을 유지하는 것이, 전통적으로 국가가 수행해온 역할이다 …

다국적 범위라는 것은 기업활동의 영역에 해당하는 모든 단위 정부의 주권 수준을 분명하지 않게 한다는 것을 의미한다. 어떤 기업의 본사기능은 뉴욕 빌딩에서 이루어지고, 생산조립은 남미에서, 하지만 법적 지위는 바하마에 있을 수도 있다. 동부 해안 고급 정박지를 가득채운 요트 선미에 있는 등록된 주가 델라웨어라는 것에 대해서는, 그 장소가 "고향"이 아닌 법적 편의를 의미한다는 것을 "모든 사람들이" 알고 있다 …

일괄과세와 같은 선택없이는, 국제적 기업의 내부활동과 비용에 대한 자체보고에 정부가 의존하게 된다. 부가 가지는 무장소성의 끊임없는 진화에 있어 극단적 지점을, 이는 의미한다. 자본주의 시대가 동트면서, 부자들은 봉토와 영지로부터 자유로워졌다. 이제 봉토와 영지 외에도 사람들은 부를 만들 수 있게 되었다. 수공예 소규모 사업체와 초기 기계 사용 생산업체는 아직도 (물, 동력, 원자재와 같이) 생산에 필요한 자원을 가지고 있는 지역에 매여 있었다. 사업가 자신의 거주지 부근에서, 주로 생산이 이루어졌다. 대량생산이 이루어지면서, 생산의 지리적 범위가 커졌다. 한 곳에서 자리잡은 기업은, 다른 여러 곳에서도 생산할 수 있다는 것을 알게 되었다.

이렇게 기업 활동 범위가 넓어짐에 따라, 주민 사용가치를 보호할 수 있는 "마지막 희망"으로서의 정부 단위에서 유사한 변동이 있었다. 중세시대의 사회질서하에서는, 지역의 영주와 주교가 소작료와 세금을 요구했고 또 받았다. 우리는 이 체제가 정당하다고 주장하지 않는다. 단지, 투쟁의 영역이 작고 분명하였다. 영주의 집과 교회에, 부가 있었다. 권력을 잡거나 개혁을 요구하려면, 어디에 힘이 가해져야 하는지를 알 수 있었다 …

주州가 자본을 붙드는 (그리고 아마도 재분배하는) 수단으로서 작동하기 어려워질 때는, 주정부는 정당성 이상의 것이 위태로워진다. 주정부는 존재 의미의 일부를 잃는다. 경계선 안과 밖에 있는 것이 사람들의 살림살이에 큰 차이가 없어진다. 남아있는 주의 자율성은 사람들이 더 많은 혜택을 받게 하기 위해 쓰여지지 않는다. 이 자율성은, 혹 자본이 높은 생활수준을 의미하지 않을까 하는 (진실되거나 꾸며진) 희망을 품고 옮겨다니는 자본에게 더 나은 제안을 제공하는 데 사용된다. 하나의 지방으로 줄어든 주는 아마 계속 임대업자를 위해 일할 것이다. 하지만 노동자의 요구에 부응해서, 이들을 위해 일할 수는 없을 것이다.

새로운 자본주의 형태는 미래 미국도시 모습을 새롭게 만든다(336-337쪽):

인구, 크기, 중심성, 혹은 국가 도시체제에서 장소가 제공하는 물건이나 서비스에 기초해서, 생태학자들은 장소를 유형화한다. 이러한 관점에서는, 각 장소는 전체 국가체제에서 유용한 역할을 수행한다. 이런 장소의 사람들이나 조직들이 특별한 이득을 얻기 위해 장소를 가지고 장난치거나, 체제 전부가 바깥의 나머지 세계와 연결되어 있다는 점은, 이 관점에서는 잘 인식하지 못하고 있다. 다른 많은 지역에서 일어나는 일들을 조정하는 특별한 역할을 어쩌다보니 수행하게 되었다는 의미에서만, 장소는 "지배적"이다.

목적의식을 가진 개인과 조직의 연결망을 통해 통합이 이루어진 초국적 체제와 미국도시들이 얽매여 있다는 것이, 우리의 관점이다. 효율성에 의해 좌우되는 자유시장이 움직이는 공간적 관계를 이야기하는 도시발전의 자연적 법칙이란 개념을 반박하기 위해, 우리는 오랜 분량을 할애하였다. 이해관계가 걸린 편들에 의해 성취된 지배와 통제는, 다양한 종류의 사람과 사회집단을 영속적 상태의 유리함과 불리함에 남겨둘 수 있다. 지역들에게 발전과 관련한 순응을 강제할 수 있는 국가의 능력이 작고, 자본의 유동성이 증가한 것을 감안할 때, 도시화의 미래 상황은 다양한 형태로 나타난다. 그리고 각 도시내 구체적 집단들의 운명 역시 다양하다. 자본을 효과적으로 다루는 능력이 불균등하기 때문에, 대도시 경제는 대도시간에 또 대도시내에서 "불균등"하고 "왜곡"되어 있다. 이는 신고전주의 이론과 모순된다. 성장을 끌어낼 수 있는 능력의 불균등이 우리의 도시 유형화에 있어 주요한 요소이다.

미국도시 미래는 다음 다섯 가지 역할 중 하나이다. 본사도시, 혁신중심지, 모듈생산지 및 처리지, 제삼세계 상업중심지, 은퇴중심지이다(337쪽).

9.1 본사도시

바뀌는 흐름에서도 미국 도시에서 본사 기능은 중요하다(337-338쪽):

> 주도적이고 세계적인 경제로서 미국의 입지가 쇠퇴해도, 미국 도시들은 초국적 자본주의에서 중요하다. 세계의 유명한 많은 기업들은 미국에 본사를 가지고 있으며, 이런 활동이 일어나는 ("본사" "세계적" "수도"라고 대안적으로 얘기되는) 도시들은 아직 유의미하다. 우리는 여기서 이런 장소들의 경제적 역할을 강조하지만, 이 도시들의 지배적 성격은 다면적이다. 지배적 성격이란 문화적 지도력과, 생태학자들이 이야기하듯, 교통 통신의 중심성을 포함한다(Abrahamson & DuBick, 1977을 보라).
>
> 사용하는 정확한 측정에 따라 다른 결과가 나올 수 있지만, 어느 도시가 제일 위에 있는지에 대해서는 광범위한 의견일치가 있다. 어떠한 지표로도, 뉴욕이 1위이다. 1979년에는 (산업, 은행, 보험, 소매, 교통, 전기 및 가스를 포함한) 미국의 가장 큰 기업들 중 132개가 뉴욕권역New York SMSA에 위치하고 있다(Ward, 1984). 이는 다음 순위 대도시인 시카고 숫자의 두 배이고, 그 다음 도시인 로스앤젤레스의 네 배이다. 다른 대도시에 비교해서 기업 규모가 크고 또 기업들의 해외진출이 활발하다는 것을 감안하면, 이러한 숫자도 뉴욕의 위치를 과소평가하게 한다고 볼 수 있다. 뉴욕은 예술, 교육, 상업 분야의 다른 선도적 기구들이 입지해 있기도 하다.
>
> 가장 빨리 발전하고 있는 곳은 로스앤젤레스다. 이 도시는 본사 숫자에서 샌프란시스코를 추월하였고, 시카고에 근접해가고 있다. 특히나 본사가 위치한 많은 기업들이 성장분야에 있다. 1971년에서

> 1982년 사이 공업 관련 기업만 보더라도, LA 도심에 본사가 위치한 포천 500 기업수가 14에서 21로 늘었다. 시카고와 샌프란시스코는 같은 기간 숫자가 다소 줄었다(Cohen, 1981: 305; Soja, Morales & Wolff, 1983: 224).
>
> 로스앤젤레스의 부상과 잘 알려진 남부로의 이전에도 불구하고(예를 들어, 아메리칸 항공은 1978년에 댈라스로 옮겼다), 특정한 몇몇 주요 대도시로의 계속되는 기업 집중은 전반적 양상이었다. 많이 얘기되는 옛날 중심 지역으로부터의 "탈출"은 과장에 불과하다.

인수합병에서 뉴욕 역할도 눈에 띈다. 이는 무엇이 본사 기능의 원초적 근원인지 생각하게 한다(339-340쪽):

> 오래된 본사도시들이 계속 지배적 위치를 유지하는 이유중 하나는, 인수합병의 지리적 양상이다. 인수한 기업 숫자에서, 1983년에 뉴욕은 전국 1위이다. 캘리포니아가 두 번째이다 …
>
> 어떤 대도시가 지배적이 될지를 추측하는데 쓰이는 세부사항과 상관없이, 본사는 작은 도시로 분산되는 것이 아니라 앞으로도 몇몇 주요 장소에 계속 집중할 것이라는데 의심의 여지가 없다. (똑같은 대도시라 하더라도) 대도시의 계속되는 중요성을 보여주는 이러한 양상은, 대도시가 이런 지배적 역할을 수행하는데 적절한 어떤 성질을 가지고 있다는 것을 추측하게 한다. 여기서 어려운 질문은 이러한 성질이 무엇이냐는 것이다.

점점 더 강해지는 독점적 혹은 독과점적 기업의 모습이 본사 기능을 끌어들이는 원천일 수 있다(340-341쪽):

이러한 생태학적 추론과 결별을 고하고, 다른 학자들은 대도시를 현대 기업의 조직 필요에 대한 반응이라고 해석한다(Palmer & Friedland, 발간예정). 물리적 요소, 인구학적 역동성 그리고 기술에 쏠렸던 관심을, 그래서 이들은 이런 기업의 필요로 돌린다. 독점적 혹은 독과점적 통제로 향해가는 생산시장의 현재 진행중인 경향은, 바로 그 사실로 인해, 주요 기업이 이미 존재해 있는 도시의 행정적 성장을 촉진하게 한다. 상품과 서비스가 한 공장이나 사무소에서 같은 기업의 다른 곳으로 거래되는 경제활동을, 기업은 커짐에 따라서 더 하게 된다(Noyelle, 1983; Pred, 1977). (지리적으로 구체적이지 않는) 시장 원리가 기업간 관료제로 대체되었고, 이 관료제는 주요 대도시에서 이루어진다.

이러한 기업 자체 통제기능을 주목해야 한다(343-345쪽):

본사도시의 도시체제에서의 역할을 유지하는데에도, 기술적 효율성만큼이나 본사도시의 통제적 이점(혹은 자본주의적 효율성)도 중요하다고 생각할 여러 가지 이유가 있다.

하나의 증거는 모든 큰 기업들이 이런 기술적 효율성을 필요로 하지 않는다는 것이다. 규모가 크고 정규적으로 수입을 내는 기업은 도시에서 떨어진 작은 도시에 입지할 수 있다. 프록터 앤드 갬블은 오하이오 신시내티에서 잘 운영되고 있고(Peters & Waterman, 1982), 존슨 왁스는 위스콘신 러신, 존디어는 일리노이 몰린에 입지해 있다. 비록 우리가 "오지"에 있는 기업에 대한 체계적 연구를 하지는 않았지만, 이런 기업들은 한 계열의 제품 생산에 몰두하고 또 대출과 금융거래에 있어서 보수적인 것 같다. 변두리에 입지하고도 기업이 잘 운영되는 것은, 이 기업이 실제 생산에 치중하기 때문이다.

커가는 본사도시를 이끌어가는 힘은 기술적 관점에서 효율적 생산을 조율하는 것 이외의 어떤 것이라고, 그래서 우리는 생각한다. 생산결과와는 오직 느슨히 연결되어 있는, 기업 금융자산을 지원할 능력에, 본사도시의 실제 이점이 대신 있는 것 같다. 앞서 두 시대를 주름잡았던 생산전문가와 또 이어서는 마케팅 부서를 대체하면서, 금융부서가 대규모 현대기업의 가장 힘있는 요소가 되었다고 Fligstein(1985)은 이야기한다(Perrow, 1970을 보라). 이는 몇가지 다른 형태를 가지는 "서류 사업체주의paper entrepreneurialism"(Reich, 1983)의 부상이 보여주는 징후이다. 금융부서 관리자는 회사의 자산을 이용해서 한 회사를 다른 회사와 합칠 수 있고, "적대적 인수" 위협에 대항해서 그러한 인수 시도를 무산시킬 수도 있다.

이러한 인수합병 활동이 꼭 기술적 효율성과 관련성을 가지는 것은 아니라는 것을, 사람들은 오래전부터 알고 있었다(Herman, 1981: 101; Nelson, 1959: 7). 망해가는 회사가 가지고 있는 세금 혜택을 얻거나 이익을 내는 회사 자산을 (세금 때문에) 평가절하 시키려고 인수가 이루어지기도 한다. 어떤 때는 "현금창출원"을 장악해서 또 다른 금융거래에 활용하려 한다. 인수하는 회사나 투자집단이 대금을 치르기 위해 돈을 빌리고 나서, 점점 더 인수당한 기업의 순익이나 자산을 가지고 대출금을 갚는다. 이는 피인수 기업을 아주 약하게 만들 수 있다(이는 "불량채권junk bond" 현상이라 불린다).

"기회주의"(Williamson, 1975)는 시장을 구조화하는데 언제나 하나의 힘으로 작용해왔다. 현재 인수합병이 진행되는 과정에서는, 회사 안이나 밖에 있는 이들이 사기칠 수 있는 기회가 많다. 성장 가능성과 활력이 있는 척만 함으로써, 인수한 기업 주가가 올라가서 이득을 보려는 투기꾼들을 볼 수 있다(Jung, 1984). 시도된 인수가 실패로 끝나더라도, 인수대상이 된 기업의 주가는 급속히 오르는 경우가 많다. 이러한 인수시도 상황을 만든 내부인은 이익을 볼 수 있다. 피인수 대상 기업이 인수를 하겠다고 위협하는 이에게, 인수시도를 그만두라고 돈을 주는 경우도 있다(이를 "그린메일green mail"이라 한다). 생산효율 향상과 전혀 관계없는 활동으로 엄청난 이윤을 만드는 것이다.

어떤 때는, (직장에서 쫓겨나갈까 두려워할 수도 있는) 한 기업의 관리자가, 다른 기업으로의 인수를 막기 위해 인수를 하기도 한다(Herman, 1981: 101을 보라). 투자자 Carl Icahn이 자기 기업을 인수하려고 할 때, 단지 자기 기업의 투자매력을 줄이기 위해, 소비재 생산기업인 체서브루-폰즈는 12.5억 달러를 차입해서 (이익을 내지 못하던) 스토퍼 화학을 인수했다. 스토퍼 인수와 같이 원가분석에 따르면 두 회사간 상승효과는 거의 없는, 이런 성격의 인수는 흔히 일어나는 일이 되었다(Hughes & Gilman, 1985: 3). 실제로 2차세계대전 이후, 기업의 기존 제품과 관련없는 사업을 하는 기업 인수는 계속 늘어났다 …

또 이러한 행태가 유발하는 활동 때문에, 이러한 행태는 기존 본사도시를 강화시킨다. 법률, 은행업, 회계를 맡아 지원해주는 기업에게, 이런 행태는 큰 수수료를 안겨준다. (변호사, 금융가, 중개인의 유용한 집중과 같이) 이러한 과정을 도와주는 지역 자원이 생산을 더 효율적으로 만들지는 않는다. 이런 자원은 통제를 더욱 효율적으로 만든다. 얘기되고 있는 생산자서비스 성장이, 통제활동의 증가를 노동력에서 반영하고 있는 것일 수도 있다.

Logan & Molotch에 따르면, 앞으로 본사도시 역할은 계속 커진다. 자유무역은 확대되고 다국적 기업의 세계적 진출은 늘어난다. 뿐만 아니라, 기업본사 자체가 부동산과 관련해 가지는 영향력이 크다

(346쪽):

> 본사에게 세를 내어주는 계급은 가장 큰 자원을 가지고 있다. 그리고 (점점 더 지역 부동산 소유주가 되어가고 있는) 세 들어 있는 기업은 전국 단위에서 영향력을 가진다. 본사도시의 입지이점을 유지하려고, 의욕있고 힘 있는 일련의 사람들이 국가 정책결정을 살피고 또 영향을 미친다는 것을, 이는 의미한다.

9.2 혁신중심지

혁신중심지는 생산주기에서 꼭대기를 차지하는 연구개발을 담당한다(347쪽).

> 사기업, 정부, 비영리 기관에 의해 이루어지는 연구개발은 생산주기에서 꼭대기를 차지한다. 이런 기술적 그리고 조직적 혁신은, 더 반복적 업무를 수행하는 다른 곳에서 적용된다. 어떤 의미에서 "생산자 서비스"이기도 한 혁신활동은, 생산지나 본사가 입지한 곳에서만 이루어지는 것은 아니다.

혁신중심지 입지유형은 생산기지와의 거리와 관련해 생각해 볼 수 있다(347쪽).

> Malecki(1980)는 여러 다른 연구개발 입지 유형을 정리한다. 기업 의사결정을 직접적으로 지원하는 어떤 연구개발 활동은, 본사도시내 다른 방향결정 기능과 인접하여 입지하는 경향을 보인다.

또 다른 경우로는, (제철소의 원자재 실험실과 같이) 기업의 각 공장 인근에 자체 연구개발 시설을 가져야 한다. 낮은 수준 연구개발의 경우, 시설이 넓게 분산된다. 하지만 이들은 기업생산기지 근처에 위치한다.

마지막으로, 어떤 연구개발활동은 이러한 제한으로부터 자유롭다. 그래서 큰 대학과 같이 전문 노동력과 연구관련 자산 근처에 입지하는 경향을 보인다(Jobert, 1975를 보라). 이는 "순수한" 형태의 연구개발이다. 여기서는 혁신이 가지는 고유한 집중 효과가 있을 수 있다. 텍사스 오스틴, 매사추세츠 케임브리지, 북부 캘리포니아 실리콘 밸리의 마을들, 노스캐롤라니아 리서치트라이앵글 지역이 이러한 혁신 중심지이다.

9.3 모듈 생산지

혁신중심지에서 일어난 기술적 조직적 혁신이 반복적으로 적용되는 곳이 바로 모듈생산지이다(349-350쪽):

반복적 경제활동의 장소가 되어가는 도시들은 두 가지 좋지 않은 특성이 있다. 다른 어딘가 있는 통제하는 곳에, 이 도시들은 종속되어 있다. 또 도시체제에서 대체가능하다. 세계 각지에서 온 부품을 조립해 차를 만들거나, 전국 각지에서 오는 잡지 구독 신청을 처리하거나, 주변 지역 패스트푸드 가맹점에 비밀소스를 배달한다. 통제센터나 혁신중심지를 구성하는 독특한 조직적 분포가 이런 기업들을 유지시켜 주지는 않는다. 인간생태학 이론에서 이야기할 수 있는 최소한 기준을 충족하기 때문에, 각 장소는 선택받는 것이다. 유통중심지는 시장에서 어느 정도는 가까워야 한다. 해군보급기지는 바다를 접하고 있

> 어야 한다. 하지만 이런 조건을 만족시키는 장소는 많다. 그래서 선택된 지역이 협상에서 유리한 고지를 장악하기 힘들다.
>
> (광산업 중심지와 같이) 자연자원과의 접근성이나 (볼티모어에 위치한 사회보장 본부와 같이) 지역이 정부기능을 유치할 수 있는 능력을 통해, 어떤한 모듈도시는 자신의 유용성을 갖춘다. 전국 무료번호인 "800" 번호 콜센터가 네브래스카 오마하에 입지한 것은, 싼 부동산 가격과 싼 임금과도 관련이 있다 (전화 회선이 남아돌고, 중서부 억양이 전국적으로 문제가 없다는 점도 도움이 되었다).

생산주기에서 하위 과정을 차지하는 이러한 곳에는 혁신이 없는 곳이 가지는 부정적 측면이 있으며 이러한 면은 현실에서 극단적으로 나타나기도 한다(353쪽):

> 최소한 휴스턴과 디트로이트는 전성시기를 누려본 경험이 있다. 모듈 장소 중에서 가장 낮은 층은, 다른 곳에서 이루어진 생산의 결과로 나오는 사회적 혹은 물리적 폐기처인 장소들이 차지한다. 아베날, 아델랜토, 블라이스라는 캘리포니아 세 도시의 지도자들은 유입되는 돈과 일자리 때문에, 주 교도소를 유치하려 하고 있다 …
>
> 사우스다코다의 한 농촌마을은, 지역 경제 발전 전략으로 저준위 방사능 폐기물 처리장을 유치하려 나섰다(Daniel, 1984).

9.4 제삼세계 상업중심지

'제삼세계 상업중심지'는 제삼세계 국가와의 국경 인근 대도시이다(353-354쪽):

떠오르는 미국생활의 국제화와 더 투명하게 연결된 또 다른 도시형태는, 국경에 있는 대도시이다. 미국에서 이런 장소들은 라틴아메리카 나라들과, 구체적으로 미국이 그 나라들의 신제국주의 중심으로 남아있는, 주州로 연결되어 있다. 이런 도시들에는 전형적으로 상당한 숫자의 이주민들이 있고, 국경 너머 도시들과 사회적 조직적 연계를 가지고 있다(Bloomberg & Matinez-Sandoval, 1982).

좋은 성장동맹 전략을 알아내기는 했지만 제삼세계 국가 근처에 입지하지 않아서, 애틀랜타 시장인 Andrew Young은 애틀랜타가 아프리카 대륙에 대해 이런 역할을 맡아야 한다고 제의하였다(New York Times, 1982.1.12.).

이러한 미래 전망을 제시하는 노력을 제외하고는, 중요한 국경도시들은 중앙아메리카 근처에 있다. 이 도시들에서 상당한 숫자의 중남미 출신 주민들이 있다. 마이애미에는 쿠바 출신 인구가 많다. 텍사스에 있는 엘패소 브라운스빌 두 도시는 각각 1980년도에 중남미 출신이 60퍼센트와 70퍼센트였다. 현재 미국에서 열 번째로 큰 도시인 샌안토니오에서, 인구 절반은 스페인어를 쓴다. 다양한 의미에서, 샌디에이고 심지어는 로스앤젤레스 역시 (다른 중요한 역할에 추가적으로) 상업중심지 성격을 가진다.

기본적으로는 저임금 외국인 노동자의 집결지이다(354쪽):

많은 수의 저임금 외국인 노동자 때문에, 국경도시는 주요한 노동력 결집지이다 …

이러한 집결의 잠재력은 사소하지 않다. 주로 중남미계나 아시아계인 외국에서 출생하고 미국에서 영주하고 있는 사람의 숫자는, 지난 몇십 년간에 비해 1970년대 빠르게 많아졌다(New York Times, 1984.

> 10.21. 센서스 보고서를 보라). 세계 다른 나라를 다 합친 것보다, 미국의 외국 출신 이주민 숫자가 더 많다. 이들 중 많은 노동자는 불법체류자이다. 이런 불법체류자는 주로 중남미 출신이기도 하다. 이러한 불확실한 법적 지위 때문에, 불법체류자는 저임금과 열악한 근무조건을 잘 감내한다 …
>
> 이러한 노동력 공급은 여러 분야에서 중요하다. 남부도시중 일부는 (그릇 치우는 사람, 설거지 하는 사람, 방 청소 하는 사람과 같이) 직업군 제일 하층에 있는 서비스 노동자를 필요로 한다. 이런 도시들은 저임금 공장에서 일할 노동력도 필요하다. 디자이너와 마케팅 전문가와 제조시설이 가까이 있을 때 가장 잘 운영되는 직종의 경우에는, 특히 이런 저임금 노동력을 필요로 한다. 번성하는 LA 지역 의류산업 종업원의 80퍼센트는 중앙아메리카에서 온 불법이민자이다.

동시에 금융과 무역중심지로도 작동한다. 멕시코와 국경을 맞대고 있는 샌디에이고와 중남미 지역과 연계지점인 마이애미 경우가 좋은 예이다(355-356쪽).

9.5 은퇴중심지

'은퇴중심지'는 노령화가 만들어내는 도시이다. 날씨가 좋은 미국 남부와 서부로 은퇴중심지는 집중된다. 은퇴도시의 성장전략은 단순히 은퇴자들만 유인하는 것 이상일 수도 있다. 애틀랜틱시티의 성장동맹은 도박을, 플로리다 사우스마이애미비치의 사업가들은 호텔과 아파트를 추가하는 식이다(356-357쪽).

10

성채마을gated communities

여기에서는 다음 책에 나오는 gated community 단어를 중심으로 논의를 진행한다.

- Blakely, Edward J. & Mary Gail Snyder. 1997. *Fortress America: Gated Communities in the United States* Brookings Institution Press: Washington, D.C.

'빗장 도시' '빗장 공동체'라는 기존 번역 대신에, '성채마을'이라는 표현을 사용한다.

gate 단어에 대한 위키피디아 정의는 다음과 같다.

> A gate or gateway is a point of entry to or from a space enclosed by walls.

이 정의에서 이렇게 연결되어 나오는 단어가 담장(wall) 이다. 사실 gate community 대신 walled community를 쓰기도 한다.

실제 책에서 저자는 이러한 마을의 역사적 연원을 살피면서 gate wall 두 단어를 같이 쓴다. 'gated and walled cities(p. 3)' 표현을 쓰면서, 영국에서의 로마 제국 군인 정착지를 최초 사례로 언급한다.

저자가 생각하기에, 실제 여기에서 얘기하는 gate 경우는 'city gate' 표현에 해당한다. '성문' 이다. 성벽으로 둘러싸인 우리나라 읍성에도 있는 4대문 같은 형태에 해당한다고 볼 수 있다.

그래서 저자는 성채라는 표현을 쓴다. 그리고 대부분 주거 단지 형태이기에 마을이라는 표현을 이어 붙인다.

둘을 합쳐 나오는 표현이 성채마을gated community 이다.

〈그림 10.1〉 성문[50]

50 https://commons.wikimedia.org/wiki/File:Car_bed_kap_deu2.jpg The Theodosian Walls in Constantinople. Second military gate(Deuterou or Belgrade gate). Date: 30 October 2006 (original upload date)

미국에서의 성채마을 사진을 보면, 성채라는 표현을 쓰는 이유를 느낄 수 있다. 물로, 성벽으로, 성문으로 방어하고 있는 성채같은 부자 마을이다.

〈그림 10.2〉 물로 방어하는 성채마을 Brikell Key, Miami[51]

51 https://commons.wikimedia.org/wiki/File:Brickell_Key_from_north_20100211.jpg Brickell Key in Miami, Florida, from the northwest is separated by water, requiring access by bridge. Digital photo taken by Marc Averette. Brickell Key in Downtown Miami, Florida, United States. Date: 11 February 2010

〈그림 10.3〉 담장으로 방어하는 성채마을 Naval Square, Philadelphia[52]

52 https://commons.wikimedia.org/wiki/File:NavalSquare.jpg Naval Square Wall Brick wall separating Naval Square from Grays Ferry Avenue in Philadelphia, Pennsylvania Date: 8 June 2013 Author: 4t4grfgz

〈그림 10.4〉 성문으로 방어하는 성채도시 Sea Gate, Brooklyn[53]

53 https://en.wikipedia.org/wiki/Gated_community#/media/File:Sea_Gate_gate_jeh.JPG Looking west at en:Sea Gate Brooklyn Neptune Avenue residential gate on a clearing June afternoon. Main gate is a few blocks south, on Surf Avenue. Date Taken on 15 June 2008 Author Jim.henderson

10.1 미국에서의 성채마을

주거용도의 성채마을은 1980년대 초반부터 본격적으로 생겨난다. 주거지를 군사기지처럼 만들겠다는 마음의 표현이다(1쪽).

성채마을 현상에서 주목할 점은 공적 공간이 사적 공간으로 바뀌었다는 점이다(2쪽):

> 성채마을은 접근이 제한된 주거지역이다. 내부를 보면, 보통 공적이라고 생각되는 공간이 사적 공간으로 바뀐 형태이다. 경계를 정하는 보안 시설이 있다. 보통 담장이나 펜스가 있다. 입구는 출입이 통제된다. 외부인 출입을 막기 위해서이다. 이런 식의 출입구와 담장이 전통적 형태이다. 더 현대적 형태도 있다. 이러한 성채마을은 곳곳에서 볼 수 있다. 도심과 교외에 다 존재한다. 부자 동네에도 있지만, 가난한 동네에도 있다. 출입구도 다양하다. 2층짜리 경비실에 24시간 경비원 근무를 서는 경우가 있다. 전원주택 같은 철제 출입문인 경우도 있고, 차량출입 차단기 형태도 있다. 보통 두개의 출입 차선이 있다. 하나는 손님이나 방문객 용도이다. 다른 하나는 거주민 전용이다. 카드, 비밀번호, 리모트 등으로 문을 연다.

성채마을은 주택소유자협회HOA: Homeowner association에 의해 관리된다.

> 성채마을의 더 중요한 특징은 출입관문 자체가 아니다. 더 중요한 것은, 자치기구인 주택소유자협회가 관리한다는 점이다. 성채마을 내부에서 공적도로가 아닌 사적도로가 운영되는 것과 같은 맥락이다. 각 주택의 소유자는 다른 소유자와 공동으로 공용시설에 대한 법적 소유권을 가진다. 도로, 인도, 출입구 등을 소유하는 것이다. 선출된 임

원이 재산을 관리한다. 각 가정은 CC&Rcovenants, conditions, and restrictions를 준수해야 한다.

CC&R은 부동산 관리에 대한 법적 효력이 있는 규약을 의미한다. 쉽게 얘기하자면, 내 집을 내 집처럼 쓸 수 없다는 의미이다. 내 마음대로 수리/수선이 어려울 수 있다. 애완동물도 함부로 키울 수 없다. 안전을 대가로 자유를 포기하는 셈이다.

10.2 적대적 건축

성채마을 현상은 '적대적 건축hostile architecture' 개념과 연결된다. 노숙자와 같은 특정인을 배제하려는 의도를 가진 건축 형태이다.

〈그림 10.5〉 범죄예방 환경설계: 펜스 설치54

우리가 흔히 단순히 좋은 것으로 생각하는 '범죄예방 환경설계CPTED: crime prevention through environmental design'가 있다. 적대적 건축 개념은 역시 서로 관련되어 있다.

범죄예방 환경설계의 대표적 특징은, 성채마을에서도 볼 수 있는 펜스 설치이다. 범죄자의 행동을 제한하면서 동시에 주택 내부와 외부에서 모두 감시가 가능하기 때문이다.

적대적 건축의 대표적 상징물은 조금 더 공격적이다. 노숙자 수면 방해용 벤치이다.

〈그림 10.6〉 적대적 건축: 노숙자 수면 방해용 벤치[55]

54 https://commons.wikimedia.org/wiki/File:Old_House_With_a_Large_Yard_and_a_Picket_Fence_(22787539912).jpg Old House With a Large Yard and a Picket Fence Date: 22 October 2015, Author: Michael Coghlan

55 https://commons.wikimedia.org/wiki/File:Westbahnhof,_hostile_benches_02.jpg

10.3 L.A. 요새: Mike Davis

마이크 데이비스 Mike Davis 주장도 참고할 만 하다. 그는 L.A. 도시 전체를 하나의 '요새fortress'로 취급한다. 저서 4장 제목이 Fortress L.A. 이다.

● Davis, Mike. 1990. *The City of Quartz* NY: Vintage Books.

이 장에서 성채마을 역시 중요한 하나의 요소로 다루고 있다. 요새 도시라는 전체의 일부를 구성한다.

다른 요소를 살펴보자! 공적 공간의 파괴를 들 수 있다(226-227쪽):

> 도시에서의 자유주의 쇠퇴는 옴스테드 방식의 공적 공간의 종말을 의미한다. 북미의 하우스만Haussmann 이 프레드릭 로 옴스테드Fredric Law Olmsted 이다. 센트럴파크Central Park 를 설계한 인물이다. 1863년 '뉴욕 징병거부 폭동New York City draft riots' 영향으로, 옴스테드 본인은 공원과 공공조경을 사회적 안전장치로 여겼다. 서로 다른 계급과 인종의 사람들이 공통된 (부르조아) 여가와 유흥을 즐기기 때문이다
>
> … 공공시설은 눈에 띄게 줄어든다. 공원은 황폐화된다. 해변은 더 끼리끼리 모이는 곳이 된다. 도서관과 놀이터는 폐쇄된다. 보통 아이들이 모이는 청소년 행사는 금지된다. 거리는 더 황량하고 위험해진다.

Bänke vor dem Westbahnhof, Wien, mit Bügeln, um das Liegen zu verhindern. Date: 4 February 2017 Author: Herzi Pinki

> 다른 도시와 마찬가지로, 도시 정책은 공격적 보안을 내세우고 중산층이 원하는 공간적 사회적 격리를 강화한다. 전통적 공적 공간과 공적 여가에 대한 실질적 투자 축소는, 기업체가 주도하는 재개발 사업에 대한 재정 지원으로 이어진다.

성채같은 건축 역시 하나의 요소이다. L.A. 곳곳에 있는 건축가 프랭크 개리Frank Gehry 건물은 억압, 감시, 배제를 드러낸다(238쪽).

프랭크 개리 방식의 억압적 건물의 전형은, 높은 철창 벽이 정면을 차지한 한 공공도서관이다. '골드윈 도서관Frances Howard Goldwyn - Hollywood Regional Branch Library'이다.

11

공동소비

Wheeler(2002)의 지역계획 사조에 대한 분류표를 참고로, 공간이론이 공동소비 개념을 어떻게 다루는지 살펴본다.

분류표에서 주의할 점부터 살펴본다. 신마르크스 지역경제 지리학에 나오는 Sassen이다. 세계도시론 Saskia Sassen과 동일인이다. 이중노동시장론 같은 초기 글을 중심으로 구분된 것 같다. 공동소비 개념의 Castells 과학단지론 Castells 두 사람도 동일 인물이다.

John Friedmann의 업적은 William Alonso와 함께 편집한 1964년 책 Regional Development and Planning 기준으로 하는 듯하다.

〈표 11.1〉 지역경제의 시대구분

시대	주요인물	특징
생태학적 지역론 (ecological regionalism) 20세기 초반	Geddes, Howard, Mumford, MacKaye	19세기 과밀산업도시 문제에 신경씀 도시와 시골을 조화시키려 함 비교적 전체론적, 규범적, 장소위주로 접근함
지역과학론 (regional science) 1940년대 후반부터 지금까지	Isard, Alonzo, Friedmann	지역경제발전, 양적분석, 사회과학적 방법론을 강조

0시대	주요인물	특징
신마르크스주의 지역경제 지리학 (Neo-Marxist regional economic geography)	Harvey, Castells Massey, Sassen	지역내 권력과 사회운동을 분석
공공선택지역론 (public choice regionalism) 1960년대부터 지금까지 1980년대에 가장 두드러짐	Tiebout, Ostrom, Gordon, Richardson	신자유주의 경제학의 자유시장 시각에서 지역을 분석
신지역주의 (new regionalism)	Calthorpe, Rusk, Downs, Yaro, Hiss, Orfield, Katz, Pastor	경제발전 뿐 아니라 환경과 공정성에도 신경을 씀. 탈근대 대도시의 구체적 문제에 초점을 맞춤 비교적 장소중심적이거나, 행동줌심적이고 규범적인 경우가 잦음

(Wheeler, 2002: 269)에서 그대로 인용

공동소비 개념을 이런 이론 전개에 따라 살펴본다. 공동소비 논의가 시간에 따른 현실 변화를 반영하는지 아니면 반대로 반영하지 못하는지가 저자의 개인적 관심이다.

11.1 Manuel Castells 공동소비

- Castells, Manuel. 1978. *City, Class, and Power*. NY: Macmillan.

공동소비 개념은 이 책에서 인정하듯 명확하지 않다. 이런 "정밀성 부족"은, "사회 실제 수준에서는 매우 분화되어 있는 현실을 이해할 만큼 정교한 이론의 부재(179쪽)"에 기인한다.

공동소비의 특성은 다음과 같다:

1) 주민의 일상생활과 밀접하게 연관되어 있다.
2) 생산, 관리, 교환과 구분되는 소비영역을 지칭한다.
3) 개인소비와 구분되는 소비영역을 지칭한다.
4) 공공주택의 제공, 지하철이나 고속도로와 같은 교통기반 시설 건설 및 운영, 학교나 공연장 같은 문화시설의 운영, 병원이나 탁아소 같은 복지 시설의 운영, 공터와 공원같은 여가공간의 제공, 각종 보조금이나 직접적 재정지원을 공동소비의 구체적 예로 들 수 있다.

공동소비 논의 전개는 자본주의에서의 이윤극대화와 연결된다(5쪽):

> 주택, 교통 등등에서 위기상황이 있다고 예를 들어보자. 인간활동의 사회적 조직화와 이 활동의 물질적 기반간의 특정한 종류 관계 결과인, 특정한 형태의 도시화 과정과 이 위기는 대개 연관되어 있다. 사용가치라는 측면에서 창조성과 생산성 발달 그리고 인간의 자연활용을 가능하게 하는 사회관계와 기술적 노동분업 수준이 적절하게 연결되는 것에, 생산 및 소비수단의 경제적 기술적 사회적 공간적 집중이 반응하는 것이 아니다. 이러한 집중은 자본집중과 정치적 관리라는 논리에 반응한다 …
>
> 과밀화, 공지空地 부족, 인위적 기술적 환경의 조성은 기술진보를 반영하는 것이 아니라, 인간활동의 사회적 공간적 조직화에 대한 특정한 관계를 표현한다. 이 관계는 축적이 공적이던 사적이던간에, 자본축적의 최대화에 의해 지배된다.

공동소비는 신자본주의 경제neo-capitalist economy라는 맥락에서 중요해진다. 신자본주의 경제에서 소비를 변화시키는 장기적 구조적 경향은 다음과 같다(16-18; 22; 40; 42; 170):

1) 이윤율을 유지하려는 자본
- 대중소비라는 새로운 시장의 필요성

2) 계급투쟁으로 인한 노동자 및 대중운동의 협상력 증대
- 지배계급이 생산이나 정치권력보다는 소비라는 분야에서 대중적 요구에 더 쉽게 양보함

3) 기술진보
- 소비의 양 증대를 가능하게 함
- 소비와 노동력 재생산이 겹치게 됨
(수백만의 노동자를 동시에 운송해서 직장에 정시에 도착할 수 있도록 교통기반 시설을 갖추는 것이 중요해짐)

4) 공동재 생산과 관리에 대한 국가의 개입
- 수익율이 떨어지지만, 경제가 돌아가거나 사회갈등을 줄이기 위해 필요한 서비스를 국가가 제공 (공공주택, 스포츠 시설, 문화시설 등)
- 국가의 공동소비 서비스 제공은 노동력 재생산 비용을 최소화하여 임금 지급 비용을 줄여주기 때문에 자본의 이익에 부합
(공공주택 제공은 월급인상 요인을 줄여줌)
- 국가의 공동소비 서비스 제공이 소비증진에 필수적
(주택소유를 촉진하는 주택담보장기대출과 같은 주택정책과 도심 고속도로망의 확장이라는 두 가지 공동소비 서비스 제공이 교외 단독주택에 사는 주민들의 각가지 개인 상품소비를 가능

하게 함)

(도로망의 확충이 자동차 산업 발전과 교외 쇼핑센터 건립 가능 하게 함)

- 1872년에서 1971년 사이 프랑스 경우 군사나 정치와 같은 전통적 부문이 GNP에서 차지하는 비중은 5퍼센트에서 9.9퍼센트로 증가한 반면, '공동소비수단'에 해당하는 부문(교육, 문화, 복지, 교통, 주택 및 도시운영)은 1퍼센트에서 14.1퍼센트로 늘어남
- 국가의 개입은 언제나 사적자본과 연결됨
(도시재개발은 건설업자 참여로 이어짐)

공동소비는 상당한 독자적 영역을 가지게 된다. 시장의 힘으로부터 어느 정도 자유로운 것이다.

그리고 선진자본주의에서 점점 더 많은 공동소비 서비스를 국가가 떠맡게 된다. 이중의 상대적 자율성double relative autonomy(19쪽) 이다. 첫째, 자본주의 체제 전체를 위해 국가는 일한다. 특정기업의 하인처럼 일하는 것이 아니다.

둘째, 심지어는 경제적 측면의 국가개입도 정치적 논리를 가진다. 노동자의 정치적 승리가 언급된다. 공동소비를 둘러싼 투쟁에서 노동자는 유리한 고지를 점한다. 기술직과 사무직으로 구성된 "새로운 뿌띠부르조아new petti bourgeoisie"까지 자신의 편으로 끌어들인다.

이런 현상의 근거는 다음과 같다(171쪽):

> 주택위기는 노동자 계급을 넘어서는 효과를 가진다. 공공교통의 위기는 일하러 매일 출퇴근해야하는 누구나의 문제이다. 보육시설의 부족은 모든 여자에게 영향을 준다.

공동소비 논의에서 주목할만한 점은, 공동소비가 하나의 독립된 변

수로서 새로운 형태의 불평등을 야기한다는 점이다. 소득이라는 자본주의의 전통적 불평등 요인과 공동소비는 구분된다. 주거환경, 노동환경, 건강상태, 교육 및 문화시설 등의 공동소비는 새로운 불평등 원인이다(16쪽). 공동소비 서비스를 제공하는 기준에 따라, 누가 혜택을 입고 누가 혜택에서 제외되는지가 결정된다.

공동소비 자체가 일상생활에서의 억압과 차별의 원인이 되기도 한다(31-32쪽):

> 소득이라는 자본주의의 전통적 불평등 원인과 공동소비는 구분된다. 주거환경, 노동환경, 건강상태, 교육 및 문화시설 등의 공동소비는 새로운 불평등 원인이다 …
>
> 공동소비 서비스를 제공하는 기준에 따라 누가 혜택을 입고 누가 혜택에서 제외되는지가 결정된다. 공동소비 자체가 일상생활에서의 억압과 차별의 원인이 되기도 한다. 도로망 확충에 이은 자동차에 대한 극단적 의존은, 자동차를 몰지 못하는 사람을 장애인으로 만들어 버린다.

11.2 공동소비, 인간생태학

- Hawley, Amos Henry. 1950. *Human ecology; a theory of community Structure* New York,: Ronald Press Co.

이 책을 먼저 다룬다. 여기서 공동소비에 가장 근접한 개념은, 비영리 사업체가 제공하는 서비스이다. 공동소비에 해당하는 정확한 개념은 없다.

비영리 업체 제공 서비스는 시장에 의존한다(214쪽):

> 경제적 용어로 시장이라고 불리는 것이, 기능분화의 필요조건이다 …
>
> 따라서, 결사단위associational unit는 이러한 조건이 충족되는 때와 장소에만 등장한다. 어떤 이유에서던, "시장"이 없어지면 결사단위도 사라진다. 현대 형태의 기업체의 경우, 이는 충분히 명백하다. 호황을 누리는 도시의 인구성장과 쇠퇴, 그리고 이에 따른 소매 및 서비스업의 등장과 퇴장이 극적인 예이다. "시장"에 의존하기는 마찬가지이다.
>
> 병원, 학교, 교회 등과 같은 비영리 업체 역시, 이윤추구는 이런 성격 단위에서 작용하지는 않지만, 수입이 비용과 같거나 크지 않으면 계속 작동할 수 없다. 즉, 최소한의 부양인구가 있어야 한다. 어린이 수가 줄면 학교는 문을 닫는다. 신자가 줄면, 교회가 폐쇄된다. 구성원들이 신뢰하지 않으면, 정부는 무너진다.

인간생태학에서 시장은 중요하다. 인간생태학을 관통하는 주제는 인구와 분화이다. 이러한 인구와 분화의 관계를 설명할 때, 큰 도시에서만 일자리를 찾을 수 있는 짐꾼의 예를 드는 Adam Smith가 인용된다(122쪽). 인구가 기능분화에 큰 영향을 미치며, 이 과정에 작동하는 기제가 시장인 것이다. 따라서, 인구생태학은 인구규모에 따라 각종 기능이 어떻게 시장기제에 따라 분화하고 또 공간적으로 배치되느냐에 큰 관심을 보인다.

효율적이며 자연스러운 긍정적 시장을 얘기한다. 따라서 인간생태학은 전반적으로 공동소비에 유사한 영역에 대해 무시하는 태도를 취한다.

서비스업 자체에 대해서도 무시하는 태도는 마찬가지이다. Hawley

는 생산활동과 서비스를 구분하고, 서비스 기능에 대해 무시하는 시각을 보인다. 공동체에 있어 어떤 기능은 본질적으로 다른 기능보다 더 영향력이 있다. 지배 혹은 통제의 정도에 따라 공동체에는 기능들이 배열되어 있다. 체제의 정상적 작동을 위해서는 어떠한 기능에 충분한 통치 혹은 조정을 할 권한이 집중되어야 한다(221쪽).

미국 지역공동체에서 가장 큰 힘을 가진 조직은 일반적으로 생산조직이다. 외부와의 관계를 매개하기 때문이다(229쪽).

상공회의소나 제조업체협의회가 생산조직을 대변한다. 지역에 따라서는, 어떤 하나의 생산조직이 힘을 발휘하기도 한다. 하나의 광업 회사는 경찰 고용, 임금지급, 부동산 소유, 정치참여, 다른 조직에의 영향력 행사를 할 수 있다(230쪽).

물론 정부의 힘 역시 막강할 수 있지만, 생산조직보다는 보통 약한 경우가 많다. 지방정부 힘은 부여받은 규제 권한에 기인한다. 따라서 지방정부의 힘이란 것은 제한된 범위 내에서 발휘된다. 더욱이 미국에서는 이러한 힘이 더욱더 제한되어 있다.

미국에서는 지방정부 확립 이전부터 생산조직이 지배적 위치를 차지기도 한다. 생산조직과 지방정부는 서로 힘을 겨룰 수 있지만, 미국 경우 생산조직이 우위를 점하는 경우가 많다(229-230쪽).

학교와 같은 비영리서비스는 공동체 지배구조에서 가장 밑바닥에 위치한다. 공동체 지속 시키는 자원에 대한 영향력이 가장 작기 때문이다. 주민 일상생활 서비스는 지배당하거나 통제당하는 편에 속한다. 학교 뿐 아니라 소매 및 개인서비스 업체, 여가시설, 교회도 통제당하는 쪽이다(230쪽).

비영리서비스(학교, 교회, 병원 등)는 다른 서비스업 활동과 마찬가지로 시장에 종속된다. 종속된다는 의미는, 비영리서비스일지라도 지출보다는 수입이 많아야 된다는 의미이다. 이러한 수입은 비영리기관을 지탱해줄 최소의 인구가 있어야 되기 때문이다(214쪽).

또 다른 생태학자를 살펴보자! McKenzie(1924)도 서비스업을 무시하기는 마찬가지이다. 그에 따르면, 서비스를 기반으로 한 유형의 공동체는 경제기반을 제대로 가지고 있지 않다. 휴양지, 정치/교육 중심지, 군사도시, 수용/복지 시설 입지지와 같이 서비스 산업을 기반으로 하는 공동체는 인간의 변덕이나 법 조문 변화에 취약하다(McKenzie, 1924: 291).

공동소비에 대한 인간생태학의 무시는, 최근 이론에서도 마찬가지이다. John Kasarda 공항도시 이론에서 강조되는 것은 경제적 경쟁의 근원인 속도이다. 가장 빠른 교통수단인 제트비행기의 출도착지인 공항을 중심으로 발달하는 도시가 공항도시이다.

공항도시 이론에서 공동소비에 해당하는 것은, 공항도시에서 생활할 엘리트 자녀를 위한 학교 정도이다.

11.3 공동소비, 과학도시

비판적인 1972년 책을 쓴 이후에, Manuel Castells은 Peter Hall과 함께, 이전 입장과는 상당히 다른 내용을 담은 책 "Technopoles of the World"라는 책을 1994년에 내놓는다.

이러한 변화는 1989년 출간된 '정보도시The Informational City'에서 어느 정도 예견된다. '새로운 자본주의'까지는 아니더라도, 이전과는 상당히 다른 자본주의 시대에 우리가 살고 있다. 새로운 기술혁명은 이전과는 달리 그 원료와 산물 모두가 정보이다.

● Castells, Manuel. 1989(2001). 정보도시. 번역 최병두, 김륜희. 한울.

"새로운 기술혁명"과 "정보적 발전양식"이 그가 사용하는 용어들이다(29-31쪽):

> 1960년대 후반부터 1980년대 후반까지 20년 동안, 일련의 과학기술적 혁신들이 새로운 기술 패러다임의 구성으로 수렴되었다. 이러한 패러다임의 과학기술적인 핵심은 트랜지스터(1947), 통합회로(1957), 플랜너planar 과정(1959), 마이크로 프로세서(1971) 등 일련의 발견들로 이루어진 마이크로 일렉트로닉스(극소전자학)이다. 단위 메모리당 힘의 지수적 증가와 그 비용의 급격한 감소로 질주해 온 컴퓨터는 하드웨어 및 소프트웨어 양자 모두에서 정보과정을 혁명화할 수 있었다.
>
> 원격통신은 정보체계들을 형성하기 위한, 프로세싱 단위들 사이의 연계를 가능하게 함으로써, 새로운 기술들의 보급과 완전한 유용화를 위한 주요 동력이 되었다. 공장 및 사무실 작업과정들에 이러한 마이크로 일렉트로닉스에 기초한 정보체계들의 응용은 컴퓨터 지원설계 / 컴퓨터 지원공정 및 유연적 통합공정, 그리고 향상된 사무자동화의 기초를 창조했으며, 유연적으로 통합된 생산 및 관리 체계들의 일반적 응용을 위한 길을 마련하였다.
>
> 정보기술들의 이러한 핵심들 주변에, 수많은 여타 근본적 혁신들이 특히 신소재(세라믹, 합금물, 광섬유), 그리고 보다 최근 슈퍼컨덕터, 레이저 그리고 재생가능한 에너지원에서 이루어졌다. 이와 병행하여 정보를 저장 분석할 수 있는 능력의 향상으로 혜택을 받은 과정으로, 유전공학은 생명체의 영역까지 기술혁명을 확대시켰다. 이는 생명유

> 기체들 내에 체현되어 있는 정보를 해체하고 재구성할 수 있는 능력에 그 과학적 기초를 가진 정보기술로서 바이오 테크놀러지(생명기술)의 기반을 만들었다 …
>
> 내가 주장하는 바와 같이, 사회적 경제적 그리고 제도적 요인들은 새로운 기술 패러다임의 행태하에서 이러한 상이한 과학적 혁신들의 동시 등장에 결정적이었다. 그러나 새로운 기술들의 특이성은 이 패러다임의 구조와 진화에 주요한 역할을 하며, 혁신 과정과 사회조직의 과정 간 접합에 그 내적논리의 물질성을 부여한다.
>
> 새로운 기술 패러다임은 두 가지 근본적 양상들에 의해 결정된다. 첫째, 새로운 핵심기술들은 정보가공에 초점을 두고 있다. 이는 부상하고 있는 기술 패러다임이 가지는 우선된 특이한 양상이다. 분명 정보와 지식은 모든 기술혁명들에 주요한 요인이었다. 왜냐하면 기술은 궁극적으로 새로운 지식의 응용에 기초하여, 새로운 과업들을 수행하거나 또는 기존의 공정을 보다 잘 수행할 수 있는 능력이 되기 때문이다. 모든 주요 기술적 변화들은 사실 새로운 지식에 기초한다.
>
> 그러나 오늘날 기술변화의 과정을 상이하게 만드는 것은 그 원료 자체가 정보이며, 그 산물도 정보라는 점이다.

이러한 기술혁명은 "정보적 발전양식"을 가진 새로운 사회를 만들어 냈다(29-31쪽):

> 근본적 결과는 기술혁신의 본질적인 과정 지향에서 도출된다. 생산물과는 달리 과정들은 인간 활동의 모든 영역들에 들어오기 때문에, 혁신적 기술들에 의한 이 영역들의 전환은 어디든지 흐르는 정보의 흐름에 초점을 두고, 전체 사회조직의 물질적 기초에 수정을 유도한다.

따라서, 새로운 정보기술들은 우리가 생산하고, 소비하고, 관리하고, 생활하며, 죽게 되는 방식을 - 그 자체로서가 아니라, 분명, 인간 행태와 사회조직을 결정하는 일단의 광범위한 요인들의 강력한 매개자로서 - 전환시킨다 …

이러한 방법으로, 장인생산과 대규모공업, 대량소비와 주문된 시장, 강력한 관료주의와 혁신적 기업들 사이의 역사적 대립들은 새로운 기술적 매체들에 의해 변증법적으로 폐기되며, 이러한 폐기는 이들의 사회적 환경들과 직접적 관련성을 가지는 적응적 조직adaptive organization 시대로 안내한다.

모든 과정들의 유연성을 증대시킴으로써, 새로운 정보기술들은 경제와 사회간의 거리를 최소화하는 데 기여한다. 새로운 기술 패러다임은 그 기본 특징들의 특수한 논리와 연계된 근본적인 사회적 결과들을 가져온다.

그렇지만, 새로운 기술들은 보다 광범위한 생산과 조직의 체계에 접합되어 있으며, 이 체계의 궁극적인 근원은 사회적이지만, 이 체계의 발전에 새로운 기술들은 크게 기여한다.

우리는 경제성장과 사회변화를 추진하는 기술과 조직 과정들 사이의 이러한 복잡하고 상호작용적인 체계를 발전양식mode of production 이라 부른다.

혁신환경milieu of innovation 이 중요하다. '그 지역에 입지한 생산집적지 특유의 사회조직을 기반으로 해 시너지가 일어나고, 그 시너지가 효과적으로 끝없이 혁신을 만들어 내는 곳'이다(414쪽).

이렇게 효율성에 초점을 맞추는 과학도시론은, 공동소비에 그리 신경쓰지 않는다.

1950년부터 시작된 실리콘 밸리 삶의 질 하락을 알고 있다(68쪽):

> 막대한 교통체증이 실리콘 밸리 생활방식의 중요한 부분이 되었다 …
>
> 따라서 교통체증, 갈수록 높아지는 인구밀집, 화학물질 오염은 이 지역 환경의 질을 상당히 악화시켰다. 실리콘 밸리 신화를 꾸며주던 대부분의 유명 과실들은 이미 사라져버렸다. 산호세 시의 인구당 공공공간의 면적비율은 뉴욕시 비율의 약 1/3 정도에 불과하다.
>
> 범죄도 미국의 모든 거대한 대도시 지역과 마찬가지로 심각한 문제다.

하지만 이에도 불구하고, 실리콘 밸리 혁신은 계속된다고 주장한다(68-69쪽):

> 그럼에도 1980년대 내내 전세계의 유능한 공학자와 혁신기업이 계속 실리콘 밸리에 자리잡았다 …
>
> 처음 이 지역이 기술의 중심지가 되는데 중요한 요소로 작용했던 바로 그 삶의 질이 너무나 빠르고 명백하게 악화되어 가지만, 이것이 지역경제의 활력이나 혁신역량을 방해하지는 못했다. 왜냐하면 혁신환경은 그 자체가 목적이기 때문이다. 사람들은 삶의 질이나 자연의 아름다움 때문에 그곳에 사는 것이 아니다. 삶의 질이란 너무나 주관적인 속성이기도 하거니와, 세계의 많은 지역이 놀랄만큼 아름답지만 기술이나 산업의 중심지로 바뀔 가능성은 거의 없다 …
>
> 실리콘 밸리가 계속적으로 전세계의 첨단기술 연구자와 기업가에게 미치는 영향력이란 이곳이 전자산업에서 가장 발전된 지식의 저장고

> 라는 단순하고도 근본적인 사실과 이곳의 사회적 네트워크나 전문가 조직을 통해서 정보를 가공함으로써 차세대 지식을 만들어 낼 수 있다는 능력에 기반한다.

특정 공동소비만 과학단지론은 중요시한다. 혁신역량과 직결된 공동소비이다. 구체적으로는 대학교육이다.

1950년대 산타클라라 카운티에서의 혁신환경 유래를 세 가지로 본다. 이 중에서 대학 역할을 크게 본다(70-73쪽):

> 1) 새로운 원료인 과학적 지식과 기술정보
> 스텐포드 대학이 전자공학 분야의 과학적 지식과 선진기술 정보를 널리 확산시켰다. 쇼클리도 자신의 회사를 만드는 동시에 스텐포드의 교수진으로 채용되었다.
>
> 2) 모험자본
> 직접적으로는 벤처캐피털 투자로부터, 간접적으로는 아직 시험중인 기기를 군수시장이 보증해 줌으로써 위험도가 높은 자본이 조달되었다 …
>
> 3) 지역 내 고숙련된 과학기술 노동력의 활용성
> 처음에는 스텐포드와 버클리가, 나중에는 산호세 주립대학과 산타클라라 대학도 참여한 캘리포니아만 지역대학들의 건실한 전기공학 프로그램으로 인해 고숙련된 과학기술 노동력을 이용할 수 있었다.
>
> 1960년대부터는 실리콘 밸리가 전 세계적으로 인재들을 모으기 시작했지만, 초기 단계 지역 환경을 만드는 데에는 이 지역에서 졸업했고 이 지역 대학 자체의 자원 시스템에 접근할 수 있었던 훌륭한

공학자 집단이 큰 도움을 주었다. 따라서 대학은 두 가지의 역할을 수행했다.

첫째로, 대학은 새로운 원료라고 할 수 있는 과학적 기술적 지식의 원천이었다. 특히 스탠퍼드 대학이 그러했다.

둘째로 실리콘 밸리 환경 스스로 노동시장을 만들 능력이 갖추기 이전에는 대학이 고숙련 노동자 공급자 역할을 했다.

11.4 공동소비, 세계도시

무엇이 세계도시를 만드느냐는 주제에 집중한 Saskia Sassen과 달리, John Friedmann의 7가지 세계도시 가설 중 일부는 공동소비를 직접적으로 다루고 있다.

공동소비는 무시되고 축소된다(Friedmann, 1986: 69-83):

> 외국에서부터이건 자국내로부터이건, 가난한 노동자의 급격한 세계도시 유입은, 사회적 재생산을 위한 대규모 요구사항을 만들어 낸다. 주택, 교육, 의료, 교통, 복지 등이 이에 해당한다.
>
> 초국적 자본을 위한 경제적 기반시설과 지배엘리트의 자신만의 사회적 재생산을 위한 요구사항과, 이러한 수요는 대치점에 점점 놓이게 된다.
>
> 이러한 경쟁적 투쟁에서, 가난한 이 특히나 새로 온 이민자 집단은 밀리게 된다. 국가 예산은 정치권력의 전반적 균형점을 반영한다. 기업들은 세금면제가 될 뿐 아니라, 이런 저런 방식으로 후하게 보조금

> 이 주어진다.
>
> 초국적 기업에 관련해 먹고 사는 사회계급들은, 보통 성공적으로, 자신들을 위한 도시쾌적성이나 서비스를 요구한다. 자본축적의 부담이 정치적 최약자와 가장 비조직화된 집단에게 체계적으로 전가되는 재정적 사회적인 지속적 위기가, 이의 전반적 결과물이다.
>
> 이들 자신들의 정당한 요구를, 기업과 국가에 맞서 주장하는 것은, 어느 곳에나 있는 경찰 탄압 때문에 더욱 더 제한된다.

공동소비를 둘러싼 이런 노동자 어려움은, Castells 공동소비 개념의 맥락인 노동자의 정치적 승리와 대조된다.

11.5 도시쾌적성

도시쾌적성론urban amenity theory 시작은, 무엇이 지역발전을 일으키는가?'라는 질문이다.

- Terry, Clark. 2003. "Urban Amenities: Lakes, Opera, and Juice Bars: Do They Drive Development?" *Research in Urban Policy* 9: 103-140.

도시쾌적성은, 공공재에서 사유재에까지 걸쳐 있는 폭넓은 개념이다. 도시쾌적성과 관련이 있다면 공공성을 가진다는 것이 도시쾌적성 이론의 주장이다.

철저히 공적인 공동소비 개념과는 달리, 반사유재半私有財, semi-private goods 이야기가 나온다(104쪽):

> 어떤 종류의 편의 경우는 그 도시에 있는 모든 이에게 영향을 미친다. 깨끗한 공기 같은 경우이다. 완전히 공적인 것은 모두에게 소비된다. 이러한 존재를 접할 수 없다는 것은 큰 비용을 수반한다. 완전히 공적이고 완전히 사적인 건 별로 없는 반면에, 대부분 것들은 이 중간에 존재한다. 어떤 이는 편의를 "비시장 거래"(Glaeser, 2000)이라 한다. 나는 이런 정의를 조금 더 넓히려고 한다. 박물관이나 음식점 같은 편의는 절반-사유재이다. 왜냐하면 사람은 배제될 수도 있고 비용이 청구되기 때문이다. 개인주의적으로 생각하는 분석가는 음식점의 편의 측면을 무시한다. 음식이라는 순수 사유재를 특정한 개인에게 공급한다고 보기 때문이다. 하지만 어디에 정착해 살아야 할까 고민하는 사람에게는, 음식점이라는 것은 쟁반 위에 올라온 먹을 것 이상의 의미를 갖는다. 어떤 종류의 음식점이 있고 없고는 그 지역의 분위기를 규정한다. 그런 음식점에서 먹지 않는 사람에게도 그러하다. 지역 편의 시장을 구성하는데, 이러한 구성이라는 것이 지역마다 다 다르다. 그래서 시장거래로부터 흘러내리는 이러한 공적 성격을 지닌 것을 편의 범주에 포함시킨다. 이러한 것들이 누적되면 개인과 기업의 입지 선택에 영향을 미칠 수 있기 때문이다. 이러한 입지 선택은 인구수를 늘이거나 줄일 수 있다.

도시쾌적성 이야기가 제기하는 지역발전 인과관계는 흥미롭다. 그림과 같이, 도시쾌적성이 인적자본에 긍정적 영향을 미친다.

서핑하러 정착하는 사례를 보자!(108쪽):

> Sally 같은 경우가 갈수록 중요해진다. 서핑하러 샌디에이고 온 사람이다. 1년을 지내고 났는데 엄마가 돈을 더 이상 안 보내준다. 그래서 야채 버거 노점을 연다. 그녀의 개인적 움직임이 먼저이다. 그리고 직장이다.

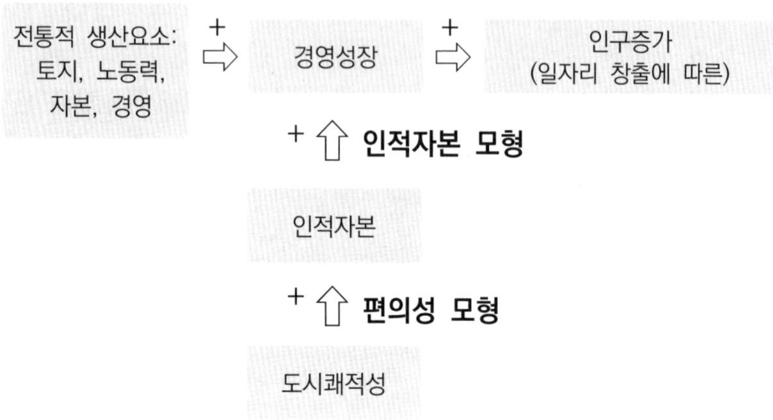

출처: Clark, 2003: 106.

〈그림 11.1〉 도시쾌적성론에서의 도시발전 모형

분석된 도시쾌적성 두 가지 영역은 자연적 도시쾌적성과 사회적 도시쾌적성이다. 기후, 습도, 온도, 수자원 접근성, 그리고 전반적 자연적 매력이 자연적 도시쾌적성에 해당한다.

전문적 도서관, 박물관, 연극공연, 중고서점, 과일음료가게, 양조맥주점, 유기농 가게, 자전거 관련 행사, 그리고 스타벅스 커피점이 사회적으로 구성된 도시쾌적성 목록에 올라 있다.

이 이론은 새 정치경제 구도를 가정한다. 정당 인종 같은 전통적 정치에 크게 얽매이지 않는다. 생산보다 소비를 중요시한다. 개인적 소비자로서의 시민이 강조된다(104쪽).

참고문헌

김준우. 2007. 『국가와 도시』 전남대학교출판부.

김준우·안영진. 2008. 『선집으로 읽는 한국의 도시와 지역』 박영사.

김준우. 2010. 『공간이론과 한국도시의 현실』 전남대학교출판부.

김준우·안영진. 2013. "'공동소비' 개념과 공간이론: 현실에서의 시사점을 찾아서" 『현대사회과학연구』 17: 39-50.

김준우·안영진. 2017. 『새로운 지역격차와 새로운 처방: 철근/콘크리트에서 지역발전유발 지식서비스로』 서울: 박영사.

박거용. 1993. "레이먼드 윌리엄즈(Raymond Williams)의 문화유물론 연구" 상명대학교 논문집, 31: 267-285.

Abrahamson, Mark, and Michael A. DuBick. 1977. "Patterns of urban dominance." *American Sociological Review* 42,5: 756-768.

Abu-Lughod, J. L., 1995, "Comparing Chicago, New York, and Los Angeles: Testing Some World Cities Hypothesis," in Knox, P. and Taylor, P.(eds.), *World Cities in a World System*, Cambridge University, 171-191.

Abu-Lughod, Janet. 2006. "Global city formation in New York, Chicago, and Los Angeles" pp. 42-48. in *The global cities reader* edited by Neil Brenner and Roger Keil. NY: Routledge.

Abu-Lughod, Janet. 2006(1989). 재닛 아부-루고드 『유럽 패권이전 13세기 세계체제』 박흥식, 이은정 역. 까치. *Before European Hegemony:*

The World System A.D. 1250-1350 Oxford University Press.

Alexander, Don, Ray Tomalty. 2002. "Smart growth and sustainable development: challenges, solutions and policy directions" *Local Environment* 7,4: 397-409.

Banfield, Edward C. 1961. *Political Influence*. New York: Macmillan.

Banfield, Edward C. and James Q Wilson. 1963. *City Politics*. Cambridge, Mass: Harvard University.

Benfield, F. Kaid, Jutka Terris, and Nancy Vorsanger. 2001. *Solving sprawl : models of smart growth in communities across America*. New York, N.Y.: Natural Resources Defense Council.

Bernard, Richard M. 1983. "Oklahoma city: Booming Schooner." pp. 213-234 in Richard M. Bernard and Bradley R. Rice eds., *Sunbelt Cities: Politics and Growth since World War II* Austin: University of Texas.

Bernard, Richard M. and Bradeley R. Rice eds., 1983. *Sunbelt cities: Politics and growth since World War II.* Austin: University of Texas Press.

Binford, Henry. 1985. *The first suburbs.* Chicago: University of Chicago.

Blakely, Edward J. & Mary Gail Snyder. 1997. *Fortress America: Gated Communities in the United States* Brookings Institution Press: Washington, D.C.

Bloomberg, Warner, and Rodrigo Martinez-Sandoval. 1982. "The Hispanic-American urban order." pp. 112-132 in Gappert and Richard V. Knight eds., *Cities in the twenty-first century*. Beverly Hills: Sage.

Bradbury, Katharine, Downs Anthony & Small Kenne. 1981 *Urban Decline and the Future of American Cities* Brookings Institution Press.

Braudel, Fernend. 1972. *The Mediterranean and the Mediterranean World in the Age of Philip II, 2 Volumes. Trans. by Sian Reynolds. NY: Harper & Row.*

Burgess, Ernest. 1984. "The growth of the city: An introduction to a research project." pp. 47-62. in *Introduction to the science of sociology.* edited by Park, Robert Ezra and Ernest Watson Burgess. Chicago: The University of Chicago press.

Campbell, Scott and Susan S. Fainstein. 1996. *Readings in planning theory.* Cambridge, Mass., USA: Blackwell Publishers.

Caro, Robert. 1974. *The power broker* NY: Knopf.

Castells, Manuel. 1978. *City, Class, and Power* NY: Macmillan.

Castells, Manuel. 1976. "Theory and ideology in urban Sociology" pp. 6-84 in *Urban sociology : critical essays.* edited by Pickvance, C. G. London: Tavistock Publications.

Castells, Manuel. 1977. *The Urban Question: A Marxist Approach* Cambridge, MA:MIT Press.

Castells, M., 1978. *City, Class and Power* NY: St Martin Press.

Castells, Manuel. 2001(1989). 정보도시. 번역 최병두·김륜희. 한울.

Castells, Manuel & Peter Hall. 2006(1994).『세계의 테크노폴: 21세기 산업단지 만들기』 강현수·김륜희 역. 한울. *Technopolis of the World,* NY: Routledge.

Castells, Manuel. 1983. *The city and the grassroots : a cross-cultural theory of urban social movements* London: E. Arnold.

Clark, Daivd. 1983. "Improbable Los Angeles." pp. 268-308 in Richard Bernard and Bradley Rice eds., *Sunbelt cities.* Austin: University of Texas.

Clark, Terry. 2003. "Urban amenities: Lakes, opera, and juice bars do they drive development?" *Research in urban policy* 9: 103-40.

Clayton, Janet. 1984. "South-central LA fears Olympics to disrupt lives" *Los Angeles Times*, Feb 5, sec II, p.1.

Clifford Geertz. 2017(1980). 『극장국가 느가라: 19세기 발리의 정치체제를 통해서 본 권력의 본질』 클리포드 기어츠. 김용진 역. 눌민. *The Theatre State in Nineteenth-Century Bali* Princeton University.

Congress of the new urbanism. 2000. 『뉴 어바니즘 헌장』 안건혁, 온영태 공역. 한울.

Corso, Anthony. 1983. "San Diego." pp. 328-344 in Richard Bernard and Bradley Rice eds. *Sunbelt cities* Austin: University of Texas.

Curran, Ron and Lewis MacAdams. 1985. "The selling of LA county" *LA Weekly,* Nov 22-28. pp. 24-49.

Dahl, Robert Alan. 1961. *Who governs? Democracy and power in an American city.* New Haven,: Yale University Press.

Dahl, Robert Alan. 1971. *Polyarchy; participation and opposition.* New Haven,: Yale University Press.

Dahl, Robert Alan. 1989. *Democracy and its critics* New Haven: Yale University Press.

Dahl, Robert Alan and William H. Flanigan. 1971. *The New Haven community study* Ann Arbor, Mich.: Inter-university Consortium for Political Research.

Daniel, Leon. 1984. "S.D. town wants nuke waste dump" *Schnectady Gazette* Jan 16, p. 44.

Daws, Gavan and George Cooper. 1984. *Land and power in Hawaii* Benchmark Press.

Davis, Mike. 1990. *The City of Quartz* NY: Vintage Books.

Dicken, Peter. 1976. "The multiplant business enterprise and geographical space" *Regional studies* 10,4: 401-412.

Dicken, Peter. 2003. *Global Shift: Reshaping the Global Economic Map in the 21st Century* London: Sage.

Doggett, Leslie. 1993. "Multi-cultural Tourism Development Offers a New Dimension in Travel." *Business America* 114,18: 8-11.

Dowall, David. 1984. *The suburban squeeze* University of California.

Downing, Paul. ed., 1972. *Air pollution and the social sciences* Praeger.

Downs, Anthony. 1994. *New visions for metropolitan America* Washington, D.C. Cambridge, Mass.: Brookings Institution; Lincoln Institute of Land Policy.

Domhoff, William. 1967. *Who rules America?* Englewood Cliffs: Prentice-Hall.

Domhoff, William. 1971. *The higher circles* Random house.

Domhoff, William. 1978. *Who really rules* Goodyear.

Domhoff, William. 1983. *Who rules America now?* Prentice-Hall.

Domhoff, William. Forthcoming. "The growth machine and the power elite" in Robert Waste ed. *Community power* Sage.

Downie, Leonard, Jr. 1974. *Mortgage on America* Praeger.

Drennan, Mattew. 1996. "The changing economic functions of the New York region" *Research in Urban Economics* 10: 73-92.

Elkin, Stephen L. 1987. *City and regime in the American republic* Chicago: University of Chicago Press.

El-Shakhs, Salah. 1972. "Development, Primacy, and Systems of Cities." *The Journal of Developing Areas* 7,1: 11-36.

Fainstein, Susan, Norman Fainstein and Jefferson Armistead. 1983. "San Francisco" pp. 202-244 in Susan Fainstein ed., *Restructuring the city* Longman.

Farley, Reynolds. 1977. "Residential segregation in urbanized areas of the United States in 1970" *Demography* 14,4: 497-518.

Fingleton, Eamonn. 1995. *Blindside* New York: Free Press.

Fischel, William A. 2004. "An economic history of zoning and a cure for its exclusionary effects" *Urban Studies* 41,2: 317-340.

Fligstein, Neil. 1985. "The interorganization power struggle" paper presented at the 80th meeting of the American Sociological Association, Washington, D.C. August 26-30.

Fogelson, Robert. 1967. *The Fragmented metropolis* Harvard University.

Foley, Thomas. 1982. "Biggest givers among political committees" US news and world report. Dec 20 p. 28.

Fowlkes, Martha R. & Patritia Y. Miller. 1985. "Chemicals and Community at Love Canal" *The Social and Cultural Construction of Risk* pp. 55-78. Springer.

Frank, Andre Gunder. 1972. "The Development of Underdevelopment." pp. 3-17 in *Dependence and Underdevelopment: Latin Americas Political Economy* edited by James D. Cockcroft and Dale Johnson. NY: Anchor Books.

Frank, Andre Gunder. 1983(1969) 『저개발의 개발』 최완규 역. *The Development of Underdevelopment* 참한.

Friedmann, John. 1965. *Regional Development Policy* MIT Press: Cambridge, MA.

Friedmann, John. 1973. *Retracking America; a theory of transactive planning.*

Garden City NY: Anchor.

Friedmann, John. 1986. "The world city hypothesis" *Development and Change* 17: 69-84.

Friedmann, John. 1987. *Planning in the public domain : from knowledge to action* Princeton, N.J.: Princeton University Press.

Friedmann, John. 1992. *Empowerment : the politics of alternative development* Cambridge, MA: Blackwell.

Friedmann, John. 1995. "Where we stand: a decade of world city research," in Knox, P. and Taylor, P. eds. *World Cities in a World System* Cambridge Univ 21-47.

Friedmann, John. 2002. *The prospect of cities* Minneapolis: University of Minnesota Press.

Friedmann, John. 2005. *China's urban transition* Minneapolis: University of Minnesota Press.

Friedmann, John and Clyde Weaver. 1979. *Territory and function : the evolution of regional planning* London: E. Arnold.

Friedmann, J., and G., Wolff, 1982, "World City Formation: An Agenda for Research and Action," *International Journal of Urban and Regional Research* 6: 309-344.

Gaffney, Mason. 1961. "Land use rent in welfare economics" pp. 141-67 in *Land economics research: Resources for the future.* Johns Hopkins University.

Gasset, Ortega y. 1930(2019). 『대중의 반역』 장선영 옮김. 누멘.

Geertz, Clifford. 1957. "Ritual and Social Change: A Javanese Example." *American Anthropologist* 59,1: 32–54.

Geertz, Clifford. 1966. "Person, Time, and Conduct in Bali: An Essay in

Cultural Analysis." *Southeast Asia Program, Cultural Report Series.* New Haven: Yale University.

Geertz, Clifford. 1966. "Religion as a Cultural System." pp. 1-46 in *Anthropological Approaches to the Study of Religion*, edited by Michael Banton. ASA Monographs 3. London: Tavistock Publications.

Geertz, Clifford. 1966. "The Impact of the Concept of Culture on the Concept of Man." pp. 93-118 in *New Views of the Nature of Man,* edited by J. Platt. Chicago: University of Chicago Press.

Geertz, Clifford. 1972. "Religious Change and Social Order in Soeharto's Indonesia." *Asia* 27: 62-84.

Geertz, Clifford. 1972. "The Wet and the Dry: Traditional Irrigation in Bali and Morocco." *Human Ecology* 1: 34-9.

Geertz, Clifford. 1972. "Deep Play: Notes on the Balinese Cockfight." *Daedalus* 101,1.

Gillham, Oliver and Alex S. MacLean. 2002. *The limitless city : a primer on the urban sprawl debate.* Washington, DC: Island Press.

Glaeser, Edward Ludwig. 2000. Cities and Ethics. *Journal of Urban Affairs* 22,4: 473-94.

Gottman, Jean. 1961. *Magalopolis: The Urbanized Notrheastern Seaboard of the United States* Boston: MIT Press.

Green, Richard K. and Susan M. Wachter. 2005. "The American Mortgage in Historical and International Context." *Journal of Economic Perspectives* 19,4: 93-114.

Greenwood, D. 1977. "Culture by the Pound: An Anthropological Perspective on Tourism as Cultural Commoditization" in *Hosts and Guests: The Anthropology of Tourism* ed. V. Smith, pp. 129-38. Philadelphia.

Grosfoguel, R., 1995, "Global Logics in the Carribean City System: The Case of Miami," in Knox, P. and Taylor, P.(eds.), *World Cities in a World System* Cambridge University, 156-170.

Gurr, Robert and Desmond S. King. 1987. *The State and the City.* Chicago: The University of Chicago Press.

Halberstam, David. 1979. *The powers that be.* Knopf.

Harding, Alan. 1996. "Coalition-formation and Urban Redevelopment: A Cross-national Study." Unpublished study summary. Liverpool: European Institute for Urban Affairs, Liverpool John Moores University.

Harvey, David. 1973. *Social justice and the city.* Johns Hopkins University.

Harding, Alan. 1996. "Coalition-formation and Urban Redevelopment: A Cross-national Study." Unpublished study summary. Liverpool: European Institute for Urban Affairs, Liverpool John Moores University.

Harding, S. 1991. *Whose science? Whose knowledge? Thinking from women's lives.* Ithaca: Cornell University Press.

Hartley, Daniel. 2013. "Urban Decline in Rust-Belt Cities" *Federal Reserve Bank of Cleveland Economic Commentary,* Number 2013-06, May 20.

Harvey, David. 1983(1973). *Social justice and the city.* Baltimore: Johns Hopkins University 『사회정의와 도시』 최병두 역, 종로서적.

Harvey, David. 1976. "Labor, capital and class struggle around the built environment in advanced capitalist societies" *Politics and society* 6,3: 265-95.

Harvey, David. 1980. "The space-economy of capitalist production" paper presented at a conference on new perspectives on the urban political economy, American University, Washington D.C. May 22-24.

Harvey, David. 1982. *The limits to capital* University of Chicago.

Harvey, David. 1983. "Class-monopoly rent, finance capital and the urban revolution" pp. 250-77 in Robert Lake ed., *Readings in urban analysis* Rutgers University.

Harvey, David. 1985. *The urbanization of capital : studies in the history and theory of capitalist urbanization* Baltimore, Md.: John Hopkins University Press.

Harvey, David. 1985. *Consciousness and the urban experience : studies in the history and theory of capitalist urbanization* Baltimore, Md.: John Hopkins University Press.

Harvey, David. 1989. *The condition of postmodernity : an enquiry into the origins of cultural change* Oxford England ; Cambridge, Mass., USA: Blackwell.

Harvey, David. 1989. *The urban experience* Baltimore: Johns Hopkins University Press.

Harvey, David. 1996. *Justice, nature, and the geography of difference* Cambridge, Mass.: Blackwell Publishers.

Harvey, David. 2000. *Spaces of hope* Berkeley: University of California Press.

Hawley, Amos Henry. 1950. *Human ecology; a theory of community Structure* New York,: Ronald Press Co.

Hayes, Thomas. 1984. "Shortfall likely in Olympic income" *New York Times* May 9, p. 5.

Herman, Edward. 1981. *Corporate control, corporate power.* Cambridge University Press.

Hill, Richard Child. 1974. "Separate and equal" *American political science review* 68: 1557-68.

Hill, Richard Child. 1982. "Transnational capitalism and the crisis of industrial cities" *Journal of intergroup relations* 10,3: 30-41.

Hill, Richard Child. 1983. "Market, state and community" *Urban affairs quarterly* 19,1: 5-20.

Hill, Richard Child. 1984. "Economic crisis and political response in the motor city" pp. 313-38 in Larry Sawers and William Tabb eds., *Sunbelt/snowbelt* Oxford University.

Hill, Richard Child and Joe Feagin. 1984. "Detroit and Houston" paper presented at the 79th annual meeting of the American Sociological Association, San Antonio, August 27-31.

Hill, Richard and Cynthia Negrey. 1985. "The politics of industrial policy in Michigan" pp. 119-38 in Sharon Zukin ed., *Industrial policy* Praeger.

Hill, Richard Child and June Woo Kim. 2000. "Global cities and developmental states: New York, Tokyo, and Seoul" *Urban Studies* 37,12: 2167-2195.

Hill, Richard Child and Kuniko Fujita. 2003. "The Nested City: Introduction" *Urban Studies* 40,2: 207-217.

Hirst, P. 1997. "The global economy: myths and realities" *International Affairs* 73,3: July.

Hirst, P., G. Thompson 1999. *Globalization in question* Cambridge: Polity.

Hoch, C. 1992. "The paradox of power in planning practice" *Journal of planning education and research* 11,3.

Hoogvelt, A. 2001. *Globalization and the postcolonial world* Basingstoke:

Palgrave.

Howard, Ebenezer. 2006(1898) 『내일의 정원도시』 *Garden Cities of To-morrow* 조재성, 권원용 역. 한울.

Hughes, Kathleen and Hank Gilman. 1985. "Chesebrough to buy stauffer for $1.5 billion" *Wall Street Journal* Feb 20 p. 3.

Hunter, Floyd. 1953. *Community Power Structure: A Study of Decision Makers* Chapel Hill: Universtiy of North Carolina Press.

Hymer, Stephen and Robert B. Cohen. 1979. *The multinational corporation : a radical approach : papers.* Cambridge ; New York: Cambridge University Press.

Janelle, Donald. 1977. "Structural dimensions in the geography of locational conflicts" *Canadian geographer* 21,4: 311-28.

Janowitz, Morris. 1951. *The Community Press in an Urban Setting* Glencoe: Free Press.

Jobert, Bruno. 1975. "Planning and social production of needs" *Sociologie et societes* 6,2: 35-51.

Johnson, Chalmers. 1978. Japan's public policy companies. American Enterprise Institute, Washington, D.C.

Johnson, Chalmers. 1982. *MITI and the Japanese Miracle* Stanford: Stanford University.

Johnson, Chalmers.1995. *Japan: Who Governs?* New York: W. W. Norton.

Jonas, Andrew E. G. & David Wilson. 1999. *The Urban Growth Machine: Critical Perpectives, Two Decades Later.* Albany: State University of New York.

Jung, Maureen. 1985. "Formal and substantive views of the economy" unpublished paper, Department of Sociology, University of California.

Juster, Thomas. ed. 1977. *The economic and political impact of revenue sharing.* Institute for social research, University of Michigan.

Kasarda, John. 1980. "Spatial Redistribution Trends and Public Policy: Prescriptions and Proscriptions" *American Planning Association Journal* 47,3: 340-345.

Kasarda, John & Greg Lindsay. 2011. *Aerotropolis* NY: Farrar, Straus and Giroux.

Katz, Peter. 2007(2006). 『뉴어버니즘』 임희지, 정재용, 장경철 역. 아이싱크 커뮤니케이션즈. *The New Urbanism: Toward and Architecture of Community* McGrew Hill.

Katz, Steven and Margit Mayer. 1985. "Gimme shelter: Self-help housing struggles with and against the state in New York City and West Berlin." *International Journal of Urban and Regional Research* 9,1: 15-46.

Keyfitz, Nathan. 1965. "Political-Economic Aspects of Urbanization in South and Southeast Asia." pp. 265-310 in *The Study of Urbanization* edited by Philip M. Hauser and Leo F. Schnore. John Wiley & Sons, Inc., New York.

King, Anthony. 1990. *Global Cities: Post-Imperialism and the Internationalization of London.* London: Routledge.

King, Anthony. 1995. "Re-presenting World Cities: Cultural Theory/social Practice." pp. 215-231 in *World Cities in a World System.* edited by Paul L. Knox and Peter J. Taylor. NY: Cambridge University Press.

Knaap, Gerrit. 2007. *Incentives, regulations and plans : the role of states and nation-states in smart growth planning.* Cheltenham, UK ; Northampton, MA: Edward Elgar.

Knox, Paul L. 1995. “World Cities in a World System.” pp. 3-20. in *World Cities in a World System.* edited by Paul L. Knox and Peter J. Taylor. NY: Cambridge University Press.

Knox, Paul L. and Peter J. Taylor. 1995. *World cities in a world-system* Cambridge ; New York: Cambridge University Press.

Keyfitz, Nathan. 1965. “Political-economic aspects of urbanization in South and Southeast Asia” pp. 265-310 in Philip Hauser and Leo Schmore eds., *The study of urbanization.* Wiley.

Lamarche, Francois. 1976. “Property development and the economic foundations of the urban question” pp. 85-118 in C. G. Pickvance ed. *Urban sociology.* St. Martin's Press.

Leong, Wai Tang. 1989. “Culture and the State: Manufacturing Traditions for Tourism.” *Critical Studies in Mass Communication* 6,4: 355-75.

Lester, Marilyn. 1971. “Toward a sociology of public events” Master's thesis, Department of Sociology, University of California.

Logan, John R. & Harvey Molotch. 2013(2007). *Urban Fortunes: The Political* Economy of Place. 김준우 역. 2013. 『황금도시: 장소의 정치경제학』 전남대학교출판부.

Love, Sam. 1972. “Ecology and social justice” *Environmental action* 4:3-6.

Luckingham, Brafor. 1983. “Phoenix” pp. 309-27. in Richard Bernard and Bradley Rice eds., *Sunbelt cities* Univ of Texas.

Luger, M., and Goldstein, H., 1991, *Technology in the Garden: Research Parks & Regional Economic Development,* Chapel Hill: The University of North Carolina Press.

Mabuchi, Masaru. 1995. “Financing Japanese industry: the interplay between the financial and industrial bureaucracies” in H. Kim, M. Muramatsu and T. J. Pempel (Eds) *The Japanese Civil Service and*

Economic Development, pp. 288-310. Oxford: Clarendon Press.

MacLeod, G. 2001. "New Regionalism Reconsidered: Globalization and the Remaking of Political Economic Space". *International Journal of Urban & Regional Research* 25,4: pp. 804-829.

Malecki, E. J. 1980. "Corporate organization of R&D and the location of technological activities" *Regional studies* 14,3: 219-34.

Manski, Charles F. 2004. "Measuring Expectation." *Economic Society European Meeting*.

Marcuse, Peter and Ronald van Kempen. 2000. *Globalizing Cities: A New Spatial Order?* Oxford: Blackwell.

Matsumoto, Koji. 1991. *The Rise of the Japanese Corporate System*. London: Kegan Paul, Inc.

McKenzie, Roderick. 1924. "The ecological approach to the human community." *The American Journal of Sociology* 30,3: 287-301.

Makielski, Stanislaw. 1966. *The politics of zoning*. Columbia Univ.

McKenzie, R. D. 1927. "The Concept of Dominance and World Organization." *American Journal of Sociology* 33: 18-42.

McKenzie, R. D. 1984. "The ecological approach to the study of the human community" pp. 63-79. in *Introduction to the science of sociology* edited by Park, Robert Ezra and Ernest Watson Burgess. Chicago: The University of Chicago press.

Michigan Land Use Institute, 1996. "Peter Katz Promotes New Urbanism: A one-man crusade for better places" July 19. by Keith Schneider. http://www.mlui.org/mlui/news-views/

Miles, Ian et al. 1995. "Knowledge-intensive business services: users, carriers and sources of innovation" *European Innovation Monitoring System*

Reports. Brussels, Belgium: European Commission.

Mingione, Enzo. 1981. *Social conflict and the city* St. Martin's Press.

Mollenkopf, John. 1976. "The postwar politics of urban development" *Politics and society* 5,3: 247-95.

Moe, Richard, Carter Wilkie. 1997. *Changing Place: Rebuilding Community in the Age of Sprawl.* Henry Holt, N.Y.

Mollenkopf, John. 1981. "Community and accumulation" pp. 319-38 in Michael Dear and Allen Scott. eds., *Urbanization and urban planning in capitalist society* Methuen.

Mollenkopf, John. 1983. *The contested city* Princeton Univ.

Molotch, Harvey. 1967. "Toward a more human ecology" *Land economics* 44: 336-41.

Molotch, Harvey. 1969. "Racial change in a stable community" *American journal of sociology* 75,2: 226-38.

Molotch, Harvey. 1970. "Oil in San Barbara and power in America" *Sociological inquiry* 40: 131-44.

Molotch, Harvey. 1972. *Managed integration* Univ of California.

Molotch. 1976. "The City as a Growth Machine: Toward a Political Economy of Place" *The American Journal of Sociology* 82,2: 309-332.

Molotch, Harvey. 1979. "Capital and neighborhood in the United States" *Urban affairs quarterly* 14,3: 289-312.

Molotch, Harvey. 1980. "Media and movements" pp. 71-93 in Mayer Zald and John McCarthy eds., *The dynamics of social movements* Winthrop.

Molotch, Harvey. 1984. "Romantic marxism" *Contemporary sociology* 13,2:

141-3.

Molotch, Harvey. 1987. "Growth Machine Links: Up, Down, and Across" pp. 247-266. in The *Urban Growth Machine: Critical Perspective Two Decades Later* edited by Andrew Jonas and David Wilson. SUNY: Albany.

Molotch, Harvey and Joseph Kasof. 1981. "The impacts of land use constraint" paper presented at meeting of the American Sociological Association, NY, Aug 31.

Molotch, Harvey and Marilyn Lester. 1974. "News as purposive behavior" *American sociological review* 39,1: 101-113.

Molotch, Harvey and Marilyn Lester. 1975. "Accidental news" *American journal of sociology* 81,2: 235-60.

Mossberger, Karen & Gerry Stoker. 2001. "The Evolution of Urban Regime Theory: The Challenge of Conceptualization" *Urban Affairs* Review 36,6: 810-835.

Neiman, Max and Ronald Loveridge. 1981. "Environmentalism and local growth control" *Environment and behavior* 13,6: 759-772.

Nelson, Kathryn. 1979. *Recent suburbanization of blacks.* US department of housing and urban development.

Nelson, Kathryn. 1980. "Recent surburbanization of blacks" *Journal of the American planning association* 46,3: 287-300.

Nelson, Kathryn. 1984. "Distressed cities and migration" paper presented at the 79th annual meeting of the American Sociological Association. San Antonio. Aug 27-31.

Nelson, Lowell. 1959. *Merger movements in American industry, 1895-1956.* Princeton univ.

Nelson, Robert. 1977. *Zoning and property rights* MIT.

Noyelle, Therry. 1983. "The implications of industry restructuring for spatial organization in the United States" pp. 113-133 in Frank

Moulaert and Patricia Salinas eds., *Regional analysis and the new international division of labor* Kluwer-Nijhoff.

Noyelle, Therry. 1986. "Economic Transformation" *Annals of the American Academy of Political and Social Science* 488: 9-17.

Noyelle, Therry & Thomas Stanback. 1984. *The economic transformation of American cities* Totowa, NJ: Rowman & Allenheld.

O'Neill, David J. 2000. *The smart growth tool kit* Washington, D.C.: Urban Land Institute.

Palmer, Donald and Roger Friedland. Forthcoming. "Corporation, class and city system" in Mark Mizruchi and Michael Schwartz eds. *The structural analysis of business.* Cambridge univ.

Palmer, Donald, Roger Friedland and Amy Roussell. 1985. "Corporate headquarters and business service activity" unpublished manuscript, Graduate school of business, Stanford univ.

Palmer, Donald, Roger Friedland, and Jitendra Singh. n.d. "Ties, links and interdependence" unpublished manuscript, graduate school of management, Stanford univ.

Palmer, Donald, Roger Friedland, Devereaux, Jennings, and Melanie Powers. 1984. "Testing a political economy model of divisionalization in large US corporations" paper presented at the 44th annual meeting of the Academy of management, Boston, Aug 12-15.

Park, Robert. 1952. *Human communities.* Free press.

Park, Robert. 1967. "The city" pp. 1-46 in Robert Park, Ernest Burgess, and

Roderick McKenzie eds., *The city*. University of Chicago.

Park, Robert Ezra and Ernest Watson Burgess. 1984(1921). *Introduction to the science of sociology*. Chicago: The University of Chicago press.

Pearson, Harry. 1957. "The economy has no surplus" pp. 320-41 in Karl Polanyi, M Arensberg and Harry Pearson eds., *Trade and market in the early empires*. Free press.

Perin, Constance. 1977. *Everything in its place*. Princeton university.

Perrow, Charles. 1970. "Departmental power and perspectives in industrial firms" pp. 59-89 in Mayer Zald ed., *Power in organizations*. Vanderbilt univ.

Perrow, Charles, 1983. *Normal accidents*. Basic books.

Peters, Thomas and Robert Waterman, Jr. 1982. *In search of excellence*. Harper and row.

Picard, Michel. 1990. ""Cultural Tourism" in Bali: Cultural Performances as Tourist Attraction." *Indonesia* 49: 37-74.

Pittas, Michael. 1984. "The arts edge" Speech presented at a conference sponsored by the California economic development commission local government advisory committee, Santa Barbara, July 15.

Polsby, Nelson W. 1980. *Community Power and Political Theory*. New Haven, Conn.: Yale University Press.

Porter, Michael. 1990. *The Competitive Advantage of Nations* London: Macmillan.

Porter, Michael. E. 1995. "The Competitive Advantage of the Inner City." *Harvard Business Review* May/June.

Porter, Douglas et al. 2002. *Making smart growth work* Washington D.C,: Urban land institute.

Pred, Richard. 1966. *The spatial dynamics of US urban-industrial growth, 1800-1914* MIT.

Pred, Richard. 1976. "The interurban transmission of growth in advanced economies" *Regional studies* 10,2: 151-71.

Pred, Richard. 1977. *City systems in advanced economies* Hutchinson.

Pred, Richard. 1980. *Urban growth and city systems in the United States, 1840-1860* Harvard.

Raymond Williams. 2003(1977). 『문학과 문화이론』 박만준 역. 경문사. *Marxism and Literature* Oxford University.

Razin, E. 1996. "Municipal reform in the Tel-Aviv metropolis" *Environment and Planning C: Government and Policy* 14: 39-54.

Reich, Robert. 1983. *The next American frontier.* Penguin.

Reich, Robert. 1991. *The work of nations: Preparing ourselves for 21st century* NY: Vintage 남경우 외 역 『국가의 일』 1994. 서울: 까치.

Rice, Bradley. 1983. "If Dixie were Atlanta" pp. 31-57 in Richard Bernard and Bradley Rice eds., *Sunbelt cities.* University of Texas.

Robinson, Mike. 1999. "Is Cultural Tourism on the Right Track?" *UNESCO Courier* 52,7: 22-4.

Roderick, Kevin. 1984. "Cities play hardball to lure teams" *Los Angeles Times* June 30, sec I, pp. 1,24.

Rosen, Rae and Murray Reagan. 1997. "Opening doors: access to the global market for financial sectors" in M. Crahan and A. Vourvolias-Bush eds, *The city and the world: New Yorks global future* Council on Foreign Relations, New York.

Rossi, Peter. 1955. *Why families move* Free press.

Rossi, Peter and Robert Duntler. 1961. *The politics of urban renewal.* Free press.

Rostow, Walt Whitman. 1960(1959). 『반공산당 선언: 경제성장의 제단계』 *Economist* 8월 15,22일. 이상구 역. 진명문화사.

Schill, Michael and Richard Nathan. 1983. *Revitalizing America's cities.* State university of New York.

Sahagun, Louis and Allan Jalon. 1984. "Cities battle to house technology museum" *Los Angeles Times* Nov 29, sec IV, pp. 1,4.

Sakakibara, Eisuke. 1993. *Beyond Capitalism.* Maryland: University of America Pres

Sassen, Saskia. 1991. *The Global City: New York, London* Tokyo Princeton, NJ: Princeton University.

Sassen, Saskia. 1998(1994). *Cities in the World Economy* Pine Forge Press. 『경제의 세계화와 도시의 위기』 푸른길. 남기범·유환종·홍인옥 옮김.

Sassen, Saskia. 1995. "On Concentration and Centrality in the Global City." pp. 63-78 in *World Cities in a World System* edited by P. Knox and P. Taylor. NY: Cambridge University.

Sassen, Saskia. 1997. "Cities, Foreign Policy, and the Global Economy." pp. 141-187 in *The City and the World: New York's Global Future* edited by M. Crahan and A. Vourvolias-Bush. NY: Council on Foreign Relations.

Sassen, Saskia. 1999. "Global Financial Centers." *Foreign Affairs* 78:75-87.

Sayer, A. and & R. Walker, 1992, *The New Social Economy: Reworking the Division of Labor.* Cambridge, MAl.

Schmenner, Roger. 1975. "City taxes and industry location" PhD dissertation, Yale university.

Schmenner, Roger. 1982. *Making business location decisions.* Prentice-hall.

Schmidt, William. 1984. "Suburbs' growth pinches Atlanta" *New York Times* April 24, sec A, p. 14.

Shaw, Jane S., Ronald D. Utt, Heritage Foundation (Washington D.C.), and PERC (Bozeman Mont.). 2000. *A guide to smart growth : shattering myths, providing solutions.* Washington, D.C. Bozeman, Mont. PERC,: Heritage Foundation.

Shlay, Anne and Denise DiGregorio. 1983. "Same city, different worlds" paper presented at the 78th meeting of the American Sociological Association, Detroit, August 31-September 4.

Shlay, Anne and Robert Gilroth. 1984. "Gambling on world's fair" *Neighborhood works* 7: 11-15.

Shlay, Anne and Peter Rossi. 1981. "Putting politics into urban ecology" pp. 257-86 in Terry Clark ed. *Urban policy analysis* Beverly Hills: Sage.

Short, John Rennie. 1999. "Urban Imagineers: Boosterism and the Representation of Cities." pp. 37-54 in *The Urban Growth Machine: Critical Perpectives, Two Decades Later* edited by John Logan and Harvey L. Molotch. Albany: State University of New York.

Sjoberg, Gideon. 1965. "Cities in Developing and in Industrial Societies: A Cross-cultural Analysis." pp. 213-63 in *The Study of Urbanization* edited by Philip M. Hauser and Leo F. Schnore. NY: John Wiley & Sons, Inc.

Sklair, Leslie. 2002(1995). 『지구체계의 사회학』 정현주 역. 일신사.

Smith, Adam. 1931. *The Wealth of Nations.* NY: The Modern Library.

Smith, Carol. 1982. "Modern and Premodern Urban Primacy" *Comparative Urban Research* 9(1): 79-96.

Smith, Carol. 1985. Class Relations and Urbanization in Guatemala: Toward an alternative Theory of Urban Primacy. pp. 121-168 in *Urbanization in the World Economy* Edited by Michael Timberlake. Orlando: Academic Press.

Smith, I. J. 1982. "The role of acquisition in the spatial distribution of the foreign manufacturing sector in the United Kingdom" pp. 221-252 in Michael Taylor and Nigel Thrift eds. *The geography of multinationals.* Cambridge university.

Smith, David A. 1996. "South Korean Urbanization and Semiperipheral Development." pp. 121-41 in *Third World Cities in Global Perspective: The Political Economy of Uneven Development* Boulder: Colorado: Westview Press.

Smith, David & Timberlake, M. 2002, "'Global Cities' and 'Globalization' in East Asia: Empirical Realities and Conceptual Questions," Paper posted at the Scholarship Repository, University of California.

Smith, Margot. 1977. *The distribution of medical care in central California.* Thesis. School of public health, University of California Berkeley.

Smith, Margot. 1979a. *A guide to the delineation of medical care regions, medical trade areas and hospital service areas. Public Health Reports 94,3: 247 May.*

Smith, Margot. 1979b. *The economics of physician location* Western regional conference. American association of geographers. Chicago, Illinois.

Smith, Michael Peter and Marlene Keller. 1983. "Managed growth and the politics of uneven development in New Orleans" pp. 126-66 in Susan Fainstein ed. *Restructuring the city* Longman.

Smith, Peter Smith. 1988. *City, State & Market* Cambridge, MA: Basil Blackwell.

Staley, Samuel R., Leonard C. Gilroy. 2002. "Why 'smart growth' isn't smart" *Consumer's Research* January: 10-13.

Soja, Edward W. 2000. *Postmetropolis: critical studies of cities and regions* Oxford: Blackwell.

Soja, Edward W, Rebecca Morales & Goetz Wolff. 1983. "Urban restructuring" *Economic Geography* 59,2: 195-230.

Stephens, John & Brian Holly. 1980. "The changing pattern of industrial corporate control in the metropolitan United States" pp. 161-180 in Stanley Braun and James Wheeler eds. *The American Metropolitan System*. Hoboken, NJ: Wiley.

Stone, Clarence N. 1989. *Regime politics : governing Atlanta, 1946-1988* Lawrence, Kan.: University Press of Kansas.

Stone, Clarence N. 2001. *Building civic capacity : the politics of reforming urban schools.* Lawrence, Kan.: University Press of Kansas.

Stone, Clarence. 2001. "Civic Capacity and Urban Education" *Urban Affairs Review* 36,5: 595-619.

Stone, Clarence. 2005. "Looking Back to Look Forward: Reflections on Urban Regime Analysis." *Urban Affairs Review* 40,3: 309-341.

Taylor, P. J. 1995. "World cities and territorial states: the rise and fall of their mutuality". In Knox, P. L., and Taylor, P. J., eds, *World Cities in a World System* Cambridge: Cambridge University Press, pp. 48-62.

Terry, Clark. 2003. "Urban Amenities: Lakes, Opera, and Juice Bars: Do They Drive Development?" *Research in Urban Policy* 9: 103-140.

Terasaka A. et al., 1998, "The Transformation of Regional Systems in an Information-Oriented Society" *Geographical Review of Japan* 61,1: 159-73.

Timberlake, Michael. 1985. *Urbanization in the World-Economy* Orlando: Academic Press.

Thurow, Lester. 1985. "Retooling the mainstream" *Resources* 80,2: 1-9.

Useem, M. 1984. *The Inner Circle: Large Corporations and the Rise of Business Political Activity in the US and UK* Oxford, Oxford University.

Vartabedian, Ralph. 1983. "For California, 1983 was year of the merger" *Los Angeles Times* May 20, sec V, p. 1.

Walker, Bruce. 1979. "Income distribution, city size and urban growth" *Urban studies* 16,3: 341-3.

Walker, Richard. 1974. "Urban ground rent" *Antipode* 6,1: 51-8.

Walker, Richard. 1978. "Two sources of uneven development under advanced capitalism" *Review of radical political economics* 10,3: 28-38.

Walker, Richard. 1981. "A theory of suburbanization" pp. 383-429 in Michael Dear and Allan Scott eds. *Urbanization and urban planning in capitalist society.* Methuen.

Walker, Richard and Michael Heiman. 1981. "Quiet revolution for whom?" *Annals of the association of American geographers.* 71,1: 67-83.

Walker, Richard and Mattew Williams. 1982. "Water from power" *Economic geography* 58,2: 95-119.

Wallerstein, Immanuel. 1974. *The Modern World-System I NY: Academic Press.*

Wallerstein, Immanuel. 2000. "Globalization or the age of transition" *International Sociology* 15,2: 249-265.

Wallerstein, Immanuel. 2005(2004). 월러스틴, 이매뉴얼. 『월러스틴의 세계체제 분석』 이광근 역. 당대. Immanuel Wallerstein. *World-systems analysis: An introduction* Duke University Press.

Wallace, Roderick. 1990. "Urban desertification, public health and public order" *Social Science and Medicine* 31,7: 801-13.

Waldbott, George. 1978. *Health effects of environmental pollutants* Mosby.

Ward, Sally. 1984. "Trends in the location of corporate headquarters" paper presented at the 79th annual meeting of the American Sociological Association, San Antonio, Aug 31-Sep 4.

Warner, Sam Bass. 1962. *Streetcar suburbs: the process of growth in Boston 1870-1900* Cambridge,: Harvard University Press.

Weber, Adna. 1967. *The Growth of Cities in the Nineteenth Century: A Study in Statistics* Ithaca, NY: Cornell University.

Williamson, Oliver. 1975. *Markets and Hierarchies* Free press.

Williams, Raymond. 2003(1977). 『문학과 문화이론』 박만준 역. 경문사. *Marxism and Literature* Oxford University.

Wheeler, Stephen. 2002. *The new regionalism* APA Journal 68,3: 267-8.

Whitehead, M. and G. Dalgren. 1991. "What can be done about inequalities in health?" *Lancet* 338, 1059-63.

Wood, Andrew. 1999. "Organizing for Local Economic Development: The Growth Coalition as a Cross-National Conmparative Framework" pp. 163-176 in *The Urban Growth Machine: Critical Perpectives, Two Decades Later* edited by John Logan and Harvey L. Molotch. Albany: State University of New York.

Wood, Maria. 2004. "Up Close: Stan Gale." *Real Estate Forum* 59,2: 50-52.

Yago, Glenn. 1983. "Urban transportation in the eighties" *Democracy* 3,1: 43-55.

Yan, Yunxiang. 2002. "Managed Globalization: State Power and Cultural

Transition in China." pp. 19-27 in *Many Globalizations* edited by Peter L. Berger and Samuel P. Huntington. Oxford: Oxford University.

Yates, Douglas. 1977. *The ungovernable city: the politics of urban problems and policy making.* Cambridge, Mass.: MIT Press.

Yliskyla-Peuralahti, 2003, *Relocation of Government Activities as a Regional Policy Measure* Paper presented at the 43th European Congress of the Regional Science Association, Finland, August, 27-30.

찾아보기

ㄱ

경쟁 __71, 84, 131, 154, 162-3, 190, 245
계급 __15, 21, 65, 68-9, 73, 145, 148, 166-7, 169, 186, 195, 216, 229, 234, 246
고속도로 __12, 43, 75, 96-7, 100, 108-10, 122-3, 233-4
공공주택 __43-4, 233-4
공동소비 __70, 186, 231-6, 239, 242, 245-6
공동체 __18, 30, 44, 46, 60, 64-5, 67, 79, 108, 110, 113, 186, 221, 238
공원 __43, 120-1, 229, 233
공장 __15-6, 40, 49, 114, 117, 134, 145, 149, 179, 217, 220, 240
공지 __102, 107, 233
공직 __14-7, 20, 25-6, 35, 49, 51, 58
공항 __13, 182-5, 188-90, 193, 239
과두제 __19, 24-5
과점 __163
교외 __44, 68, 80, 91-3, 95-6, 98-100, 105, 109, 113, 116, 122-3, 125, 132, 171, 177, 226, 235
교외화 __43
교환가치 __59-62, 66-7, 185, 206
끝자락도시 __189

ㄴ

낙수효과 __165
노동자 __15-6, 22, 53, 55, 61, 68-70, 74, 156, 170, 179, 208, 219-20, 234-5, 245
녹지 __92, 107, 111

ㄷ

다원주의 __16-7, 19, 24-5, 57, 71
단독주택 __98-9, 100, 102, 105, 121, 123, 234
담장 __221

대도시권 __109, 125, 173, 176-80
대중 __21-4, 46, 56, 58
대중교통 __81-2, 103, 107, 109-10, 114, 126
대중교통망 __108
대학 __82-3, 102, 110, 120, 184, 217, 244-5
도보 __103, 114
도시재생 __44, 67, 74
도시쾌적성 __246-8
도심 __12, 16, 41, 43, 70, 85-6, 92, 102, 107, 109, 112-3, 115, 132, 135, 150, 226
도심재생 __43, 86
독과점 __212-3
독점 __153-4, 163, 212-3

ㅁ

마르크스 __60, 68-70, 73, 154, 167, 194, 197-8
막다른 길 __122
명문가 __14, 49, 52
민족성 __15, 65-6
민주주의 __17-9, 21, 23, 25, 34, 52, 54, 57-8

ㅂ

반사유재 __246
반주변부 __158
배타적 토지이용 __98
범죄 __44, 65, 92, 117, 228
부동산 __19, 59, 61-3, 66-7, 71, 73, 75-6, 80, 82, 85-6, 88-90, 102, 112, 156, 215-6, 238
불평등 __14, 16, 21, 24, 54, 56-7, 72, 134, 136, 145, 150-3, 156, 160-1, 236

ㅅ

사용가치 __59-62, 64-7, 77, 188, 206, 209
생산자 서비스 __149-50, 169, 215-6
생태계 __107-8
생태학 __68, 70-3, 209, 213, 217, 236-7
생태학자 __239
선거 __15, 19-20
성문 __222-3
성장동맹 __59, 77, 79-80, 83, 85, 89, 185
소수민족 __54-6, 66
수입 대체 __144
수출입항 __144
시민단체 __18, 25, 33

ㅇ

엘리트 __16-7, 19-21, 39, 144, 146, 166-7, 169, 239, 245
연결망 __190
외부 경제 __132

위성 __142-3, 145
이념 __89
이데올로기 __196
이민자 __15, 51, 53, 220, 245
이해집단 __20
인종 __46, 70, 100, 186, 229, 248
임대료 __59, 61-3, 67, 75, 89

ㅈ

재개발 __16, 43-4, 74, 88, 103, 112-3, 135, 230, 235
저개발 __141-3, 166
전문가 __25, 30, 58, 166
전통 __11, 53, 123, 129-30, 138, 145, 173, 194-9, 202-3, 208, 230, 248
정당 __19, 20, 47, 58, 248
정보적 발전양식 __240-1
정부 __18, 27, 32, 34-5, 63, 79-80, 87-9, 95, 103-4, 109, 131, 137-8, 149, 160, 164-5, 169, 218, 238
정책 __16, 20, 29-30, 32, 35, 43, 46, 58, 63, 77, 89-90, 131, 133, 135, 138-9, 170, 216
정체성 __54, 65, 107
주변부 __134, 136-9, 151-4, 158
중심지 __131, 134, 136-9, 142-3, 145, 164, 217
지도자 __15, 21, 25-9, 33, 36, 41, 58, 79
진정성 __204

ㅊ

참여 __58, 238
최소 대지 __100
충전개발 __103-4, 113-5

ㅌ

투기 __59, 62-3, 75, 80, 82

ㅍ

프롤레타리아 __15-6

ㅎ

항공 __13, 82, 185, 188-9
핵심부 __151-4
헤게모니 __196-9
혁신 __137, 216-7, 240-4
환경 __65, 77, 92, 104, 111, 136, 188, 236, 242, 244-5
흘러내림 __132